막스 베버

막스 베버
Max Weber-Ein Lebensbild

펴낸날 2010년 11월 27일 초판 1쇄 펴냄 | **찍은날** 2010년 11월 27일 초판 1쇄 찍음 | **지은이** 마리안네 베버 |
옮긴이 조기준 | **펴낸이** 이향원 | **기획** 조성일 | **표지 디자인** 임미정 | **펴낸곳** 소이연 | **전화** 031)603-5328 |
등록 제311-2008-000019호

전국총판 시간여행 070-4032-3665   팩스 02)332-4111

ISBN 978-89-957477-3-5   03990
ⓒ 소이연 2010, Printed in Seoul Korea

값 15,000원

이 도서의 국립중앙도서관 출판시도서목록(CIP)은 e-CIP 홈페이지(http://www.nl.go.kr/ecip)에서 이용하실 수
있습니다.(CIP제어번호: CIP2010004173)

M · A · X · W · E · B · E · R

세기의 전환기를 이끈 위대한 사상가

마리안네 베버 지음 ㅣ 조기준 옮김

시대의 비극성과 정면으로 맞섰던 정신계의 거봉.
오늘날 마르크스를 대신해 더 각광받는 20세기 대표지식인.

소이연

이 책은 마리안네 베버Marianne Weber의 『Max Weber-Ein Lebensbild』 (Heidelberg, 1926)를 초역抄譯한 것이다. 저자 마리안네 베버는 주지하는 바와 같이 막스 베버의 부인이다. 마리안네와 막스는 이종남매간이었으나 그들은 1891년에 베를린 샤를로텐부르크의 베버 가에서 처음 상봉했고, 그로부터 약 1년 반 뒤인 1893년 가을에 결혼했다. 이래 막스 베버가 서거한 1920년까지 27년간 그들은 잠시도 서로 떨어져본 일이 없는 생애의 동반자였다.

베버는 타고난 체구골격은 장대했으나 체질은 병약했고 특히 신경성 질환에 오래 시달려 활동에 많은 지장을 받았다. 그 때문에 베버는 습기 차고 음산한 독일의 겨울을 피하여 이탈리아 등 남부지방을 자주 여행했는데, 이 베버의 요양 차 여행에는 항상 마리안네가 동반했다. 1904년에 베버는 미국을 여행한 일이 있었다. 이때에도 마리안네는 베버와 동행했다. 이와 같이 마리안네는 항상 베버의 곁을 떠나지 않았고 그의 병을 간호하면서 생애의 길동무가 되었다.

베버는 성격이 호탕하고 사교적이었으며 학문적 토론에 대해서는 남다른 열성을 보여 왔다. 그가 대학에 재직할 때나 또는 사회정책 잡지를 편집하고 있을 때에는 많은 학생·학자 및 정치인들과 상종했고, 그들을 자기 집에 초청하였다. 이럴 때면 마리안네는 으레 그 회합에 동석하여 그들의 담화를 경청하였다. 마리안네는 베버의 일상 가정생활의 동반자였을 뿐만 아니라 학문적 세계에서도 항상 동반자였던 것이다.

마리안네 베버가 쓴 이 전기가 베버의 생애 · 성격 · 가정 · 교우관계뿐만 아니라 그의 사상 형성 및 학문 활동에 이르기까지 세세히 서술되어 있다. 이는 마리안네와 베버는 가정의 동반자인 동시에 베버의 사상세계에서도 함께 호흡하고 있었음에 연유한 것이라 하겠다. 마리안네는 베버 서거 후 베버의 유고 정리 및 그의 저작집 편집에도 베버의 동료 및 제자들과 함께 맡아서 했다.

여기에 번역 출간하게 된 마리안네의 베버 전기는 전 19장 및 종장으로 구성되어 있고, 총 780쪽에 달하는 방대한 저술이다. 그 내용은 베버의 조상, 친가 및 외가의 가계 · 가업 · 신앙 및 가풍, 베버의 탄생 · 유년 · 학생 및 군대시절, 결혼, 교유, 대학재직 시의 학생과의 관계, 그의 학문적 활동, 이병罹病과 투병, 19세기 말의 독일의 사회상, 거기에 대한 베버의 견해와 정치활동, 공산주의의 대두와 혁명, 제1차 세계대전, 베버의 군복무, 독일의 패전과 강화의 전말 등등, 이 전기에서는 한 인간으로서의, 한 독일국민으로서의 그리고 세기의 전환기에 처한 한 위대한 사상가로서의 베버의 모습이 그 실상을 보듯 그려져 있다. 이와 같은 베버의 인간상은 그의 부인이었고 생애의 동반자였던 마리안네가 아니고서는 도저히 그와 같이 이해 깊게 서술될 수 없었을 것이다.

베버의 사상에 관해서는 K. Jaspers 『Max Weber』(1921), K. Lowith 『Max Weber und Karl Marx』(1932), J. Winckelmann 『Max Webers Verständnis von Menschen und Gesellschaft in Max Weber, Gedachtnisschrift der Ludwig−Maximilians−Universität München』

(1966) 등이 있으나 그의 인간상과 사상을 서술한 전기로는 이 마리안네의 저작이 유일하다.

마리안네 베버는 부군보다 30여년을 더 살았으며 그 동안 베버의 유작을 정리 편집하는 일을 돕는 한편 문화영역에 대한 저술생활을 하다가 1954년에 여든네 살로 타계했다.

마리안네 베버의 저작으로는 여기에 초역한 막스 베버 전기 외에 『회상기』 (Lebenserinnerungen, 1948) 등 수 편이 있다.

이번에 삼성문화문고에 수록된 이 초역본은 전 9장 총 300여 쪽으로 원저서를 대폭 압축한 것이다. 모든 초역의 경우와 마찬가지로 이 책을 초抄함에 있어서도 어느 것을 취하고 어느 것을 버릴 것인가 하는 문제에서 많은 고민을 겪었다.

우선 이 책을 초역하면서 원저서가 의도하고 있는 전체적 구상을 손상해서는 안 되겠고, 또 원저서의 문장을 역자 마음대로 개필하여도 안 되겠다는 원칙을 세웠다. 그리고 이 원칙에 어긋나지 않도록 초역하려고 노력한 것이 이 초역본이다. 원저서가 전 19장 및 종장으로 구성된 것을 이 초역본에서 전 9장으로 한 것은 원저서의 중장 약 반을 송두리째 삭제한 것이 아니라 원저서의 장을 몇 장식 합편했기 때문이다. 예를 들면 제1장 조상, 제2장 생가와 소년시대로 되어있는 것을 이 초역본에서는 하나의 장으로 묶어서 '1. 가문과 유년 시대'로 재편성했다.

서술내용의 압축에서는 역자의 판단에 따라 취사선택하지 않을 수 없었다. 다행히 원저서의 서술에서는 가계에 관한 상당분량의 서술이 있었고, 또 베버와 그의 가족 및 친지들과의 장문의 서간문이 인용되어 있다. 이런 것은 대폭 잘라도 좋다고 믿었다. 그 밖의 서술에도 베버의 사상이나 활동을 이해하는데 삭제하여도 크게 지장이 되지 않을 것이라 믿어지는 것이 있어 이런 곳을 줄이고 보니 전체 서술의 의도를 크게 손상하지 않고도 압축할 수 있었다고 믿는다.

원저서의 서술을 대폭 압축하다 보니 문장과 문장의 연결이 잘 되지 않아 뜻을 이해하기 어려운 점도 없지 않으리라 생각된다. 그 밖에 번역에 있어서도 용어의 부적당·생활감정의 차이에서 오는 이해의 착오 등이 없지 않으리라 믿으나 이러한 미흡한 점은 독자의 질정을 받고자 한다.

역자 씀

올 해는 막스 베버가 서거한 지 90주년이 되는 해이다. 그래서인지 근래 들어 국내외에서는 막스 베버를 재조명하고자 하는 시도들이 부쩍 늘었다. 몇 년 전 독일에서는 막스 베버의 새로운 전기가 출간되기도 하였으며, 국내에서도 그의 대표 저서인 『프로테스탄티즘의 윤리와 자본주의 정신』에 대한 새로운 연구나 번역본이 출간되기도 하고, 또 많은 전문 연구자들이 "베버를 다시 보자"는 취지하에 그의 저작물들을 다시 읽는 현상을 목도할 수 있다.

그러나 이런 일련의 막스 베버에 대한 재조명 시도는 단지 그의 서거 90주년, 100주년이 돌아오고 있기 때문만은 아닐 것이다. 주지하듯이 막스 베버라는 사상가는 사회학이나 공공행정학이라는 학문분야의 개척자 중 한 사람이었고, 법학, 경제사학, 정치학, 나아가 비교종교 연구에 이르기까지 다양한 학문분야에 새로운 방향을 제시한 학자였다. 그래서인지 그의 사회과학 방법론이나 시각은 오늘날에도 전문 연구자나 신중하게 살고자 하는 일반인들에게 끊임없는 영감과 아이디어를 불어넣어 주고 있다.

막스 베버와 같은 사상가들의 저작을 직접 읽는다는 것은 사실 전문 연구자들도 벅찬데, 하물며 일반인들에게는 더욱 어려운 일일 것이다. 그래서 흔히 일반인들은 전문 연구자들이 쓴 해설서 같은 책을 읽는 것으로 막스 베버 읽기를 대신하고 만다. 하지만, 전문 연구자뿐만 아니라 일반인들도 자기 자신의 학문적 방향 정립이나 삶에 대한 새로운 깨달음을 얻기 위해서는 사상가들의 저서를 직접 읽어 보는 시도가 때로는 필요하다. 비록 책이 서술된 시대에 대한 생소함 때문이거나 또는 사전에 알고 있어야 할 배경지식의 부족 등으로 저작들을 제대로 이해하고 무엇인가 얻어내기가 무척 어려울지라도 그러한 시도 자체는 바람직한 일이라고 생각된다. 막스 베버 읽기도 이런 관점에서 접근이 요구된다.

이 책은 막스 베버의 부인인 마리안네 베버가 쓴 막스 베버 전기이다. 해서 막스 베버의 탄생에서 죽음에 이르기까지 일어나는 일을 시간 순서로 기록했다. 그러나 단순히 막스 베버의 일상사에 관한 기술만은 아니다. 그 자신이 학자이기도 했고 독자적인 저술가이기도 했던 부인이 쓴, 막스 베버의 학문적 성장과 변천에 관한 내용을 다루었다. 따라서 이 책의 일부 내용도 필자와 같은 비전문가에게는 막스 베버의 저작들만큼이나 읽기가 쉽지 않다. 그러나 이 책이 흥미로운 점은, 완전하고 최종적인 형태로 정리되어 우리에게 제시되는 막스 베버의 학술 저작들과는 달리, 그가 그러한 저작들을 쓰고 또 독창적인 주장을 하게 되기까지의 사상과 지식의 형성과정을 엿보게 해준다는 점이다. 즉 그의 사상을 형성한 시대적 배경이나, 동시대에 누구와 교류했고, 또 어떤 서적들을 접하면서 그 자신만의 생각을 만들어 갔는지를 생생하게 보여 준다.

이번에 재출간하는 이 번역서는, 원래 필자의 선친인 조기준 박사가 1975년에 삼성문화문고 시리즈물의 하나로 번역했던 것을 다시 발간한 것이다. 경제사학자로서 『한국자본주의 성립사론』이나 『한국경제사』 등을 저술했던 조기준

박사는 과거 자신의 경제사학 연구 방법론 정립에 있어 막스 베버가 중요한 기초 중의 하나가 되었다고 술회한 적도 있으며, 또 이 책뿐만 아니라 막스 베버 사후 베버의 제자들이 편집하고 출간한 『사회경제사』를 번역하고 강의에 활용하기도 하는 등 막스 베버에 관한 이해가 깊은 학자 중의 한 분이셨다. 필자가 어렸을 때 선친의 서재에 꽂혀 있었던 많은 책들 중에 막스 베버의 저작들이 유독 손을 많이 타서 헐어져 있던 기억이 새롭다.

이 책의 재출간은 출판평론가인 조성일 씨가 최근의 시대적 흐름을 따라 재조명되는 막스 베버 및 그에 관한 저작들 중에서 특히 선친의 이 번역서에 주목하여, 필자에게 연락하면서 시작되었다. 필자도 경제학 연구자의 한 사람이지만, 새삼스럽게 막스 베버의 전기를 다시 찾아 읽어 보면서 막스 베버, 마리안네 베버, 그리고 선친에 대한 감상에 젖어 보기도 하였다.

책의 재출간을 위해 필자가 일하는 삼성금융연구소 및 문화문고를 담당하는 삼성문화재단 등에 문의하기도 하였는바, 친절한 답변과 함께 많은 도움을 받았다. 이 자리를 빌어서 담당자 여러분께 감사를 드린다. 그리고 특히 이 책을 발굴하고 재출간을 기획한 조성일 선생과 이 책을 재편집하고 새롭게 세상에 나올 수 있도록 애써준 출판사 소이연에게도 감사드린다.

2010년 10월
조명기

| 차례 |

막스 베버(Max Weber, 1864~1920)

Chapter 1

가문과 **유년** 시대

조부모

  막스 베버Max Weber의 할아버지 칼 아우구스트 베버는 빌레페르트의 아마포亞麻布업자였다. '베버' 가문은 이미 수 세대에 걸쳐 상업계의 명문으로 이름을 드날린 터라 자만심이 가득한 가문의식으로 똘똘 뭉쳐 있었다. 선조는 복음주의 신앙 때문에 잘츠부르크로부터 쫓겨나 새로운 고향에 아마포업을 도입했다고 전한다. 막스 베버의 할아버지 칼 아우구스트 베버의 아버지인 다비드 크리스티안 베버는 빌레페르트 아마포의 성가를 세상에 널리 알린 큰 상사인 '베버 레어니만'의 공동설립자였다. 이 상사의 공동경영자인 칼 아우구스트는 명문가 출신의 저명한 의사 딸 루시 빌만스와 결혼했다. 처음에 부부는 아직도 남아 있는 '앙피르' 양식(empire style, 제1 제정양식이라고 하며 프랑스 제1 제정시대에 융성한 신고전주의 예술의 한 단계-편집자)의 우아한 집에서 상당히 지적이고 활기 있는 생활을 했다. 하지만 해를 거듭하여 나이가 점차 많아진 이 경영자들은 하루하루가 다르게 발명되는 새로운 기술을 뒤따르지 못해 결국 사업은 내리막길을 걷게 된다. 그리하여 그들은 점차 검소한 생활을 영위해야만 했다.

당시 가내공업으로 생산되는 아마포 매매는 아직도 초기 자본주의 방식을 벗어나지 못하고 있었다. 돈벌이란 것은 그 자체가 목적도 아니요, 그렇다고 실력의 징표가 되는 것도 아니었다. 다만 신분에 어울리는 적절한 생활방식을 영위할 수 있는 수단이었다. 그렇기 때문에 일은 여유 있고 완만하게 진행됐다.

막스의 할아버지는 아직 노인이라고 할 수 없는 한창 일할 왕성한 나이였는데도 예부터 내려오는 관습대로 아침 6시에 일어나 몇 시간 동안 넓은 정원을 손질했다. 그러고 나서는 야채를 씻거나 다듬는 아낙네에게 한가하게 책을 읽어주고는 11시가 되어서야 일터로 나갔다. 저녁때는 매일 클럽에 들러 고급 보르도 산 포도주 1병을 늦게까지 마시는 것을 일과로 삼았다. 이 할아버지는 손자 막스에게는 아주 친근감 있고 선량하며 인품 좋은 노신사로 기억되어서 훗날 막스가 '자본주의의 정신'에 관한 논문을 쓸 때 그 전형을 분명하게 그려낼 수 있었다. 할아버지는 아름답고 총명한 눈으로 세상을 관조했다. 섬세하고 또렷한 얼굴 생김새는 정신적으로 풍요로운 생활을 하고 있음을 말해주는 듯 했다. 집안의 기풍은 종교적이었다. 특히 여자들은 베스트팔렌 지방을 지배하고 있는 프로테스탄트 정통주의의 영향을 받았기에 다소 절도가 부족한 주인보다 오히려 도덕적으로 엄격한 생활을 해왔다.

어머니 헬레네와 가풍

이 집의 분위기는 그다지 교의教義에 얽매여 있지 않아서 매우 자유스러웠으며, 아침저녁으로 집안 식구들이 모두 모여 함께 기도하는 모습은 보는 이로 하여금 오히려 기이한 생각을 품게 할 정도였다. 막스 베버의 외할아버지인 에밀리에 팔렌슈타인은 이 집 분위기에 대해 이렇게 말한 적이 있다.

"나의 진정한 고백인데, 그러한 정경은 훌륭하다고 여겨진다. 그리고 상냥한 막스(막스 베버의 아버지-옮긴이)가 그처럼 진심으로, 더더군다나 분명함 그 이상으로 훌륭하고 신성한 목적을 갖고 헬레네(막스 베버의 어머니-옮긴이)와 장래를 생각하고 있다는 것을 본 나는 아주 감동해서 우리는 미래의 영겁에 이르기까지 끊으려야 끊을 수 없는 관계라고 느꼈다."

헬레네는 별로 노력하지 않고도 새 가족의 풍습에 잘 적응하여 시부모를 공경하고 또 그들의 사랑을 받았다. 그녀는 하이델베르크의 친정보다도 시댁을 더 소중히 해왔다.

한편 당시 행복한 부부생활의 필수요건은 남편에게 부모 슬하에서 들인 입맛에 맞는 맛난 음식을 끓이거나 구워주는 것이었다. 행복한 부부생활은 남편의 만족여부에 달려있다고 보는 시대였던 때문이다. 헬레네는 장차 남편을 편안하게 하는 것으로 여겨지는 일만 있으면 선뜻 그것을 따랐다. 이렇게 해서 모든 면에서 화합의 소리를 울렸고, 이 아름답고 선량한 두 젊은이를 본 사람은 누구든 이것이야말로 영원히 이상적으로 결합된 부부라는 것을 의심하지 않았다. 다만 다소 분별 있는 관찰자들은 그가 아내의 지나친 헌신과 복종, 그리고 젊은 남편이 덮어놓고 그 봉사를 그대로 받아들여 한없이 그것에만 의지하려 하고 있다고 느낄 수도 있다. 또 인간심리에 통달한 형안炯眼으로 헬레네의 내면적 고투의 기록과 그 남편의 인생철학을 종합해서 보면 가장 깊은 인격의 기저에서 쌍방이 일치한다는 사실은 결국 하나의 꿈에 지나지 않는다는 점을 인정할 수가 있으리라.

법률가인 아버지

스물네 살의 젊은 법률가는 베를린 시 당국에 근무하는 한편 자유주의 경향의 주간지를 편집하다가 곧이어 실제로 정치활동에 휘말렸다. 섭정왕 빌헬름 (프로이센 왕 프리드리히 빌헬름 4세의 아우로서 형인 왕의 정신병 때문에 1858년부터 섭정이 되었으며 1861년에 즉위하여 빌헬름 1세가 된다-옮긴이)은 통수권을 인수하면서 스스로 헌법을 진지하게 받아들인다는 사실을 확인시키기 위해 자유주의 색채가 강한 내각을 구성했다. 이리하여 '새로운 자유주의의 시대'가 시작되는 것처럼 보였다. 자유주의는 최고 전성기를 구가하면서 그들의 국가이념 실현에 성공할 수 있다는 기대감을 갖게 했다.

그러나 이 희망 넘친 출발에 뒤이어 모든 것이 정체했고, 의회의 권능은 말할 수도 없이 제한되었으며, 귀족원은 보수파의 아성이 되어 버렸고, 의회주의를 목표로 노력하는 움직임은 혁명으로 간주되어 억압을 당했다.

헌법에 정해진 가장 중요한 권리는 재정 관리권이었다. 1826년 봄에 의회는 국가재정에 대한 승인과 감독에 있어 보다 효력 있는 형식을 요구했다. 그러나 왕의 생각은 그와 반대였다. 즉 빌헬름 왕은 상비군의 2배 증강을 목표로 하고 있었기 때문이다. 그리하여 헌법을 둘러싼 중대한 갈등이 빚어졌고, 자유주의 성향의 각료는 해임되었으며, 연방의회는 해산되었다. 왕은 자기 나름의 정책을 차차 완성해 갈 수 있을 것이라 생각하고 있었다. 그리하여 왕은 오랫동안 배척했던 인물과 손을 잡았다.

이로써 수상이 된 비스마르크가 7년간이나 예산안 없이 시정을 한다는 대담한 정책을 쓰게 된다. 프로이센 국가는 이 비스마르크에 의해 군비확장·강권

정치 및 프로이센 주도하에 독일통일을 향해 준비를 착착 진행해 나갔다. 국가는 파국적 동요에 휩쓸려 들어갔고 훌륭한 애국자들의 눈에는 비스마르크는 자유와 통일의 방해자로 비쳤다.

베버(막스 베버의 아버지-옮긴이)는 이 격동의 시대를 투쟁이든 행동이든 그 어떤 이유에서이든 그 자체는 생명을 고양시켜 주는 것으로 간주하여 모든 청년기의 감수성으로 이 시대를 체험했다. 그는 헤르만 바움가르텐과 마찬가지로 민주주의자였지만 결정적으로는 자유주의자였다. 열두 살 소년이었을 때 그는 1848년대의 풍조를 자신의 몸속에 흡수했으며, 그 불꽃은 타올랐었다.

"소란하기는 했지만 그 이상적인 희망과 풍요로운 감격에서 그 유례를 찾아볼 수 없는 장엄한 이 시대에 대한 강인한 인상은 내가 살아있는 한 내 마음속에 생생하게 남게 될 것이다."

이제 그는 자유주의 우파의 하나인 '입헌당'에 소속하게 되었다. 이 당은 '호엔촐레른 왕가의 강력한 왕권과 국민에게 보장된 권리의 완전한 실현'을 동시에 주장하고 있었다. 연방의회의 의원개선議員改選이 준비되었을 때 그는 베를린중앙선거위원회의 서기가 되었고, 그 때문에 경험이 풍부한 유력 정치가들과 이미 접촉할 수 있었다.

"…내가 여기서 지금 아주 흥미 있는 시간을 보내고 있다는 사실을 그대도 물론 상상할 수 있을 것이다. 국내의 거의 모든 지방과 접촉하게 되고, 전국적으로 가장 유명하고 우수한 대정치가들과도 친밀하게 교제할 수 있게 되었다. 벌써 수십 년 전부터 우리나라의 입헌제도를 위해 투쟁한 전사로 알려진 존경받는 노신사들과 내가 이렇게 협의를 할 줄이야, 참으로 꿈같기만 하다.…여하간 나는 내 자신의 본연의 무대에 오른 것같이 생각하며, 이 활동 전체—그렇

막스 베버의 아버지 막스 베버 1세와 어머니 헬레네 베버.

다고 해서 내가 하고 있는 시 당국에서의 일을 완전히 중단시킬 정도는 결코
아니지만—는 나에게 대단한 즐거움을 안겨 주었다고 말할 수밖에 없다."

2년간의 약혼기간도 어언 끝나고 결혼하게 될 즈음해서 두 사람은 터질 듯
한 행복감에 휩싸였다. 그들은 서로 아끼며 사랑했다. 젊은 아내는 최고조에 이
를 정도로 감사의 마음이 가득 차 있었다. 결혼생활을 수년이나 보낸 후에도
아내는 남편에게 이렇게 썼다.

"나의 자매 가운데서 내가 가장 잘 살고 있죠. 나는 결코 바보가 아닌데도
남편과 완전히 일심동체가 되는데, 나만큼 되는 경우를 누구에게서 찾아보겠어
요. 최근에 이다가 '정말이야, 나는 꿈에라도 이상 같은 것은 결코 실현되지
않을 것 같아' 라고 말했을 때, 나는 나의 이상이 어떻게 실현되었는지, 다시

말해서 나처럼 바보 같은 여자에게 당신과 같은 보배가 주어지리라고는 내가 아무리 생각해도 상상조차 할 수 없는 일이었다고 말할 수밖에 없었어요."

베버는 다시 에르푸르트시청으로 옮겼다. 지방도시의 쾌적한 생활 리듬과 그들 자신의 성실한 삶 덕분에 이 부부는 젊고 쾌활하게 생활할 만한 시간적 여유도 가질 수 있었다. 선량한 친구들이 모여 들었는데, 그들은 아내의 상냥함과 남편의 구김살 없는 태도에 매혹되었다. 에밀리에 팔렌슈타인은 딸 내외를 방문할 때마다 아주 좋은 인상을 받았다. "헬레네는 가정주부로서는 참말로 고기가 물을 만난 격이야" 라고 했다.

한편 지적인 관심을 일깨우기 위해 이 젊은 부부는 자기 자신들에 의지하고 노력할 수밖에 없었다. 하이델베르크의 요동치는 분위기에 비하면 에르푸르트는 정신적 무풍상태였다. 이다와 바움가르텐에게서 자극을 받은 헬레네는 영미계의 신학자 파커와 채닝의 저서를 탐독했고, 부부생활을 시작한 지 몇 년이 지나고부터는 때때로 남편을 자신의 내면생활에 침잠하도록 끌어 들이는데 성공했다. 1867년 그녀는 이다에게 이렇게 편지를 썼다.

"막스와 나는 둘이서 파커의 연설집을 읽으며 부활제를 축복했어. 이곳 에르푸르트는 그런 점에서는 죽은 거나 마찬가지야. 신학자도 전무해. 그 때문에 프로테스탄트 의회에서 이룩한 일들에 관해 전혀 알 수도 없고, 그러한 일을 하려고 드는 사람도 없어."

보는 바와 같이 두 어린아이와 함께 사랑하는 남편 곁에서 지금 풍성하고 만족스런 생활을 보내는 이 스물세 살의 젊은 아내는 예전과 다름없이 종교에 관심을 가지고 있었다. 헬레네는 항상 절대적인 것을 동경하였는데, 어떠한 상황에 처해도 궁극적인 것은 반드시 찾아냈다. 따라서 그녀는 이것으로 충분하다고 여기지 않았으며, 신 앞에는 항상 자신이 부족하다고 느꼈다. 어떤 일이든 이루지 못하면 그 책임을 결국 자신에게로 돌리는 성미였으므로 그녀는 일에 차질이 생기면 반드시 자신이 미흡한 탓이라며 가슴아파했다. 차질의 이유가 결코 도덕적인 결함에 있는 것이 아니라 다만 수완이나 정신력의 부족에 있어도 그렇게 생각했다. 그녀에게는 사람의 마음을 끄는 애송시가 하나 있었는데, 그녀는 가끔 이 시구를 빌어 자기 자신이 스스로를 어떻게 생각하고 있는지를 표현했다.

"그대가 가지에 핀 한 송이의 작은 장미라면 그렇게 된 것을 항상 신에게 감사해야 한다. 그대가 또 줄기에 낀 이끼에 지나지 않는다 해도 그것에 대해 신에게 감사해야 한다."

헬레네는 다른 사람의 눈에는 훌륭한 장미로 보였으면서도 다른 사람과 자신을 비교할 때에는 자신이 하찮은 이끼에 지나지 않는다고 보았다. 그러므로 그녀는 마음속으로 자신의 미모와 넘치는 사랑의 힘을 흔쾌하게 인정하기보단 끊임없이 겸양과 체념으로 자기 자신의 한계를 느꼈다.

스물네 살이 된 그녀가 그 후 여러 차례에 걸쳐 되풀이해서 어떤 원망을 표명하고 있는 것을 보면 기묘하다는 생각조차 든다.

"이다 언니는 어쩌면 내가 생각한 것과 똑같이 노년의 매력에 대해 생각하고 있었수. 나 역시 그 점이 여간 기쁘지 않아. 다른 사람들은 우리가 이런 생각에 몰두해 있다고 비웃었지만."

어쨌든 부부 공동생활에서 육체적인 측면은 그녀에게 아무런 기쁨의 원천이 되지 못했는데, 그것은 고통스러운 희생인 동시에 아이를 낳는다는 점에서 용인되는 결점이었다. 그리하여 그녀는 젊은 시절의 행복 속에서도 이 봉사로부터 해방되는 시기인 노년을 동경해마지 않았던 것이다. 그런데도 노년에 이르기까지는 멀고 먼 여로가 남아 있었다. 그러므로 그 사이에 어머니가 된다는 것이 그녀에게는 이승의 행복이었다. 그녀에게 있어서 어린아이는 신이 내려주신 은총이어서 이 아이들 하나하나에게 그녀는 많은 사랑을 주었다.

막스 베버의 탄생

베버 부부는 결혼 1년 후인 1864년 4월 21일 에르푸르트에서 맏아들을 낳았다. 이 아들에게 아버지의 이름을 그대로 물려주었다. 그 후 2년 터울로 7남매가 태어났으나 딸 둘은 어려서 죽었다. 이 맏아들은 자신이 '가계의 후계자'라는 것을 자각하여서 '적자'의 특권을 마음속 깊이 새겼고, 이 감정은 일찍부터 아우와 누이에 대한 책임의식으로 변해갔다.

헬레네가 그를 낳을 때에는 큰 고통을 겪었다. 뱃속 아이의 머리가 지나치게 커서 산모가 열이 났기 때문에 맨 처음 낳은 이 아이에게는 다른 아이처럼 수유를 할 수가 없었던 것이다. 그래서 그는 사회민주주의자인 목수 아내의 젖을 먹게 되어서 생애 첫 수 주일 동안 이 목수의 작업대 밑 세탁바구니 속에서 보냈다. 그후 그의 사회적 정치적 신념이 아버지의 정신적 유산을 밀어내고 표출되자 집안에서는 '막스는 그 정치적 관념을 유모의 젖에서 빨았다'는 농담이 오갔다.

1869년에 새로운 전기가 마련되었다. 아버지 베버는 유급의 시 참사회원으로 베를린에 초빙되었고, 곧 국민자유당의 대의원이 되어 의회인으로서의 생활을 시작한 것이다. 가족은 빌린 것이긴 하지만 시의 경계인 샤를로텐부르크의 라이프니츠가 19번지에 1몰겐 정도의 정원이 딸려있는 깨끗한 빌라로 이사했

다. 이곳은 대도시와 떨어진 곳이어서 어린아이는 매일 햇볕과 자유로운 공기를 만끽하며 거의 시골과 다름없는 환경에서 자랐다. 샤를로텐부르크로 이사를 온 이후부터 집안분위기는 점점 정치적인 관심사로 가득차기 시작했고, 자라는 어린 아들들도 은연중 그 관심 속으로 휩쓸려 들어갔다. 아버지는 베를린 시 참사회원으로서 건설부문을 관장했다. 그는 가로수계획을 근사하게 세워 실시했다. 프로이센 연방의회에

막스 베버의 형제들. 왼쪽부터 막스, 알프레드, 칼.

서 그는 교육부회의 보고위원이었다. 웅변 재질이 뛰어나지 못한 그는 지도적인 정치인은 될 수 없었지만 판단력이 명확한 정치인이었다.

유년시절

1870년에 일어난 보불전쟁普佛戰爭은 어린 베버에게 잊지 못할 인상을 심어 주었다. 당시 여섯 살이던 아들 막스는, 후에 세계대전의 발발을 맞았던 같은

장소, 즉 부모가 여름휴가를 보내는 네커 강변의 할아버지 댁에서 이 전쟁을 맞았다. 자국의 입장이 옳다는 소박한 신념과 대국의 지위를 얻는다는 호전적 민족의 환희에 찬 진지함 – 압도적인 승리의 환호와 드디어 제국통일을 성취한 자랑스러운 감격 – 이 모든 것이 어린 베버에게는 평생 잊히지 않는 감명으로 각인되었다. 곧이어 그의 샤를로텐부르크의 학교시대가 시작됐다.

막스의 풍요로운 소년시절에서 그에게 가장 중요했던 것은 역시 책이었다. 막스는 일찍부터 스스로 손에 닿는 대로 책을 읽었다. 역사서와 고전작가의 작품들, 특히 철학서적들을 많이 읽었다. 그는 고등학교 제2학급에서는 스피노자와 쇼펜하우어를, 그리고 제1학급에서는 특히 칸트를 읽었다. 그는 또 일찍이 열두 살 때에 마키아벨리의 『군주론』을 빌려다가 읽었으나 그 뒤에는 『안티 마키아벨리』(프리드리히 대왕이 쓴 『군주론』 비판서 – 옮긴이)를 읽었고, 루터의 저작집도 읽고 있다고 어머니에게 말했다. 그는 성년이 가까워지면서부터 학교공부에는 힘쓰지 않고 학업에도 별로 주의를 쏟지 않았다. 예컨대 제3학급 때에는 수업 중 책상 밑에 40권으로 된 고다 판 『괴테전집』을 놓아두고 전부 읽어치우기도 했다. 그는 학급 안에서는 언제나 최연소였고 또 몸이 허약했다. 게다가 그 자신의 회상에 의하면 '아주 게으른 자'여서 의무감이라고는 가져본 일이 없고, 아울러 공명심도 완전히 결여되어 있었다. 학교 수업은 인습적인 교조敎條를 되풀이할 뿐 두뇌에는 아무 것도 가져다주지 않는다고 생각하는 막스는 불손한 정도는 아니더라도 냉담하게 한 귀로 듣고 한 귀로 흘려버렸다. 그런데 1년 후 그는 한 존경할 만한 자유주의 성향의 교사의 종교사 강의를 듣고 이끌린 나머지 구약 원전을 읽기 위하여 스스로 히브리어를 공부한 바 있다. 어머니는 견신례(堅信禮, Confirmation, 가톨릭교회의 7聖事 중 세례성사 다음에 받는 의식 – 편집자) 전에 자신의 종교적 감동을 아들에게 이해시키려고 했다.

"지난 일요일에 한가한 시간이 있어서 우리 아이를 앉혀놓고 얘기한 일이 있다. '일요일에 대해' 라는 리프 목사의 설교를 낭독해 달라고 내 아들 막스에게 부탁하였다. 맨 처음 그는 흥미가 없는 듯하였고, 역사서든지 또는 『호메로스』나 『단테』를 읽고 싶은 듯했으나 결국 나의 청대로 계속 읽어갔다. 그러자 나는 이 현실주의적이고 힘찬 글이 그를 얼마나 사로잡아 흥미를 일으키고 사색을 촉발하게 하는가를 알 수 있게 되었다."

이처럼 어머니 헬레네는 자신의 삶의 세계에 대한 관심을 어떻게든 아들에게 이입시켜 보려고 무척 노력했지만 열다섯 살의 그는 깊은 종교적 감동이 없어 가능하면 어머니의 영향을 받지 않으려 해서 무척 마음이 상했다.

"막스는 견신례가 가까워옴에 따라 제단 앞에 나아가 말해야 할 자기 자신의 신조에 대해 깊이 생각에 빠진다든지, 시대를 초월하는 어떤 깊은 영향을 느낀다든지 하는 일에는 전혀 관심을 보이지 않고 있었어. 일전에 둘이서 마주보고 앉았을 때 나는 그가 기독교도 의식의 주요 문제에 대해서 어떻게 생각하는지를 물어본 일이 있었지. 가장 먼저 그는 영혼불멸이나 인간의 운명을 이끌어주시는 신의 지인(至人, 더없이 덕이 높은 사람-편집자)에 대한 신앙이 견신례의 강화(講話, 설교-편집자) 준비에서 의당 전제되어야 한다는 내 말에 깜짝 놀랐어. 사랑하는 이다. 나는 내 자식에게 감명을 줄 수 있게 말할 능력이 없나 봐요. 그래서 프리츠가 '아무리 작은 샘이라도 사람이 마시기에는 부족하지 않다' 라는 옛말까지 끌어냈으나 다 소용이 없게 됐지 뭐유."

분명히 그녀의 부탁을 받은 연상의 사촌형도 그의 닫힌 영혼을 깨뜨리고 무엇인가를 그 속에 밀어 넣으려고 노력한 바 있다.

"…나의 견신례의 강화 준비가 어떠한가 하는 질문과 함께 형은 자신이 견신례의 강화로부터 받은 아름다운 인상에 관해 적어 보내셨지요. 우리 교회 목사가 지금 남자로서는 한창 나이이지만 이것이 실제로는 견신례 강화를 하는데 특별히 유리하다고 할 수는 없지요. 연배가 있는 사람은 행동에서는 뒤지더라도 위엄을 보일 수 있어서 이를 충분히 커버할 수 있기 때문이지요. 형이 종교를 조소하는 문제에 관하여 말한 것은 분명 옳아요. 실은 나도 자기는 절대로 어떤 확신이나 피안에의 희망도 갖고 있지 않다고 숨김없이 주장할 수 있는 인간 이상으로 불행한 인간은 없다고 믿기 때문입니다. 말하자면 그처럼 어떤 희망도 갖지 않은 채 한 발짝 한 발짝 걸어서 단순히 완전한 소멸에 이른다는 것은 실제로 두려운 느낌이 들며, 인간에게서 모든 희망을 빼앗아 간다고 봅니다. 어떤 인간도 회의를 품을 수 있고, 또 이 회의가 일단 극복되면, 그것만으로 한층 신앙을 굳게 한다고 봅니다. 형은 견신례에서 압도했던 인상을 적어 보내셨는데, 나도 지금 내가 내 인생의 중대한 전환기에 서 있다는 것을 자각하고 있다는 점을 믿어주시기 바랍니다."

베버에게 주어진 견신례의 성구는 "주는 성령이며, 신의 영이 있는 곳에는 자유가 있다"였다. 이 소년이 인생행로를 걸어 나갈 때 따라야 하는 것을 그 이상 더 잘 표현할 수 있는 성구는 없었을 것이다.

맏아들 막스—그녀는 '큰아들'이라고 불렀지만—는 당시 어머니와의 관계에 대해 어느 정도 분명한 기억을 갖고 있었다. 어머니는 실제로 이처럼 조숙하고 뛰어난 지성을 소유한 아들에게 줄 게 아무 것도 없었으며, 그의 굳게 닫힌 마음의 봉오리를 열어줄 도리도 없었다. 그뿐만 아니라 부모는 분명히 교육을 잘 못하고 있었다. 조숙하고 지력이 그들보다 뛰어난 소년에 대해 그럴듯한 태도를 취하기에는 그들이 너무 젊었을 뿐만 아니라 권위주의적인 관습에 젖어 있었다. 그런데다가 맏아들은 항상 도덕적인 훈계나 격렬한 질책의 표적이 되곤 했다.

대학 시절 이모에게 와서 기숙했던 프리츠 바움가르텐이 가족의 인상을 요모조모로 하이델베르크의 외할머니에게 보고하였는데, 자기가 보기에 아들 베버는 수수께끼의 인물이라고 하였다. 그러자 그녀는 이렇게 대답했다.

"샤를로텐부르크 집이 네 마음에 들 것이라고는 나는 애초부터 확신했다. 헬레네는 진정 마음속으로부터 친절이 우러나오는 사람이다. 아들 막스는 어떠냐 하면, 나는 그 아이가 남다른 마음씨를 가진 사람으로 다소 폐쇄적이라고 생각한다. 그렇다고는 해도 그 아이는 머리가 대단히 좋고 선의를 가지고 있다. 나는 그 아이가 자기 자신으로부터 해방되게 하려면 좀더 애정을 가지고 보살펴 줘야 한다고 믿는다."

아버지 베버는 자신에게는 정신적인 권위가 있다고 생각해서 젊은 아이들이 색다른 의견을 가지려 하는 것을 내버려두지 않았다. 충돌이 일어나면 그는 언제나 자기가 옳다고 여겼다. 그러나 헬레네는 그와 반대로 실패의 이유가 자기한테 있다고 생각하여서 그것 때문에 몹시 괴로워하였다. 그녀는 자기 자신을 본보기로 삼아 분명히 그렇게 하기를 요구하였고, 나이로 보나 천성으로 보나 젊은 아이로서는 도저히 이해할 수도 실현할 수도 없는 마음가짐과 도덕적 태도를 기대하고 있었다. 마치 전혀 종류가 다를지도 모를 어린 나무에서 그녀는 일정한 과실을 기대하고 있었던 것이다. 게다가 그녀는 설교하는 습관이 있어서 때로는 남 앞에서도 꾸짖곤 하였는데, 무엇이나 마음속에 꾹 담아두는 성격인 맏아들은 이것을 몹시 원망하며 마음속으로 반박하고 싶은 감정이 부글거렸다. 그녀는 하찮은 일이지라도 실수를 저지르는 것을 용납하지 않았다.

이때 큰아들은 아버지와 같은 타입이 될 것인지, 어머니와 같은 타입이 될 것인지는 아직 정하지 않았다. 이미 그는 자신에 대해 분명히 파악하고 자신의 인격을 내세워야 함을 의식하게 되자 그는 막연하게나마 어느 것이든 선택하지 않으면 안 된다고 생각하게 되었다.

한편에는 어머니가 있었다. 이 어머니의 마음을 지배하는 것은 복음서의 정신적 힘이었으며, 봉사하는 사람과 함께 자기희생을 하겠다는 것이 제2의 천성이 되었다. 그런데 한편으로는 다소 엄숙하고 숭고한 원칙에 따라 생활하며, 과중한 일상의 일을 도덕적 에너지와 부단한 긴장으로 처리하면서 절대로 '너그러이 보아 넘겨준다'와 같은 식의 사례는 일체 없었다. 중요한 문제는 모두 조용히 신의 뜻에 돌리려 하였다.

여기에 비해 아버지는 처음부터 끝까지 솔직하고 곧았으며, 정치와 직무에 있어서는 사심이 없었고, 한편 분별 있는 호인풍이어서 자기가 원하는 대로 일이 잘 되면 온정가 다운 면모를 드러내 보였다. 하지만 자기 자신에 대해서나 사회에 대해서나 아무런 불평이 없는 전형적인 부르주아지였다. 곤란한 인생문제가 있다고 인정하는 것조차 원칙상으로 거부했다. 중년에 이르러 그는 마음의 평온을 좋아하여서인지 고뇌에 잠긴 사람을 동정하려 하지 않았다. 그의 자유주의 경향의 정치이상은 실현하지 못했고, 그에게 어떤 식으로든 자기포기를 강요하는 새로운 에네르기는 그의 심신에 불을 지피지는 못했다. 구김살 없는 개방성, 자연애호, 조촐한 향락 가능성, 무슨 일을 하던 애초부터 순조로운 출발, 예컨대 어디를 여행해도 항상 맑은 하늘의 혜택을 입는 행운이라는 의식, 어떤 사태가 발생하든 좋은 면만을 인정하는 능력과 의지, 이런 모든 것 때문에 성장기의 아들들은 그를 호인으로 생각하였다. 실제 그는 교육에 대해서도

김나지움 시절의 막스 베버(1876년).

대부분을 아내에게 맡겼지만 아이들을 데리고 함께 하이킹이나 여행을 하곤 했다. 물론 조숙한 어린아이에게 '좋은 친구' 가 되어 준다는 것은 아버지에게는 잘 어울리지 않았다. 왜냐하면 아버지는 전통적이고 가부장적인 집안의 가장으로서 자신의 위엄을 믿으며 자신은 의당 존중받고 존경받을 권리가 있다고 확고하게 생각하기 때문이다. 여러 가지 버릇, 예컨대 아내가 무엇이건 시중들길 바라는 것과 같은 일은 아이들에게는 비판의 대상이 되지 않을 수 없었다. 또 사물을 보는 태도나 표현형식의 차이도 일찍부터 나타나기 시작했다.

이러한 까닭에 아버지에게 이끌려 처음으로 이탈리아에 갔던 막스는 감격을 말로 표현하라는 요구를 참지 못하고 베네치아에서 별안간 혼자 집으로 돌아가고 싶은 생각이 든 적이 있었다. 하지만 이 소년은 당시에는 어머니 쪽보다는 오히려 아버지 쪽이 자기의 성격에 가깝다고 느끼고 있었다.

Chapter 2

학창시절과 군대생활

하이델베르크 대학 시절

막스 베버는 1882년 봄에 치른 김나지움 졸업시험에서 친구들을 놀라게 했다. 교사들은 그가 학교 수업에 그다지 성의를 보이지 않았다는 점을 알기는 했지만 여하튼 뛰어난 지식습득도를 확인하게 되었기 때문이다. 하지만 내심 경외심이 없는 이 소년의 도덕적 성숙은 의심스러워했었다.

호리호리한데다가 화사하지만 손발이 작고 어깨가 축 늘어진 '결핵후보자' 인 그는 불타오르는 지식욕에 못지않을 강건하고 '믿음직한 사나이' 가 되려는 소망을 품고 바로 만 열여덟 살이 되자 하이델베르크 대학에 입학했다. 아버지와 마찬가지로 그는 제1 전공과목으로, 또 직업준비를 위해 법률을 선택했고, 그 밖에 역사, 경제학, 철학을 공부했고, 문화과학 분야에서 우수하다는 교수의 강의는 빼놓지 않고 무엇이든 들었다. 당시 명성이 절정에 올랐던 임마누엘 베커에게서는 로마법, 즉 그 입문서인 『판덱텐』과 『인스티투치오넨』에 대한 강의를 들었다. 경험적·교조적 학문 가운데 우선 확정되고 증명이 된 진리를 추구하면서 거기서 교묘한 가설을 이끌어내려는 태도에 승복하지 않으려 했던 이 학자는 애송이 법률학도의 비판적 회의에 안절부절 했다.

노학자 크니스의 극도로 무미건조한 경제학 강의도 그는 견디지를 못했다. 그러나 그는 이 학문의 기본개념을 빌헬름 로셔와 칼 크니스의 저서를 통해 습득한다. 여기에 반해 에르트만델파의 '중세사'와 그 역사학 제미나르Seminar는 그의 마음을 잡아끌었고, 결국 그는 이 제미나르의 청강생이 되었다. 거기에 덧붙여 그는 랑케의 『로마 민족 및 게르만 민족의 역사』와 『근세 역사가 비판』을 읽었다.

"이 두 책은 모두 스타일이 아주 독창적이었는데, 나는 처음에는 읽을 수가 없었으며, 또 여러 가지 사실을 알지 못했더라면 이해할 수 없었을 것이라고 생각될 정도였다. 그 문장은 『벨다』나 『빌헬름 마이스터』를 연상케 했다."

그는 철학은 고등학교(김나지움) 시절에 기초를 배운바 있지만 그 지식을 구노 피셔의 강의를 통해 한층 더 넓히려고 했다. 오전 7시에 그의 논리학 강의를 들었는데, 이처럼 이른 아침부터 열심히 공부하여 정력을 낭비하더라도 헤겔의 관념실재론觀念實在論만을 듣는 것으로는 무용하다고 생각했다.

"6시 반에 일어나기를 강요하는 사람을 나는 증오한다."

거기에다가 이 젊은 대학생은 대학교수들이 자기 자신을 과시하려는 허영심을 풍기는 일체의 뉘앙스에 극도로 민감했다. 그는 2학기가 되어 철학사 강의를 듣기 시작했을 때에야 비로소 비판은 비판으로써 인정하여야 한다는 사실을 충분히 알게 되었다.

베버의 지식욕은 그가 대학생활에 마음의 문을 여는 데는 큰 장애가 되지 않았다. 여러 대학생단체가 그를 유혹했다. 하지만 그는 학생단에는 반발을 느꼈다. 거기에 들어가는 것은 '출세'하는데 도움이 되는 뒷배경을 얻는 것이라고 생각되었기 때문이다. 그러는 동안 그는 그보다 몇 살 많은 이종사촌형, 즉 이다의 둘째아들인 오토 바움가르텐과 가까이하게 되었다. 그는 하이델베르크 대학 신학과에서 최종학기를 보내고 있었다. 이 청년은 교의에 구속되지 않는 신학의 한 학파에 속하고 있었으나 정신적으로 심하게 동요하고 있었고, 섬세한 성격을 지니고 있었고, 인간적으로 성숙했기 때문에 나이 어린 사촌동생을 자신의 종교적 관심의 세계로 끌어들였다. 베버는 다시, 그리고 생애 마지막으로 자기보다 나이 많은 뛰어난 친구들의 영향을 받게 된 것이다. 그들은 정오의 식탁에서 만났으며, 밤에는 신학이나 철학책을 윤독했다. 로체의 『미크로코스모스』, 플라톤, 피터만의 교의학敎義學, 슈트라우스의 『고신앙과 신신앙』, 프라이델러의 『파울로의 사상』, 슐라이에르마하의 『종교에 대한 강연』 등등을 섭렵했다. 그는 법률학·경제학·역사학·철학·신학 등 아주 광범위한 지적 욕구를 충족하기 위해 하루의 대부분의 시간을 투자해야 했다. 그래서 그는 규칙적인 하루일과를 세워야 했지만 대학생조합의 활동에 참가하는 일이 점차 많아지다 보니 그 일과도 허물어지기가 일쑤였다. 7시의 논리학 강의를 위해서는 일찍 일어나지 않을 수 없었고, 또 매일 규칙적으로 아침 1시간씩 검도장에서 연습을 한 다음 강의를 들었다. 1시 반에는 근처에서 1마르크짜리 점심을 먹은 다음 때로는 포도주라든가 맥주를 4분 1리터 마셨다. 그리고 나서는 2시까지 오토와 그는 각자의 방으로 돌아가서 강의 노트를 통독하고 슈트라우스의 『고신앙과 신신앙』을 읽었다. 때에 따라서는 오후에 함께 산에 오르기도 했다. 밤에는 또 80페니히로 비교적 고급 저녁상이 나오는 이크라트점에서 함께 저녁을 먹고, 그 후 규칙적으로 로체의 『미크로코스모스』를 읽었다. 이 책에 대해서는 아주 맹렬한 논전을 벌인 바 있다.

성령강림제 휴가 때에 베버는 이종사촌형 오토에 이끌려 슈트라스부르크의 오토의 부모 집으로 갔다. 그곳에서 수일간 머무르면서 그와 바움가르텐 가 사이에는 정신적 유대관계가 맺어졌다. 하이델베르크에서 2학기를 맞았을 때 오토는 이미 거기에 없었다. 한가한 시간에 그의 상대가 되어 줄 만한 것은 단순한 사람들이나 아주 세속적인 관심사뿐이었다. 베버는 라인 지방 출신의 무리들과 아주 친밀한 관계를 맺고는 그들과 오찬을 같이했고, 관습적으로 일주일에 두 번씩 가는 야간주점행에 어울렸으며, 점점 대학 생활에 친숙해졌다. 3학기에는 관행인 결투를 하여 식대(飾帶, 드레스의 허리나 모자 따위에 장식하는 띠-편집자)를 받기도 했다. 그는 아무 생각 없이 대학생 놀이에 열중해서 유쾌한 친구가 되었고, 주호酒豪로서 두각을 나타냈다.

물론 공부를 그다지 등한히 한 것은 아니지만 이 맏아들의 변화는 여러 가지 점에서 부모에게는 즐거운 일은 되지 못했다. 조합의 '의무', 빨간 학생모, 학생조합원의 예장禮裝, 주점, 연회, 결투를 위한 원정, 거기에다 왕성한 식욕으로 인해서 매월 부쳐주는 돈보다도 훨씬 많은 돈이 필요하게 되었기 때문이다. 검소함은 이 대학생에게는 전혀 어울리지 않는 덕목이어서 자주 아버지에게 추가액을 요구할 수밖에 없었고, 그것이 아버지의 심사를 거스른 실마리가 되었다. 물론 아버지대들로부터 이어오는 전통인 돈을 빌리는 방법이 있긴 하였다. 선배들이 창립기념일이나 그 밖의 행사에서 먹고 마신 대금을 분담해서 지불해야 하는데, 이런 할당금은 어느 곳의 조합이든지 인정해주는 것이어서 돈을 빌릴 수 있었다. 이것은 하나의 '계급적 관습'이 되었다. 점심식사비나 학생모, 그리고 드라이브 비용은 몇 년째 못 갚기가 일쑤여서 그 경우 고율의 복리로 모두 갚아야만 하는 것이 관례였다. 베버도 거기에서 예외가 아니었다.

한편 이 청년은 외적인 것뿐만이 아니라 내적인 기풍도 조합생활로부터 강하게 영향을 받았다. 학생조합은 규모가 작았다. 그래서 각자 나름대로 조합에 대한 명예를 책임지고 있었다. 조합원들 동지 사이의 교제 방법은 우정이 있는 따뜻한 것이 아니라 얼음장처럼 차가운 것이었다. 우정은 남성적인 것이 아니라고 보았던 것이다. 서로가 거리를 두고 엄격하게 감시하며, 비판하고, 절차탁마했다. 밖으로 나타나는 태도만을 중시하는 남성 이상의 것을 요구했던 것이다. 시적인 요소가 있다면 그저 학생가나 국가를 우렁차게 합창하는 것 정도였다. 이 공동체의 내부에서 자기를 주장할 수 있는 자는 다른 사회와 맞닥뜨려도 대단한 자신감으로 자신의 우월감을 의젓하게 나타낼 수가 있다. 대학생조합은 어떤 상황에 처해도 지켜야 할 준칙을 갖고 있었다.

"우리에게 있어 문제라는 것은 존재하지 않는다. 우리는 어떤 일이 일어나도 그것을 어떤 형태로든지 결투로 해결할 수 있다고 믿는다."

훗날 이 준칙이 영향을 준 것을 회상하면서 베버는 다음과 같이 단언했다.

"학생과 하사관 시절의 생활을 통해 항상 '과감하라'고 훈련받은 것은 의심할 나위 없이 나에게 큰 영향을 미쳤으며, 소년 시절에 현저했던 내적인 소심증이나 자신감이 없던 태도를 완전히 제거해 주었다."

군대생활

1883년 가을 베버는 병역연한을 채우기 위해 슈트라스부르크로 옮겨갔다. 장소를 그리로 선택한 것은 이모부인 바움가르텐 가와 베네케 가를 염두에 두었던 때문일는지도 모르겠다. 세 학기에 걸쳐 멋진 학생의 자유를 맛본 후인지라 이 새로운 남성적 생활형식에 처음에는 아무런 매력을 느끼지 못했다. 특히 근무와 교련은 이 열아홉 살 청년을 매우 긴장시켰다. 하지만 펜싱 이외에는 체육에 그다지 능숙하지 못했지만 피복창고에 있는 군복이 몸에 맞는 것이 하나도 없어 결국 취사반장의 허리띠를 무리하게 졸라매지 않으면 안 될 정도로 그는 건강해졌다. 무거운 체중을 지탱하느라 무척 힘들어하는 가는 다리와 발의 관절은 몇 시간씩 계속되는 군사훈련을 이겨내기도 힘들었다.

그런데 육체적인 불쾌함 이상으로 더 괴로운 것은 재미없는 병영훈련의 둔중함이나 하급 사관의 미움의 대상이 되는 것이었다. 특히 지금 이후의 정규 학업에는 숫제 머리를 쓸 겨를조차 없게 될 것이라는 것을 알게 되면서 더욱 견디기가 어려웠다. 다만 바움가르텐의 역사학 제미나르에 출석하는 것만은 끝까지 계속할 수 있어서 사막의 오아시스가 되다시피 했다.

이렇게 해서 이 1년짜리 지원병은 기묘한, 그리고 또 어느 모로 보아도 건강에 유익하다고 할 수 없는 습관에 젖어들기 시작했다. 처음 수 주간 그랬던 것처럼 일찍 잠자리에 드는 대신 베버는 밤이 되면 노고를 같이하는 무리들과 어울려 함께 주점에 드나들었고, 한밤중까지 마시다가 그 후에 고통스런 잠에 빠졌고, 아침에 잠이 깨면 바로 근무장으로 달려갔다. 이렇게 되니 꿈을 꾸는 듯한 몽롱한 정신 상태, 즉 술 취한 꼴이 되어 '순전히 기계적인 기술'로 수천 번 내지 수만 번 반복하는 것도 견뎌낼 수 있었다. 편지를 쓰지 않는다는 부모의 꾸지람이 있자 군대생활로 인한 기묘한 정신과 육체 상태를 들어 해명했다.

"어떤 종류의 사고능력도 전부 소멸되고 만 상태입니다. 배낭·외투·취사도구를 짊어지고 다섯 내지 여섯 시간 동안의 오전 군사훈련을 마친 다음 오후에

군인 시절의 막스 베버.

는 그대로 침대에 들어가 자버리고 맙니다. 정신적 에네르기는 전혀 흔적도 없어져버린 셈이며, 그 정도의 희생을 치르고서 분발하여 편지를 쓴다든지 공부를 한다든지 하는 것은 엄두조차 나지 않습니다."

그렇게 되는 동안 여러 가지가 몸에 익숙하게 되었고 신병 시절을 지나면서 육체도 군대업무에 길들어졌다. 그러나 그가 도저히 참고 견딜 수 없다고 생각한 것은 "생각하는 인간을 자동적으로 정확하게 명령에 반응하는 기계로 마름질해버리는 가공스런 시간 낭비"였다.

"1년짜리 지원병들 입장에서 생각해볼 때 아무 의미 없는 일에 참가시키는 그러한 일을 가리켜 '군사교육'이라고 했다. 이런 일을 통해서 '인내'를 배워야 한다는 것이다. 그런데 4개월 사이에 매일 매일 몇 시간씩 총의 조종법을 배우고, 또 거기에다가 가장 지겨운 하사관들의 안하무인격인 무례한 지껄임 소리를 듣노라니 자연히 인내가 부족하다고 느끼는 것처럼, 진정 1년짜리 지원병에게는 원칙상 병역기간 동안에 지적인 관심을 가질 기회를 빼앗아버리도록 되어 있었다. 그래야만 군대가 잘 돌아간다는 것이다."

불만을 품고 있기는 했지만 그는 실상 육체적 메커니즘이 모든 사고능력을 차단함으로써 가장 정확하게 작용한다는 것을 인정할 정도로 객관성을 잃지는 않았다. 그렇기는 했지만 베버는 여하간 고갈되지 않은 유머나 미지의 사상(事象, 우연히 일어날 수 있는 가능성에 대한 대상이 되는 현상-편집자)이나 새로운 인간 타입을 관찰하는 즐거움에 자극 받아서 그와 같은 상태 속에서도 갖가지 경험을 축적하였는데, 사실을 알려는 갈망에 괴로워하였던 후년에 이르러서도 이들 경험을 저버리지는 못했다. 그는 모든 사상事象으로부터 인간의 특성에 대해, 또 그것이 지배적 질서나 지배적 관념으로부터 받는 각인에 대해 체계적으로 변화해가는 직관을 터득했고, 거기에 덧붙여 그에게는 여러 가지 사실로부터 유쾌한 우화의 자료를 캐낼 능력도 있었다. 프로이센의 하사관이나 하급 장교의 전형, 폴란드인 신병, 노동계급 출신의 3년병─병영 안에서나 초소에서의 행동, 야전진중근무─의 모든 것을 편지 속에 표현된 몇 마디 말에 그 특징이 잘 포착되어 있었다.

"오늘은 이모부의 제미나르를 제외하고는 하루가 전부 자유였습니다. 그래서 이 편지를 씁니다. 요즘 열흘 가량은 교련과 야전진지근무연습으로 분주했습니다. 때로는 슈트라스부르크로부터 수 마일이나 떨어진 곳에서 5시간 내지 7시간에 걸쳐 야전진지근무연습을 한 사실을 생각만 해도 나는 피로에 지쳐서 의기소침해졌습니다. 대체로 그 훈련은 이런 순서로 진행됩니다. 캄캄한 이른 아침에 헬멧·배낭·취사용구·휴대식량과 외투를 걸친 채 정렬하여 출발합니다. 처음 수 주일은 이상하게 마음에 걸리던 헬멧도 또 군화도 이제는 습관이 되어 익숙해졌습니다.”

1년짜리 지원병은 병역기간 후반에는 분대장이 되어 여러 가지 새로운 경험을 쌓는다. 책임과 다소의 발언권이 주어졌다는 사실이 마음속으로 만족스럽게 느껴졌지만 그 대신 점점 체력과 시간을 낭비하게 되었다. 마치 '가사를 보살피듯' 여러 가지 직무가 따랐지만 그는 이러한 일들에는 원래 소질이 없었다. 가령 폴란드 출신 병사들의 군장이나 야담 복장(나체)의 청결에 유의하는 따위가 그러한 일의 하나였다. 그래서 부하들의 모든 생활을 보살피느라 편할 날이 없었다.

“사흘 가량은 자신이 그래도 분대장이 되었다고 으쓱하는 기분이 없지 않았으나 양심적으로 말해 결국 복통과 식욕부진이 분대장 직무를 수행한 유일한 성과였습니다. 고맙게도 이 시련도 끝난 것 같으나 그런데 현재 우리는 순수한 근무기계에 지나지 않으며, 근무 외의 나의 일이라고 한다면 먹는 것과 마시는 것, 잠자는 것 그밖에는 아무 것도 없습니다.”

마침내 이 기간도 끝날 날이 와서 책 곁으로 돌아가는 기대를 갖게 되었을 무렵 베버는 자신의 군대교육의 실상과 경험을 다음과 같이 총정리했다.

“이 군대생활은 뭐라 해도 결국 대단히 불유쾌하고 하잘 것 없는 일이 되고 말았습니다. 특히 끝날 무렵이 되면 다른 무엇을 생각할 여유도 없어지게 되지요. 내가 분대장을 할 때에는 더더욱 여가가 없었습니다. 그런데 그 4주일 동안 나는 병영에서 아무렇게나 쓰러져서 잤습니다만 도대체 물건이 없어지는 사태는 도저히 막을 길이 없었습니다. 어느 누가 이것을 고자질해서 벌을 받게 되면 안 되기 때문에 내 주머니를 털어 도둑맞은 물건을 도로 사다놓아야 할 판입니다. …자기의 능력이라는 점에서 볼 때 사람을 열광시킬 것 같은 위대한 이념을 위해서 희생하는 것이나 더러운 발싸개(군화 위에 덧신는 것) 때문에 희생하는 것이나 본래는 다 마찬가지입니다. 실상 그것 역시 '희생'인 거죠. 그렇다고 해서 인간성의 제단에 이러한 희생을 바치는 경우, 같은 희생을 바친다고 해도 나 자신은 그들 하사관보다 훨씬 더 뛰어난 희생의 길을 택했다는 사실, 그리고 그러한 일을 한다고 해도 자기 자신이나 독일육군을 위해 큰 의미가 없다는 사실을 볼 때 참을 수 없이 허전한 생각이 듭니다. 거기에 덧붙여 배울 것도 별로 없습니다. 말하자면 하사관이 우리보다 우위에 선 유일한 기술을 배우고 익힐 수는 있다고 해도 그것을 실행할 수는 없기 때문입니다.…부하를 몽둥이질한다든지 발길로 찬다든지 하는 따위의 짓들 말입니다."(1884년 5월 30일)

하지만 이제 베버 자신은 대상이 아니지만 현직 장교 사회로 들어가면 그 순간부터 군대교육은 별개의 의미를 띠게 된다. 그런데 1개월이 지나 제1회 장교훈련을 위하여 다시 2개월간 슈트라스부르크에 소집되었을 때에는 그는 생각이 바뀌었다.

"이번에는 예전과는 전혀 다른 입장에 서 있습니다. 그리고 나로선 틀림없을 것이라고 생각하는데, 2, 3주일 안에 승진하게 되면 군대제도의 실리적인 면에 덧붙여 그 유쾌한 면도 알게 될 것이라고 봅니다."

그는 사람 위에서 명령하고 교육하는 능력을 날 때부터 타고났다. 거기에다가 그는 훌륭한 화술과 유머를 가지고 있어서 다른 장교들과 원만한 인간관계를 갖게 되었다. 곧 그는 집에 이렇게 편지를 썼다.

"이미 말씀드린 바와 같이 나 자신의 신변에 대해서는 아무런 문제가 없으며, 하숙집 주인 부부에게도 만족하고 있습니다. 군대생활은 한 동안은 매우 고생스러운 것이었습니다만 지금은 아주 즐거우며 그렇게 지루하다고 생각지는 않습니다. 전에도 말씀드렸듯이 나의 상관들은 일견 내게 매우 만족하는 듯합니다. 젊은 장교들도 매우 우의적으로 대하고 있습니다. 중대장은 중대가 지금 나를 기준으로 정렬되고 있다는 점에 안심하는 모양입니다. 그전 같으면 나 때문에 모든 것이 엉망이 되어 그것이 중대의 추태 원인이 된다고 몹시 성화를 부렸을 텐데 말입니다. 지금은 의심의 여지없이 나의 훌륭한 군인의 모습에 중대장은 매우 만족하고 있고, 내가 열심히 근무하고 성의를 아끼지 않는 점을 의심하지 않는 것 같습니다. 어제는 나의 방문에 대한 답으로 내가 있는 곳까지 찾아와서 나의 성적이 좋다고 찬사를 아끼지 않았습니다."

군대교육의 최후의 성과, 거기에 덧붙여 그에게 자신의 중대의 선두에 서서 출진하고 싶어 하는 열망을 갖게 한 군인적인 애국정신에 이르게 한 점으로 보아 무어라고 해도 이 '기계'는 상당한 경이의 표적이 되었음이 분명하다.

바움가르텐과 교우

슈트라스부르크에서 보낸 1년이 베버에게는 참기 어려운 정신적 갈증을 느끼게 하였지만 한편 그 해는 또 다른 의미에서 그에게 내적 발전을 가져다주었다. 친척인 두 학자, 즉 지질학자 E.W.베네케와 역사학자 헤르만 바움가르텐 양가와 친밀한 접촉은 이 시기에 마음의 큰 위로가 되었으며, 한가한 시간을 쓸데없이 노름을 하거나 주점에서 보내지 않게 청년을 지켜 주었다.

이 두 학자의 부인은 그의 어머니와 자매간이었다. 나이가 많은 이다에 대해서는 헬레네가 친구로서, 또 조언자로서 마음을 터놓고 지내는 사이임을 앞의 얘기에서 이미 알 수 있다. 헬레네는 이다와 성격상 깊이 통하는 바가 많다고 느꼈으며, 종교와 도덕에 철저한 그녀의 삶을 본받았다. 자매 가운데서 가장 나이가 어린 에밀리는 자녀가 많은 이 집에서 중심 역할을 하며 난청으로 고생하는 고상한 남편에게 위안이 되었다. 사심이 없는 따뜻한 마음과 고결한 정조가 이 양가를 모두 지배하고 있었다. 하이델베르크에서 함께 휴가를 보내면서 친해진 남녀 이종사촌들은 모두 이 양가에서 자랐다. 바움가르텐 가의 자손들 중에서는 프리츠와 오토가 이전부터 가까운 사이였다.

그런데 에밀리 팔렌슈타인과 오토가 일찍 결혼을 하게 된 사실이 베버의 머릿속에 심각한 고민거리를 남겨 놓았다. 그 여자는 아무리 보아도 이상한 데가 있었다. 젊은 바움가르텐보다 훨씬 나이가 많은데다가 미인도 아니고 병자였으며 중대한 정신적 장애를 갖고 있었지만 순수한 종교적 소질과 마법적인 힘을 구비하고 있었다. 그녀는 투시하는 힘을 갖고 있었다. 거기에다 그녀는 모든 일에 재능이 있어서 시도 짓고 노래도 불렀으며 예리한 판단력과 타는 듯한 강렬한 정신력을 타고났다. 이처럼 강렬한 인상 때문에 이다와 그 자녀들뿐만 아니라 바움가르텐 가에 출입하는 우수한 청년들조차 그녀에게 좌지우지되고 있을 정도였다. 두 형제는 다 같이 이 나이 많은 여인을 열렬히 사랑했다. 거기에 반해서 아버지와 그녀의 종교적 천재성에 마음이 끌리지 않은 사람들은 그녀를 어딘가 기분을 상하게 하는 병자로 보고 있었다.

스물네 살의 오토가 일곱 살이나 많은 이 여자와 생애를 약속하게 되었을 때 아버지는 완강하게 반대했다. 하지만 아들과 마음이 통한 그의 어머니 이다는 입장이 달랐다. 이다는 그녀의 천재적인 힘을 믿고 있었고, 그녀에게는 영적인 결함 이외에는 아무 것도 문제될 게 없다고 여겼다. 더군다나 그녀는 오토가 숙명적인 어떤 힘에 의해 끌리고 있어서 이 결혼을 단념하라고 강요하면 오토가 부모 곁을 떠나 도망쳐버리지나 않을까 하는 두려움이 앞섰다. 그렇게 되면 관련된 사람들 모두의 가슴에 깊은 상처를 내게 될 것이며, 아버지와 아들, 아버지와 어머니 사이를 갈라놓는 심각한 갈등을 빚게 된다. 그래서 이제 사태는 더 이상 움직일 수 없게 되었다는데 의견 일치를 보고 결혼시켰다.

젊은 부부는 발트키르히의 조용한 목사관으로 옮겼다. 그러나 죽음이 고투 끝에 맺어진 이 부부의 관계를 1년 만에 영원히 허무로 돌리고 말았다. 에밀리가 살아갈 힘조차 없는 아이를 낳은 후 유명을 달리했던 것이다. 하지만 젊은 남편에게는 아내는 죽지 않았고 단지 변신한 것에 불과했다. 그는 무덤 앞에서 아내와 대화까지 하고 있었다.

이 같은 일이 모두를 전율케 했다. 그는 죽음에 대한 상처가 점점 엷어지기는 했어도 그녀가 이룩해 놓은 정신적 결합은 못내 끊지를 못했다. 그의 전 생애 동안 그녀는 지워지지 않는 실재로 살아남았다. 뜨거운 피를 가졌고, 사람과 교제하는 능력을 가졌으며, 친밀감이 있고, 헌신적인 그는 그 후 재혼을 하지 않았으며, '고뇌에 찬 무수한 사람'들에게 자신의 더할 나위 없는 사랑의 정열을 쏟았다.

베버는 친구들의 운명에 감동을 느끼고, 관심을 기울였다. 이미 하이델베르크에서 이 가정을 방문했을 때 베버는 모든 일에 관계하였고, 벗의 입장이 되었다. 그는 각 사람의 입장에서 생각하는 능력을 갖추고 있었다. 그는 문제의 여성에 대해서도 상당히 흥미를 느꼈다. 하지만 그는 마음속으로 그의 아버지의 우려가 옳다고 생각했다. 그런 까닭에 그는 슈트라스부르크로 옮겨가기 전부터 그 집 아들들은 물론 부모와도 친근한 사이가 된 것이다. 별로 말이 없고 고독 속에 살았던 이 학자는 모든 정치적 사건에 관한 이야기를 자기의 조카와 나누었는데, 마치 동년배에게 하듯이 그와 의견을 나누었고, 1880년대의 정치동향이 보여준 우여곡절에 울분을 감추지 못했다. 분명 그는 자신의 견해를 통해 조카에게 영향을 끼쳤다. 이처럼 바움가르텐은 일절 선입견 없이 진리를 추구한 학자인 동시에 정열적인 정치가였다. 이 점에서 훗날의 막스 베버도 마찬가지였다.

군대생활을 마치고

병역기간이 끝났다. 이제 스무 살이 된 베버는 부모의 희망에 따라 베를린에서 학업을 다시 시작했다. 그리고 1년을 부모 집에서 부모와 함께 보냈다. 무엇보다도 학생조합과 군대 시절처럼 큰 비용이 들어가지 않도록 절약해야만 했기 때문이었다.

어머니 헬레네는 베버가 내면적으로 성장했다고 생각했다. 헬레네는 특히 그의 정서가 풍부하고 깊어졌다고 느꼈는데-이 점이 그녀에게 가장 중요한 것이었다-이것은 그녀의 언니들에게서 받은 감화 때문이라고 생각했다.

"나는 최근에 막스가 내적 발전을 이룬 것을 크게 기뻐해요. 강의가 시작되기 전에 얼른 일을 끝내면 곧 나와 함께 오전 중 1시간가량 '채닝William Ellery Channing, 1780~1842, 미국 유니테리언파 목사-편집자'을 읽지요. 그것은 주로 사회교육과

자신의 교육에 관한 강의인데, 막스는 나와는 전혀 다른 입장에서 출발했음에
도 불구하고 그것은 우리들의 흥미를 끌게 하고 감격케 해주지요. 다른 입장
이란 사람들 가운데 어떤 이는 실제 다른 사람을 위해 노동을 하면서 자신을
호구하는 존재로 그치는 기계라는 막스의 이론에는 내가 동의할 수 없는 것
이지요."

이처럼 자기의 목적을 위하여 대중이 희생되는 것을 자명한 사실로 요구하
는 그의 견해에 대하여 헬레네는 찬동할 수 없었다. 베버는 그 즈음 법률학을
전공하기로 하고 거기에 전념하였다. 베젤러에게서 독일의 사법(私法, 공법의 상대
개념으로, 민법, 상법 같은 개인의 이익에 관한 법률—편집자)을, 그나이스트에게서 독일
국가법과 프로이센 행정법을, 그리고 브루너와 기르케에게서 각각 법제사를 청
강했다. 거기에 덧붙여 몸젠과 트라이치커의 역사학 강의도 들었다.

"강의에 관한 얘기입니다만 강의에 관한 한 나는 진정으로 성실한 학생이라
고 단언합니다. 그나이스트 강의는 특히 나에게 유익했습니다. 이 강의는 진정
걸작이라고 생각합니다.…거기에다가 내가 진정 놀란 것은 그가 강의를 하면서
오늘날의 정치문제에까지 직접 언급하는 솜씨와 그가 개진하는 강의 속에 엄밀
한 자유주의적 견해가 담겨있다는 사실이었습니다. 더욱이 그가 트라이치커의
국가와 교회에 관한 강의에서 지금도 보여주고 있는 바와 같이 선전적이고 선
동적인 일이 없었다는 점에서 그러합니다."

강단에 서서 자신의 모든 정치적 인격을 내걸고 열정적으로 평가를 내리는
이 역사가의 강의에서 받은 여러 가지의 감명은 대학교수 자격을 얻은 훗날의
베버의 사고방식에 큰 의미를 갖게 된다.

종교적 분위기

베버는 이 무렵부터 동생들의 뒷바라지에 나서서 어머니와 함께 수고를 했다. 그는 동생들과 함께 공부했고, 성장기에 있는 그들의 고통이나 번민을 들어주는 상대가 되어 주기도 했다. 그와 특히 친했던 동생은 나이로 보아 바로 밑인 알프레드였다. 알프레드는 그보다 네 살 아래였는데, 자신이 존경해 마지않는 조숙한 형의 의견을 기꺼이 들었다. 그들 두 사람은 여러 가지 점에서 서로 닮았으나 한편으로는 전혀 다른 점도 있었다. 동생의 경우 속 깊은 생각의 소유자답게 어려서부터 형과 마찬가지로 정신적인 생활을 추구했다. 그는 다방면에 걸쳐 흥미를 가지고 있었는데, 시적 재능도 있어서 예술적인 것에는 대단히 이해가 깊었다. 그렇기 때문에 그는 여러 가지 소질 가운데 무엇을 택하느냐 하는 문제가 형과는 달리 매우 어려웠고, 자신이 어느 한 부문을 선택해야 하는 내적 갈등이 한층 컸다.

처음에 그는 미술사를 배웠지만 나중에 법률학과 경제학으로 옮겼다. 두 형제 사이의 관계를 말해주는 가장 오래된 자료는 슈트라스부르크 시대의 스무 살 학생 막스가 알프레드의 견신례를 맞아 보낸 편지가 있다. 1년짜리 지원병이었던 그는 자신보다도 한층 더 생각에 빠지는 경향이 있는 이 동생의 성년식에 대해서 어머니나 목사가 할 수 있는 것과는 별개의 설명이 필요하다고 생각했다. 따라서 회의에 빠진 젊은 마음에 긍정적인 감정을 불러일으키려 한 그의 노력은 기독교에 대한 그 자신의 입장을 간접적으로 조명하는 내용이기도 했다.

청년기에 처한 헬레네의 자식들은 그 시대의 아들로서, 또 이 가정의 아들로서 이 의식에 대한 자신의 태도를 결정하는 것이 결코 쉬운 일이 아니었다. 그들은 이해력이 풍부하고 거기에다가 깊고 내면적이며 사색적인 성품을 갖고 태어났기 때문이다. 부모 집에서 생활하면서 그들은 어머니가 싸우면서 부단히 새롭게 다진 복음 신앙을 호흡해야 했고, 이 보배를 자식들에게 물려주려고 어머니가 얼마나 열심히 노력하는지를 느꼈다. 또 한편으로 그들은 종교를 존경하기는 하나 차차 시간이 흐름에 따라 인격에서 종교의 영향이 줄어드는 아버지의 실제가다운 냉담성도 느낄 수 있었다.

또한 환경의 영향도 있었다. 교회가 지식인층이나 노동자층에서 공동체를 형성하는 힘이 약해졌다는 사실, 통일적 세계관이 점차 퇴색해졌다는 사실, 대도시 젊은 학생층의 냉소주의 등 각성하는 오성悟性은 교회의 교의를 부정하고 지성을 희생하는 것을 바라지 않았다. 더구나 무상한 것 가운데 영원자를 표현하기 위한 새로운 형식은 아직 엿보이지 않았다. 베버의 긴 편지는 다소 고통스럽게 느껴졌으나 동생의 감정보다는 오히려 오성에 호소하고 있었다. 개개인의 종교적 가치에 관한 내용이 아니라 모든 서양의 생활, 사고, 감정을 형성하는 현세적 힘으로써의 기독교 일반의 문화적 의미를 동생이 느끼도록 하였다.

"사랑하는 동생, 오늘 네가 보낸 두 통의 편지에 감사한다. 그러나 그것보다도 네가 현재 처한 중대한 생활의 전기와 관련해서 형제로서, 또 크리스천으로서 몇 마디 하고자 한다. 즉 네가 이 중요한 책(『성서』)을 어떻게 이해해야 할 것인가, 또 그 가르침을 실행하는데 있어서 『성서』가 어떤 의의를 갖는 것인가를 말하고, 마지막으로 이 기회에 나의 마음에서 우러나오는 복음을 전하려 한다. 너는 우리나라 교회에서 예부터 믿음으로 내려온 기독교 교의의 가르침을 받아왔다. 그러나 이 경우 교의의 진정한 의미나 내면적인 의미에 대한 견해는 사람마다 매우 다르며, 이 종교가 우리의 정신에 가져다 준 커다란 수수께끼를

각 사람이 자기 나름대로 해석하려는 경향이 있음을 너는 간과하지 않았으리라. 그렇게 되면 지금 너도 다른 크리스천과 마찬가지로 기독교공동체에 속하는 한 사람이므로 자신의 생각이 어떠한지를 정립해야만 할 것이다. 그런데 지금 네 앞에 놓인 문제를 어떻게 해결하느냐 하는 것은 네 혼자서 네 자신, 네 양심, 네 오성, 네 심정에 대해 책임지는 것이다. 즉 내가 믿는 바로는 기독교의 위대성은 노소를 막론하고, 또 행복한 자든 불행한 자든 모든 인간에게 동등하게 존재하고, 이해의 방식이 서로 다르더라도 모든 인간으로부터 이해를 받고 있으며, 더군다나 2천 년이란 장구한 세월 동안 그렇게 이해되어 왔다는 것이다. 기독교는 이 세상에서 창조되어 나온 모든 위대한 것을 뒷받침해주는 첫 번째 기반이다. 이 세계에서 만들어진 여러 국가, 또 이들 국가가 수행한 모든 큰일, 그리고 이들 국가가 제정한 우수한 준칙이나 질서, 그뿐만 아니라 학문 내지 인류의 모든 위대한 사상 등 모두가 주로 기독교의 영향 아래 발생하고 전개되어 온 것이다. 세상 사람들이 생각하는 것을 알게 된 이래 인간의 사상과 심정은 기독교신앙과 기독교의 인간애라는 이념이 충만 되어 움직여진 것이며, 그와 같은 충동이 어느 다른 것이 충만 되어 움직여진 일은 결코 없었다. 이러한 사실은 네가 인류의 역사연표를 바라보면 볼수록 더욱 명료해질 것이다. 이 인류의 공동체 속에서 너는 이제야 기독교에 속하는 사람으로 들어가려 한다. 그러므로 적어도 어느 정도는 자신이라는 것이 무엇인지 자각하게 될 것이다. 네가 견신례에서 신앙고백을 함으로써 이 세계를 포괄하는 큰 단체에 들어가고자 하는 소망을 표명하게 된 이상 어떤 권리와 의무를 갖게 된다는 점을 나와 마찬가지로 너 역시 분명히 알게 될 것이다. 기독교공동체의 일원으로서 너는 위대한 기독교문화를 위해 더더구나 전 인류의 발전을 위해 응분의 기여를 할 권리와 의무를 지고 있다. 그리고 조만간에 너나 나나 그 의무와 사명을 자신에게 부과하고 최선을 다하여 이를 실현하는 것이 자신의 행복을 위한 불가분의 요건이라는 사실을 알기 바란다."

베버는 모든 사색적인 성향을 가진 청년이 고민하는 바인 자신이 존재하는 목적이 무엇인가 하는 문제에 대해 종교적인 답을 하지 않고 '역사적으로' 기독교의 문화적 의미와 초개인적인 사명에 봉사하는 각 개인의 의무를 시사하는 것으로 대답을 대신하였다. 그런데 그 후 그의 아우가 고등학교 최상급에 진학하였을 때(1885년)에 쓴 편지는 성질이 이와 전혀 다르다.

그로부터 반년 후(1886년 봄)에 슈트라우스의 『예수전』을 읽다가 간단없이 이기기 어려운 고뇌와 회의에 사로잡힌 알프레드가 형에게 편지를 띄워 물어온 바가 있었다. 이때 형은 사법관시보시험을 바로 코앞에 두고 있었지만 상당한 시간을 들여 자상하게 답장을 썼고, 슈트라우스의 종교철학 기초개념은 이미 학문적으로 과거의 낡은 것에 속하고 있다는 사실을 증명함으로써 동생에게 힘이 되고자 했다. 아우가 인습적인 기독교적 사고로부터 탈피하려는 과정과 형이상학적인 문제를 명백히 하려는 고투가 때로는 데카르트적 회의나 자기 자신에 대한 절망의 모습으로 나타나면 베버는 거칠게 아우를 뒤흔들어 그러한 절망에서 구해내려고 했다.

Chapter 3

도약의 제1보

대학 졸업과 학위논문

베버는 사법관시보시험을 앞둔 마지막 학기인 1885년부터 1886년에 이르는 학기를 괴팅겐에서 보냈다. 그는 치밀하게 학습계획을 짜놓고 거기에 따라 규칙적인 생활을 했으며, 여러 과목을 나누고서 거기에 따라 시간을 배정했다. 저녁 식사는 쇠고기 1파운드와 계란 4개를 손수 요리해서 먹으며 그 나름대로 '절약' 생활을 했다. 그는 오직 공부에만 정진한다는 각오로 다방면에 걸친 지적 흥미를 모두 단념하고 현실적인 목표에 전심전력했다. 그때 그는 비로소 완전하게 "의무를 수행한다"는 만족감에 젖었다. 당시 이런 상태에 대하여 그는 "말하자면 지금 나는 몇 번이고 손을 거친 개정판과 같은 기분이 든다"고 해학적으로 표현한 바 있다.

1886년 5월에 베버는 사법관시보시험을 보았는데, 그것으로 인해 일단 독립성을 얻어낸 셈이 되었다. 스물두 살인 그는 학교생활을 끝마치고 떠날 때 플랫폼에서 친구들이 아름다운 옛 풍습에 따라 '늙은 여우여, 나는 떠나가노라'라는 애수에 찬 노래를 부르며 환송해주자 눈가에 이슬이 맺혔었다. 그것은 청춘과의 결별이었다.

베버는 부모 집으로 되돌아왔다. 여기서 그는 결혼하기까지 7년 동안 한 푼의 수입도 없이 지낸다. 이 7년이란 긴 세월을 그는 직업을 갖기 위한 준비기간으로 삼았다. 그는 우선 법학 학위를 따려 했으나 당시 베를린에서 이를 따는 데는 대단한 노력이 필요했다. 그래서 그는 사법관시보로서의 일 이외에 특히 골트슈미트와 마이첸의 제미나르에 참석하면서 연구를 계속했다. 그가 골트슈미트에게 제출한 방대한 분량의 학위청구논문인 『중세상사회사서설中世商事會社序說』은 법률사와 경제사의 경계에 속한다. 이 논문은 훌륭한 학문적 노작이었으므로 베버는 그 성과를 그의 최후의 사회학상 저술 속에까지 넣었다.

학위심사는 엄격했는데, 리고로줌Rigorosum, 즉 '준엄한 심문'이란 이름에 부족함이 없었다. 수험자는 7개의 법학분과에 걸쳐 시험을 보아야 했다. 거기에 덧붙여 수험자가 제출한 3개의 논점에 대한 공개토론이 있는데, 논박자에는 당시 수험자의 지인들이 초대된다. 베버는 테오도어 몸젠과 오토 바움가르텐, 발터 로츠에게 이를 부탁했는데, 아래의 기술은 로츠가 한 것이다.

"막스 베버는 논박자들의 반박을 물리치며 자신의 논점을 보기 좋게 논증하였으므로 이제 관례에 따라 청중들에게 더 논박할 의향이 있는가를 라틴어로 물었다. 그때 깊은 인상을 주는 백발이 성성한 노신사가 청중 속에서 일어섰다. 그는 바로 테오도르 몸젠이었다. 나는 그때 그를 처음 보았고, 또 그의 말소리를 처음 들었다. 그는 제2의 논점에 대해 다음과 같이 말했다. 수험자는 식민도시Colonia와 도시Municipium의 개념에 대해 일생동안 천착해 온 내가 기이하게 생각되는 판단을 했는데, 이에 대해 나에게 더 자세한 설명을 해주길 바란다고. 이렇게 해서 몸젠과 청년 베버 사이에는 불을 뿜는 논전이 벌어졌다. 몸젠은 마지막에 가서 이렇게 말했다. '나는 베버의 논제가 옳다는 것에 완전하게 승복하지 않는다. 하지만 나는 이 수험자의 앞날을 방해하려는 것이 아니며, 반론을 더 이상 계속할 의향도 없다. 젊은 세대는 기성세대가 선뜻 찬성할 수 없는 새로운 생각을 품는 일이 왕왕 있는데, 이것이 아마 이 경우에 해당하는 것 같다. 그러나 내가 한 발짝 한 발짝 묘지로 향할 수밖에 없을 때 나는 '아들이여, 나의 창을 들어다오. 나의 팔에는 이제 힘이 없어 그것이 무겁구나' 라는 말을 그 누구보다도 내가 높이 평가하는 막스 베버에게 하게 될 것이다.' 테오도르 몸젠의 이 말을 끝으로 (그 후 수험자는 장중하게 학위를 수여받는다) 청중들 모두가 뚫어지게 주시하는 공개토론이 폐회되었다.'"

이 최초의 논문이 완성되자마자 베버는 대학강사자격심사 논문을 준비하기 시작했다.

"나의 존경하는 그리고 가장 친절한 은사의 한 분인 유명한 농업사가 마이첸(Friedrich Ernest Meitzen, 1822~1910)이 로마시대의 경지배분과 소작자유농민에 대한 논문으로 내가 아직 발표단계에는 이르지 못했다고 생각하는 노작에 대해 몇 번이나 나를 격려하고 독촉했다."

이것이 계기가 되어 확대 전개된 저술이 바로 『로마제정시대의 농업사』였으며, 이것은 몸젠과 활발한 문필상의 논쟁으로 이어졌다. 베버는 이 업적으로 베를린에서 1892년 봄에 로마법·독일법·상법을 강의할 수 있는 자격을 얻었다. 그는 숨 돌릴 겨를도 없이 또 다시 사회정책협회로부터 위탁을 받은 '동엘베지방의 농업노동자에 대한 조사' 를 맡았다. 법률학적 연구에 경제학적 연구도 덧붙여졌다.

19세기 말 독일의 정치 사정

베버가 정치적인 의견을 형성할 때 그 전제가 된 것은 아버지가 관여했던 국민자유당의 사상이었다. 이 사상이 발전을 거듭하는 가운데 여러 가지 새로운 요소들이 첨가되었다.

여기서 우선 1880년대의 중요한 정치적 사건에 대해 그가 표명한 태도 몇 가지를 상기할 필요가 있다. 이들 사건은 국민의 운명을 점점 더 독단적으로 이끌어간 비스마르크의 영향에 관한 것이다.

자유주의의 전성시대는 갔다. 좌파, 즉 오이센 리히터가 이끄는 진보당은 정부에 대한 반대 입장을 세웠고, 또 한편으로 베니그센과 미그벨이 이끄는 국민자유당은 재상에 대해 원칙적으로 '추종도 항쟁도 안하고 그저 영향을 준다'는 태도를 견지했다. 그들은 재상이 문화투쟁을 할 수 있도록 '사회주의자 진압법', 즉 사회주의에 이끌리는 노동대중의 정치적 상승을 억압하는 법안에 동의했다. 이렇게 함으로써 그들은 자기들의 자유주의의 이상에 등을 돌리고 있는 비스마르크 편에 섰던 것이다. 그렇다 해도 그들은 비스마르크에게는 불유쾌한 존재였다. 베니그센은 비스마르크의 보호무역정책을 긍정했지만 프랑켄슈타인 조항에 대해서는 양다리를 걸쳤다. 그 결과 그를 따르던 일부, 그 중에도 특히 트라이치커는 우파의 자유보수파로 기울었다. 그러나 무엇보다도 중요한 것은 포르켄벡·리카르트·라스카·반베르거의 지도 아래 '분리파'가 좌파로 분열한 후 곧(1884년) '진보당'과 합동하여 독일자유주의당을 형성했다는 사실이다. 이 새로운 정당은 정부의 반대 입장에 서서 보호관세와 사회주의자법 연장을 거부했고, 비스마르크가 중앙당이 자기를 따르게 하기 위해 문화투쟁을 종결시키려

하는 처사를 공격했다. 이렇게 해서 자유주의의 분당은 비스마르크가 희망한대로 이루어졌다. 이제 그는 자기 마음대로 또는 때와 장소에 따라 중앙당과 상층보수당의 도움을 얻거나, 국민자유당과 자유보수당과 제휴하여 정치하거나, 혹은 이 양 파를 자기 뜻대로 서로 싸우게 하고 어부지리를 얻을 수 있게 됐다. 축소된 중간 정당은 옛날의 국민자유당 방침, 즉 경우에 따라서 비스마르크를 지지하고 온건한 자유주의적인 원칙을 대변한다는 방침을 견지하려 하였다. 이 당은 국가의 사회적 업무에 관한 『황제칙서』(1881년)에 따라 준비된 사회정책에 협력하는 일도 거부하지 않았지만 다만 재정정책상의 여러 계획에 대해서만은 추종하기를 거부했다. 비스마르크가 혼자서 독주하였고, 그 주위에 가까이 있는 사람은 순종하는 도구인 그의 앞잡이뿐이었다. 국민자유당은 점차 그의 국가관의 지배를 받게 되었고, 이전의 개인주의적인 자유 이상은 그 대열 속에서 퇴색하게 되자, 그들은 이 자유의 깃발을 황제위의 교체와 재상 경질에 희망을 건 독일자유주의당에 양도했다. "그들은 의회주의 정치의 꿈에 대항해서, 비스마르크가 하나의 입헌군주국가의 새로운 타입을 강권과 노회한 술수로 관철" 하려고 한 것을 감수한 것이다.

그러한 까닭에 그들은 비스마르크 정책을 차차 따르게 되어 사회주의자법의 연장에 동의했고, 비스마르크가 내건 사회정책을 지지했고, 관세법을 고수했으며, 대 프랑스 전쟁의 위험을 느껴 군의 증강을 찬성하였다. 요컨대 그들은 비스마르크가 모는 배를 타고 상륙한 셈이 되고 말았다. 따라서 온건보수파와 함께 '제2종 군장軍裝'의 여당노릇을 한 것이다. 자유주의적 이상은 그들에게 침로(針路)를 잘못 잡게 한 것이다. 자유주의가 희망을 걸었던 프리드리히 황제가 짧은 재임기간 중에 사망하여 결국 구스타프 프라이타크가 탄식한 것과 마찬가지로 "그가 죽음으로써 그의 아버지(빌헬름 1세)에 대한 보호색(保護色, 노황제의 반동주의에 대한 프리드리히 3세의 자유주의를 비유한 말)도 사라져버리고 말았다.

부르주아 계급은 정치적 지배권을 얻을 수가 없게 되었다. 자유주의 지도자들 중 적응능력이 있는 미그벨만 대신이 되었을 뿐 그 이외는 한 사람도 대신이 되지 못했다. 젊은 군주 빌헬름 2세는 종교적·봉건적 경향을 띠고 있었다. 극단적인 보수파와 궁정교회 그룹인 슈테커와 하머슈타인이 그를 농락했다. 하지만 비스마르크의 저항이 오히려 강했다. 빌헬름 2세는 지금까지의 침로를 고수하겠다고 언명했다. 그는 비스마르크의 제파연합정책에 공공연히 가담했다.

비스마르크에 대한 베버의 견해

대의원인 막스 베버(베버의 아버지)는 베니그센의 일파에 속했으며, 그런 까닭에 엄정하게 중도를 지켰고, 좌파의 분열은 자유주의에게는 유해한 것이라고 한탄했고, 당내의 통일을 위해 노력했다. 아들은 근본적인 점에서는 공공연하게 아버지에게 동조했지만 그렇다고 해서 당파적인 입장을 분명히 하지는 않았다. 그는 자유주의 일변도만도 아니었다. (왜냐하면 공고한 국민적 권력국가는 그에게는 다른 모든 것의 불가결한 기초라고 보았기 때문이다.)

그러나 그는 정신의 자유와 개개인의 인격권을 희생하는 국가사상을 찬성하는 입장에는 가담하지 않았다. 그는 무엇보다도 먼저 배우고 관찰하고 계량하고서 여러 가지 사조를 이해하려고 하였다. 헤르만 바움가르텐에게 보낸 그의 편지는 일방적인 당파성이나 청년다운 강고함의 흔적조차 보이지 않았고, 모든 사상을 자신의 마음으로 이해하고 객관적으로 파악하여 정치적 행동의 여러 동기에 대해 공정하려고 한 노력만은 읽을 수가 있다. 그래서 그는 비스마르크 시대를 점차 환멸과 비판의 눈으로 볼 수밖에 없었던 이모부가 한층 적극적인 평가를 내리도록 도와주려고 애썼다. 이런 그의 방관적인 태도를 여실히 보여주는 사례로써 예컨대 국민자유당이 사회주의자 진압법을 연장하는데 한몫했던 의도에 대한 이 20대 청년의 의견을 엿볼 필요가 있다.

"그것을 정당화하게 되면, 그것 없이는 공적 생활의 많은 기득권, 즉 언론·집회·결사의 자유 등 일반적인 것의 현저한 제한은 피할 수 없게 될지도 모른다는, 아마 전적으로 틀리다고만 할 수는 없는 입장에 설 수밖에 없을 것입니다. 사회민주주의자는 이때에 어디까지나 그들의 아지테이션agitation 수법에 의해 공적 생활의 기본적인 제도를 철저하게 위험스러운 지경에 빠뜨리려 할 것입니다. 이렇게 된다고 할 때, 공공의 자유를 위하여 불가결하다고 생각되는 이들 기본권을 제한할 것인가, 아니면 그보다 오히려 예외적인 탄압조치라는 양날의 칼을 시험해 볼 것인가? 하여간 어떠한 시도든 당연히 기대할 수밖에 없습니다. 하지만 근본적인 오류는 역시 비스마르크의 무단적 전제정치의 위험한 선물인 보통선거법에 있으며, 이것은 말 그대로 진정한 의미에서 만인의 평등권을 파괴하는 것입니다."

베버의 정의감은 점차 애매한 존재가 되는 프롤레타리아들의 이익 추구 투쟁을 곤란하게 만드는 특별법에 항의하는 것이었다. 그러나 또 한편으로 그는 만인의 평등권의 상징을 부여했다. (분명 그 점은 비스마르크가 당시 보통선거권에 의하여 국내의 자유주의를 마비시키려 한 까닭이다.)

그는 전체적인 상황은 물론 독일을 지배하는 이 강력한 사나이(비스마르크)와 지속적인 대결이 필요하다고 보았다. 그리하여 그의 비스마르크에 대한 평가는 30년 후에도 변하지 않는 한 방향으로 일찍부터 정해져 있었다. 즉 그 유례없는 천재의 강대한 독일과 통일을 목표로 하는 그의 정책을 승인하고 감탄하면서도 또 한편으로는 무비판적인 귀의歸依와 우상화를 거부하는 것이었다. 그와 동년배의 청년에게 강요된 '여러 말 할 것 없이 비스마르크를 따르라Bismarck sans phrase'라는 표어는 그에게 있어서는 정치적 판단력을 흐리게 하는 하나의 수단에 불과하며, 또 군사나 그 밖의 것에 대한 저돌적인 찬양 내지 내적인 야비함과 천박함을 의미했다. 게다가 아버지가 갖고 있는 구체적인 의회정치의 경험은 반은 신과도 같은 비스마르크가 단순히 정치적 오류를 범할 뿐만 아니라 여러 가지 인간적인 약점을 가지고 있다는 확신을 일찍부터 가지게 했다. 이들 약점이 국민에게 주는 피해는 그 자신이 책임을 지지 않으면 안 되었다.

청년 베버가 무엇보다도 비난한 것은 비스마르크가 사람을 대하는 태도이다. 즉 그 자신이 사실상의 독재권을 확보하기 위해서 자기 주위의 독립적이고 우수한 정치적 기골이 있는 인물의 존재를 허용치 않았고, 따라서 부하들로 하여금 서로 다투게 함으로써 그들에게 도덕적인 상처를 입혀 사심 없는 인물(예컨대 베니그센과 같은 사람)이 책임 있는 자리에 올라서는 것을 불가능하게 했다는 점이다. 그들은 자신의 협력자들의 신뢰는 이미 취임 당시부터 완전히 상실되어 버렸기 때문에 아주 경미한 충격으로도 그 자리에서 굴러 떨어지고 말지만 국외자는 그 때 누군가의 손이 작용하고 있을지도 모른다는 사실을 이야기해야만 되었다.

"진정으로 독립적이며 우수한 정치적 협력자 및 가능한 후계자 모두를 절멸, 혹은 전혀 얘기조차 할 수 없는 옆자리로 몰아넣는데 비스마르크가 얼마나 멋지게 성공했던가는 더욱 분명하게 되었습니다."

그런 까닭에 비스마르크의 행동에 대하여 그 당시나 그 후에도 마찬가지로 그가 특히 타기해 버려야 한다고 생각하는 것은 그의 한없는 권력욕이었다. 이 권력욕 때문에 비스마르크는 아무리 뛰어난 인물이라 해도 자신의 옆에 서는 것을 허락하지 않았으며, 그렇게 함으로써 자신을 점점 필요불가결의 존재로 만들었고, 국민이 정치적으로 자신의 보호 아래 있게 하는 습관을 갖게 한 것이다. 물론 베버는 황제 교체의 운명적인 시기에 바람직스럽지 못한 영향이 차츰차츰 강하게 느껴지게 한 사태의 책임이 비스마르크 한 사람에게 있는 것이 아니라 한 인간의 전제적 지배를 감수한 국민에게도 있다고 했다.

"비스마르크가 우리나라에 휘몰아치게 한 자유적 신념의 가공스러운 파괴야말로 우리나라의 모든 폐해현상의 주요원인 그 자체이자 하나입니다. 하지만 거기에 대해 우리 역시 적어도 비스마르크만큼의 책임을 져야 하지 않을까요?"

정치적 사고의 자주성과 정신의 자유에 대하여 국민을 교육하는 것이 이미 청년 베버에게는 무엇보다도 중요한 일이라고 여겨졌다. 그렇기 때문에 그는 트라이치커의 교육법에도 되풀이해서 반대했던 것이다. 이 훌륭한 교수의 영향 아래에 있는 서클에서는 현대에 이르기까지의 역사는 정치교육의 수단으로 보아야 하며, 그런 까닭에 과거의 역사와는 반대로 학문적 객관성을 포기해도 상관없다는 견해도 있었다. 트라이치커 자신도 진정 그렇게 생각하고 있었다. 그는 자신의 청강생을 정치화해서 비스마르크와 호엔촐레른 왕가에 대한 충성심을 부채질하도록 하여 그들의 반유태주의를 선동했다.

이 청년(베버)이 정치적 사건에 대해 비판을 내릴 때는 언제나 그가 평생 고수해온 하나의 전제로부터 출발했다. 그는 정신의 자유를 최고의 선으로 여겼으며, 각 사람이 이 자유를 달성할 수 있는 가능성이 어떤 사정으로도 정치적 투쟁에 의해 희생당하는 것을 바라지 않았다. 그는 정치적 편의에서가 아니라 양심의 이름으로써만 자신과 다른 것을 지향하는 양심의 내용과 투쟁할 권리를 갖고 있다고 보았다. 이런 입장에서 그는 당시 문화투쟁을 부정했으며, 이것은 후에 폴란드인에게 독일어를 강요하는 프로이센의 언어정책을 부정한 것과 같은 것이었다. 1888년에는 여러 가지 사건이 일어났는데, 그 중 특히 노황제인 프리드리히 황제의 죽음은 젊은 베버의 마음을 깊이 요동치게 했다.

"나는 항상 국정에 관해 생각하고 있습니다."

그는 외국인인 동시에 비할 나위 없이 훌륭한 인물이었기에 인기가 없던 불행한 황후에게 깊은 동정심을 표했다. 이 황후는 비스마르크와, 다시 말해서 인간적으로는 결코 그녀에게 불명예가 되지 않는 충돌 – 그녀는 국가의 이익을 위해서 자신의 딸의 행복을 희생해야만 되었다 – 때문에 보수파신문으로부터 미움을 샀던 것이다. 프리드리히의 짧은 재위를 이어 빌헬름 2세가 등극하였을 때에 그는 무엇보다도 이 젊은 군주가 궁정교회와 봉건적인 영향으로부터 탈피하는 것을 중요시하였다. 외교 및 국정의 전망이 점점 암담해져 갔지만 베버는 그렇다고 해서 헤르만 바움가르텐 노인처럼 페시미즘pessimism에 사로잡히지는 않았다. 그는 젊었기에 군주정치의 명성이 쇠퇴하는 것이 그에게는 희망 찬 앞날을 가리키는 새싹이 움트는 것처럼 보였기 때문이다.

베버의 사회정책에 대한 견해

베버는 사법관시보 시절(1886년부터)에 청년들이 주도하는 한 서클에 가담했다. 이 서클에는 경제학자, 사회정책에 관심이 있는 여러 경향의 관리들, 그리고 그 중 일부는 사회적 이상에 마음을 쏟고 있는 강단사회주의자들의 제자 등이 참여하고 있었다. 이 서클에서는 조상들의 정치적 유산에 안주하지 않았고, 새로운 정치사상과 목표를 설정하는 풍조가 일고 있었다.

베버가 생각하기에 이 사람들은 반유태주의자인 '불유쾌한 타입'도 아니고, 그렇다고 자칭 현실주의자로 기사풍의 호언장담을 일삼는 국가주의 광신자도 아니었다. 그리고 이들은 "1870년대의 국민자유주의와는 본질적으로 다른 기반, 그러면서도 국민주의와 마찬가지로 계급적 욕망이나 궁정교회적인 경향이 침투되지 않는 기반에 서 있어서 '입헌출세주의'나 기타의 불순한 생각은 조금도 갖고 있지 않다"고 생각했다.

이러한 사회적이고 사회정책적 관심에서의 각성─그 최초의 실마리는 1887년에 쓴 한 편지에서 찾아 볼 수 있다─은 대기업가들 수중으로 서서히 끌려 들어가 그 경제적 요구를 대변하는 아버지 세대 사람들의 국민자유주의적인 정책으로부터 베버를 벗어나게 하였다.

"1870년대 자유주의에서 국가의 사회적 책무는 본래 당연한 것이라 보지만, 현재 우리들이 적어도 당연하다고 보는 이상의 다른 의무의 그늘 속에 감추어졌다. 또 자유주의자들은 사회적 입법이 이루어지고 있는 것에 대해 그 자체는 확실히 정당한 것이지만 그럼에도 불구하고 아직도 수동적 불신감을 갖고 방치하고 있고, 이를 간섭하며 수정하여 진정으로 중대한 의심스런 생각을 없애려 하지 않았다. 사실 이 부정할 수 없는 사실이 이들 정치가들로 하여금 국민자유주의시대를 보다 큰 국가의 책무를 이행하는 시기로 보이게 했다." (1888년)

그는 처음 투표하면서 국민자유당 후보가 아니라 자유보수파를 찍었다. 그는 사회적 이해관계에 대해 이 당이 깊이 이해하고 있다는 점에 큰 기대를 걸었고, 아울러 권력정치 속의 여러 문제에 관한 이 당의 태도에 매력을 느꼈기 때문으로 생각된다. 하지만 그는 어떠한 경우에도 정당인이 되지는 않았다.

베버에게 있어서 이러한 관심은 처음부터 이중의 표상을 갖게 했다. 하나는 민족정치의 이념에 대한 표상이고, 다른 하나는 그가 눈을 뜬 사회적 책임감과 정의감에 대한 것이었다. 그는 우선 경제나 기술이나 국가제도가 어느 정도까지 독일이 강국의 지위를 유지하게 하는데 적합한가를 문제로 삼았는데, 이 문제로 해서 또 하나의 다른 문제로부터 회피하려고 하지는 않았다. 그것은 농민이든 공업노동자든 자신들의 손으로 나라를 강력한 토대 위에 올려놓고자 하는 독일인이 어떤 제도에 의해 사람다운 생활이나 건강 및 행복을 보장 받을 수 있느냐 하는 문제였다.

강국에 대한 국민적 정열은 분명 날 때부터 타고나는 것이며, 어떠한 반성에 의해서도 방해 받는 일이 없는 본능으로부터 우러나온 것이다. 강력한 국민은 강력하게 태어난 인간 육체의 연장이며, 그 긍정은 바로 자기 긍정인 것이다.

사회적 관심은 아주 오래전부터 일반적인 풍조 속에서 느낄 수 있었다. 오히려 그것은 근대 '인더스트리얼리즘'(industrialism, 산업주의—편집자)의 실제 문제가 뜻있는 사람들의 양심을 자극하여 이런 관심을 불러일으킨 것이다. 이미 1870년대에도 절박한 불상사를 피하기 위하여 사회문제로 삼아야한다는 것을 몇몇 작은 시민계급 그룹은 분명히 인식하고 있었다. 벼락부자들을 살찌게 하는 거품회사의 난립시대에 대공업의 발전에 의한 새로운 부의 성립과 영리 본능의 자유스러운 지배는 유산계급의 생활형식과 육체노동에 종사하는 대중의 그것과의 격차를 이전보다 더욱 심화시켰다.

그리하여 사회주의의 천재 사상가들은 소수자의 목적을 위하여 수백만 다수를 기계에 묶어놓고는 그 대가로 겨우 입에 풀칠할 정도 밖에 쥐어 주지 않는 사회질서와 투쟁하기 위한 정신적 무기를 무산계급에게 제공했다. 자신의 노동력 이외에는 팔 것이라고는 아무것도 없으며, '자신을 묶은 쇠사슬 이외에는 잃어버릴 것이 아무 것도 없는' 사람들을 위한 정당인 사회민주당은 이와 같은 상태를 정당화하는 소유제도나 법률제도의 구조를 깨뜨려버리고, 그와 동시에 유산자의 양심에 위안을 주고 무산자에게는 내세의 일을 설법하여 국가를 위해서 '비밀경찰'의 역할을 하고 있는 교회의 구속으로부터 벗어나는 새로운 '가치표'에 의하여 대중을 해방시키려 한 것이다.

1873년 독일사회정책학회 설립

아돌프 바그너 · 슈몰러 · 브렌타노 · 크나프 · 기타 일련의 우수한 경제학자와 더불어 그나이스트와 같은 법학교수도 사회주의 입장에서 사회비판의 정당성을 인정했다. 그들 가운데 몇몇은 자유무역주의가 자유방임주의laisser faire, laisser passer와 끝없는 이윤추구를 긍정하는 맨체스터 학파의 사고방식이 계급대립의 격화에 일단의 책임이 있다고 보아 국민경제학이 다시 윤리적 이상으로 향해야 하며 국가가 자유스러운 노동계약을 하도록 규정해야 된다고 요망했다. 반대자들로부터 '강단사회주의자Kathedersozialisten'라는 조롱 섞인 호칭을 들으면서도 이들은 연설과 논문을 통하여 젊은 학도들에게 호소했다. 그들은 더한층 범위를 확대하여 국가에도 영향을 미치고자 하여 사회정책학회Verein fur

Sozialpolitik를 설립(1873년)하였고, 상인·공업가·관리들을 거기에 가입시켰다.

여러 경향의 사람들이 참가한 아이제나흐 준비모임에서 구스타프 슈몰러가 강령의 윤곽을 제시했었는데, 학회는 그 후 여러 차례 확장하면서도 근본적으로는 그 강령을 그대로 지켰다. 슈몰러는 '그 자의성을 포함해서 개인을 자연권에 따라 찬미하는 것까지도 모두 삼키고 마는 국가권력의 절대주의적 이념'과도 똑같은 거리를 둔 다른 국가관에 서있다고 하며, 국민경제의 성과를 가져온 기술의 눈부신 진보를 승인하면서도 재산 및 소득 불평등의 증대 및 그 영향에서 발생하는 심각한 폐해도 인정했다. 이 악폐의 첫 번째 원인은 분업이나 입법의 모든 진전 과정에서 항상 생산량의 증가만을 문제 삼고 인간에 대한 영향은 생각하지 않았다는 점을 밝혔다.

학회는 사회의 평균화를 바라지도 않았고, 사회주의의 실험을 거부하였으며, 현존의 생산 및 소유 형태를 인정하면서도 노동계급의 상태 개선을 위해서 싸우겠다고 했다. 이 학회는 우선 국가가 노동계약을 규정하는 공장법을 발표하고, 은행업과 무역업을 감독하며, 노동자의 교육, 교양, 주거의 개선에 힘쓸 것 등을 요구했다. 이 학회는 학자와 실무자를 결합시켜 학문적인 연구를 실제 생활에 응용시키려고 하였다. 그래서 사회적·경제적 '문제'를 공동으로 연구하는 조직을 만들었다. 이렇게 해서 나온 자료는 구두토론의 기초로 제공되었다. 설립 후 10년 동안 이 학회는 입법자에게 직접 권고했다. 그리하여 당시 이 학회는 활발한 선전과 함께 사회정책의 정신을 한층 넓은 범위로까지 침투시키기 위한 노력을 기울였다. 하지만 비스마르크가 1880년대 초 사회정책을 실시하기 시작하면서부터 국가기관에 직접적인 영향을 미칠 기회가 없어지게 되자, 이 학회는 선동적인 활동과 선전적인 토론 형식을 지양하고 그 성격을 아카데미 형식으로 바꾸었다. 학회의 역점을 실제적인 문제를 학문적으로 엄밀하게 검토하는 쪽으로 옮긴 것이다.

베버는 이 단계에서 학회에 가입하여 오랫동안 회원으로 있었다. 당시는 농업문제가 절실했다. 지금까지 국가가 행하던 보호를 특별히 자기들이 대행할 수 있도록 그 권리를 요구하고 나선 대토지소유자 계급들이 이제는 자기 자신이 곡물 관세의 인상이나 국내이주 금지 및 기타 자신들의 경제적 이익에 대해 특별한 국가적 보호를 요망한 때문이다.

베버는 1890, 91년경에 이 학회의 의뢰로 농업노동자 사정에 대한 연구를 맡았다. 앙케이트 조사를 하기로 계획한 그는 지주들에게 물을 질문표의 초안을 작성했다. 수집되는 자료는 몇몇 젊은 사회정책학자에게 맡겼다. 베버 자신은 '독일 동엘베 지방의 농업노동자의 상태'라는 가장 중요한 부분을 맡았다. 거의 900쪽에 달하는 국민경제학에 관한 처녀작은 최초의 법률학 강의와 나란히 일사천리로 진행돼 1년 만에 탈고했다. 이렇게 해서 그는 곧 자신의 전공 외의 학문에서 젊은 학자들의 신망을 두텁게 얻게 되었다. 그 이후부터 그는 농업문제 전문가가 되었다. 국민경제학에서 특히 농업사의 태두인 G.F.크나프는 1893년 봄에 이 학회의 모임에서 앙케이트 결과에 대해 보고했는데, 그때 이렇게 말했다.

"최근 엘베 지방 동부 사정에 대해서는 막스 베버 박사가 손으로 그린 모노그라피에 나와 있는데, 그 사상과 이해의 깊이로 인해 독자들이 놀라고 있습니다. 그런데 이 역작으로 인해 우리가 갖고 있는 전문지식이 이제는 과거에 속하는 것이 되고 말아서 우리는 연구를 다시 새로이 시작하지 않으면 안 된다는 감명을 나에게 갖게 합니다."

이것이 기회가 되어 베버는 처음으로 학자 및 정책가들이 모인 보다 큰 서클에 직접 진출하게 되었다. 그는 자신의 일에 대해 가식 없이 자유스럽게 보고연설했다. 내용은 다음과 같다.

지주귀족들에게 노동력이 부족 되기 시작했다. 예로부터 현물수익을 얻는 대신 지주귀족들의 수경手耕이나 축경畜耕 일에 종사해온 농업인구 중 가장 나은 보수를 받고 있던 사람들이 고향을 버리고 해외로 이주하든지, 대도시가 인구로 팽창하자 비스마르크가 임시 유랑고농流浪雇農에게만 개방하고 일반이주자에게는 폐쇄하고 있던 동부 국경으로 폴란드인과 러시아인이 수천 명이나 쏟아져 늘어왔다. 비스마르크의 후계자는 지주귀족의 압박을 견뎌낼 만한 힘을 갖고 있지 못했다. 따라서 외국인들이 우선 계절노동자로서 하등의 장애도 받지 않고 몰려 온 것이다. 그런데 그 일부는 정착하여 수백 년 전부터 이 두 민족이 서로 줄다리기를 했던 독일 동부지방을 점령했다. 그 원인은 어디에 있을까? 또 그 위험은 어디에 있고, 어떻게 대처해야 할까? 이들 문제는 단순히 그것과 밀접한 관계를 맺고 있는 사람만의 관심사가 아니라 정치가 역시 관심을 가져야 할 문제였다.

우선, 그 첫째 원인은 어디에 있을까? 조사에 따르면 동부 지방의 인구 감소의 주요 원인은 대규모 농업경영으로 인해 오래 된 공동경제적인 농업구조가 해체된데 있음이 분명했다. 지주들은 점차 많은 토지를 차지하고, 소작농의 권리와 현물 분배를 지양하고 임금을 주는 등 판매를 위한 경영을 하면서 가부장적인 지배계급에서 상업적인 기업가계급으로 변모하였다. 그럼으로써 예전처럼 자신의 밑에서 일하는 노동자와 이해를 같이하던 체제를 파기한 것이다. 그러자 이제는 토지 수확의 일부를 분배받을 수 없게 되고 자기 토지를 갖는 독립

농의 꿈을 바라볼 수 없게 된 소작농들이 부역을 그만둔다. 그런데 그것은 가장 나은 보수를 받는 사람들이 떠나는 것이어서 물질적인 것이 아니라 자유스러워지고자 하는 정신적 이유에서였다.

"그들의 환상은 경제생활 가운데에서도 호구지책 문제보다도 더 큰 힘을 가진 이상이 존재한다는 것을 보여주는 예증이다."

영주에게의 인격적 예속은 개개 노동자에 대한 영주의 인격적 책임이 소멸되면 유지될 수 없다. 값싸고 순종적인 노동력에 대한 지주귀족의 관심은 여기에서 나오는 것이다. 그래서 폴란드인과 러시아인 수천 명이 이 나라로 불려들어오게 되었다.

이것은 진정 동부의 문제에서 간과할 수 없는 국가적 위험이 있음을 의미하며, 외국인의 유입은 점차 이주에의 욕구에 박차를 가하게 된다. 뿐만 아니라 그 지방의 독일주민의 영양 상태나 문화는 그보다도 한층 낮은 수준의 동방의 문화단계에까지 내려가게 되었다. 베버는 자신이 설명한 이 과정 모두를 철저하게 정치가적인 관점에서 보았다.

"나는 여기서 농업노동자 문제를 우선 '레종데타' (raison d'etat, 국가이성, 국가를 유지·강화하기 위하여 지켜야 할 법칙이나 행동기준-편집자) 문제로 고찰한다. 즉 농업노동자가 곤란한 처지에 있는가 혹은 잘 해나가고 있는가 하는 문제나 어떻게 하여야만 대토지소유자에게 값싼 노동력을 공급하는가 하는 문제로 이를 다루지 않는다."

농업정책을 지도하는 것이 생산에의 관심이어서는 안 되며, 국가적 관심, 국민적 국방력의 기지로써, 그리고 또 동부국경을 무력에 의하지 않고 방위하기 위해서는 향토에 충실하고 치밀하고 강력한 지방주민을 유지하는데 관심을 두지 않으면 안 된다. 결론은 무엇보다도 국경을 다시 봉쇄해야 하고, 농민의 토지가 대토지소유자에게 흡수되는 것을 저지하여야 한다는 것이다.

"우리는 법률의 쇠사슬이 아니라 심리적 연대감으로 소작농을 조국의 토지와 맺어 주어야 한다고 생각한다. 우리는 그들을 향토에 묶어 두기 위해 그들의 토지에 대한 갈망을 이용해야만 된다고 생각한다. 그리하여 미래를 지키기 위해 한 세대를 토지에 꽁꽁 묶어두려 한다면 우리 스스로 그 책임을 져야 한다."

사회정책학회가 베버에게 그의 학문적 활동을 국민경제학 영역까지 넓히도록 한 바로 같은 시기에 그의 사회주의적인 관심은 그것과는 달리 별개의 서클 활동을 통해서 나타났다. 사회정책학회가 포기하고만 사회적 활동의 선동적 분위기는 강단사회주의학자의 사상적인 작업에 자극을 받아 그들과 손을 잡은 일군의 프로테스탄트 신학자에 의해 조성되었다. 프로테스탄트교회는 가톨릭교회와 마찬가지로 프롤레타리아의 빈곤을 추방하기 위해서는 단순한 박애활동만으로는 충분하지 않다는 사실을 알고 있었다. 교회는 또 자기 자신의 존립에 대해서도 위험을 느끼고 있었다. 사회민주주의의 뒷맛이 개운치 않은 팽창은 정신의 '전복'을 대중적 기독교로부터의 이반과 전통적 권위로부터의 해방을 절박한 과제로 삼고 있었다. 이 위험은 사람들을 각성시키는데 기여했다. 사람들은 기계화시대의 영향을 인식해서 이제까지 보지 않고 지내온, 또 보지 않으려고 한 여러 가지의 현상에 부닥치자 아연하지 않을 수 없었다. 『성서』는 이제 새로운 눈으로 철저하게 연구되었는데, 사회주의 요구의 일부가 복음서에 의하여 정당화되고 있음을 알게 되었다. 여러 성직자가 강단사회주의자와 함께 협회를 만들었고, 이 협회는 교회에 대해서는 '제4계급의 정당한 요구를 결연히 대변할 것'을, 정부에 대해서는 '단호한 사회개혁정책을 위해 노동자 편에서 강력한 이니셔티브를 잡을 것'을 요구했다.

슈테커는 목사들에게 사회문제 연구와 기독교사회주의 정당과의 제휴를 모색했다. 이 협회는 국가사회주의는 기독교에 적합한 경제 상태라고 생각했다. 이 대단한 선동적 재능을 가진 왕실설교사는 기독교국가에 그 의무를 상기시켜 유산자에게 무산자의 정당한 요구를 받아들이도록 권고하여 군주주의와 기독교의 지반 위에 선 노동자 정당을 설립하고, 이 정당이 대중을 마르크스주의를 지향하는 사회민주주의로부터 이탈시키려고 했던 것이다. 그러나 헛수고에 불과했다. 이 정당은 노동자에게는 인기가 없었고, 그런 까닭에 보수성을 강하게 띠어 농민 및 중산층의 이익에 부응하는 '서민' 정당이 되고 말았다. 그런데다가 유태인과 교회를 멀리하는 자유주의자들에게 예봉이 겨누어졌으므로 시민계급에 대한 영향력은 감소되었다. 외부적으로 이 정당은 비스마르크의 연합정책에 의해 곤란한 지경에 빠졌다. 종교청은 종교와 정치의 혼동에 대해 경고했다. 그러나 교회를 민중에게 접근시키고 보수층에게 국가사회주의의 이념을 이해시키려고 한 시도는 영속적인 의미를 가졌다. 슈테커는 이번에는 정치 밖에서 영향권을 형성하려고 했다.

1890년 독일복음사회회의 개최

1890년에 제1회 복음사회회의가 열렸다. 이 회의는 긴급한 사회적, 도덕적 문제를 토론하기 위해 정당과 정파를 초월한 모든 경향의 신학자와 사회적 관심이 많은 관리, 정치가, 경제학자 등이 모인 담화실과 같은 역할을 하려는 의도에서 열린 것이다. 정말로 각계각층의 명사들, 특히 몇몇 종파의 고위인사를 포함한 신학자들이 참석했다. 노동자보호법의 완성을 요구하는 1890년 2월 4일의 황제칙서 때문에 우파에 속하는 사람들조차도 이 회의에 참가하는 것이 그릇된 일이 아니라는 판단을 갖게 했다. 뿐만 아니라 사회주의진압법의 철폐가 절박하게 되어 혁명의 위험을 예방하기 위해서는 어떤 조치가 있어야만 했다. 이렇게 해서 슈테커·나투지우스·크레마·드리안다와 같은 왕실교회파의 권위자와 카프탄·폰 조덴·하르낙과 같은 학구적인 자유주의 신학자, 그 밖에 젊은 층의 라데·바움가르텐·겔레·보누스 등이 손을 맞잡았다. 몇몇 고급 관리와 성직가도 참가했다. 사람들은 주로 '가나안의 말'을 들어 모든 과격한 분위기를 피하고, 목자로부터 양을 탈취하여 무신앙과 권위를 적대시 하는 황야로 끌어내려는 사회민주주의를 공격했다.

회의는 종교와 경제의 위기는 전체의 책임이며, 따라서 "각 계급이 타자에 대한 자기의 사회적 책임을 의식하고 여기에 응하게끔, 특히 고용자가 노동을 도덕적으로 동등한 가치임을 인정" 하도록 권고한다는 결의를 했다.

P.겔레는 공업 프롤레타리아의 정신생활 및 그 환경을 직접 체험해 보기 위해서 수개월 동안 한 공장에 노동자로 들어가 일한 바 있으며, 호평 받은 문장 속에 그 인상을 공표한 바 있다.

제2회 회의는 유물사관이라는 노동자의 새로운 '종교'와 대결이 불가피했다. 이를 극복하는 것이 교회의 가장 중요한 사회적 과제라고 선언되었고, 동시에 노동자가 사회민주주의의 지도하에 추구하고 있는 경제적 목표는 교회의 이름으로 반대할 수 없으며 또 반대해서는 안 된다는 사실이 확인되었다. 그때 청중 가운데 헬레네 베버와 맏아들 막스가 끼어 있었다.

이 무렵 정통파의 어느 종교국 평정관이 겔레의 문장과 인격을 공격하자, 베버는 그를 변호하는 동시에 나이 많은 선배 신학자들이 교회신앙의 지배로부터 노동자를 해방하려는 지적 노력에 대해 보통 하는 식의 권위로써 누르려고 하는 태도를 공격했다.

"근대의 노동자는 관대함이나 온정적인 이해 혹은 자선과는 별개의 것을 요구하고 있다. 그들은 모든 교양 있는 사람들과 마찬가지로 자신들에게도 똑같이 생각할 권리가 있다는 것을 인정해 달라고 요구하고 있다."

제3회 회의에서는 당시 프랑크푸르트 암 마인의 회원목사이며, 이미 '빈자의 목사'로 널리 알려져 있어 젊은 세대에게 기독교 사회주의적 경향을 띤 지도자로 일컬어지는 프리드리히 나우만이 등장하였다. 나우만을 지지하는 인물로는 ≪복음과 사회의 시사문제≫를 발행하는 오토 바움가르텐, 교의와 상관없이 종교심에 충실한 주간지 ≪그리스도교 세계≫를 발행하는 마르틴 라데, 누구보다도 먼저 프롤레타리아의 내적 · 외적 숙명을 자신의 입장에서 보고 배운 파울 겔레, 그리고 기타 신학자들이다. 이들은 모두 고매한 인품을 가진 순수한 사람들 집단이었다. 나우만과 베버는 복음사회 회의에서 서로 첫 만남을 가졌다. 그 만남은 점차 우정의 색채를 띠게 되었는데, 특히 나우만에게는 중요한 것이 되었다. 그는 이 나이 어린 사람에게서 자신에게는 생래적으로 결핍되어 있던 정치적 본능을 감지했다. 그는 대뜸 이 젊은 전문가를 정치와 경제 문제의 살아 있는 지식의 공급원이자 길잡이로 선택했다.

두 사람은 애초부터 대국가와 증가하는 인구의 불가결한 존재조건이 기계화와 공업화라는 점을 인정하는 데는 의견의 일치를 보고 있었다. 그들은 역사의 수레바퀴를 거꾸로 돌리려고 하지 않았고, 근대 자본주의 경제의 토대 위에서 폐해를 극복할 수 있다고 믿었다. 하지만 두 사람은 엘베 강 동쪽 여러 주의 대토지소유자가 자본주의적 발전 방향을 취하는 것은 국가적·사회적 불행이라고 보았다. 나우만은 베버의 영향을 받아 독일이 견고한 지위를 유지하면서 계속 밀고 나가는 것은 단순한 역사적 과업일 뿐 아니라 대중이 인간다운 생활을 하기 위한 조건이라는 점을 인식했다.

제5회 복음사회 회의에서는 겔레와 베버의 발의에 따라 농업 문제에 관한 토론이 진행될 계획이었다. 이번에는 단순히 농업노동자의 경제 상태뿐만 아니라 정신적·도덕적·종교적 상태 및 그 둘 사이의 상호작용을 분명히 하기 위한 것이었다. 방대한 자료가 모아지자 겔레와 베버는 프랑크푸르트 암 마인에서 열린 제5회 회의(1894년)에서 이를 보고했다. 그때 베버의 보고 중에서 다음의 관점이 특히 흥미로웠다. 그는 구체적 자료를 실례로 들면서 경제사관의 한계를 분명히 밝혔다. '임금철칙'은 농촌에서는 통용되지 않는다. 생활비가 높은 곳에서도 낮은 임금이 있을 수 있고, 비옥한 곳에서도 노동자의 생활수준이 낮을 수도 있으며, 또 그 반대의 경우도 있다. 농업노동자의 운명이나 일반적인 상태를 결정하는 것은 그들을 둘러싼 세계의 전반적인 경제관계 때문이 아니라 역사적으로 형성되어온 사회적 성층이라는 것이다. 그런데 이 성층을 농촌에서 결정하는 것은 기술적·경제적 조건이 아니라 주민이 어떻게 집단을 이루고 있느냐 하는 점, 경영 및 농지의 분배방법, 노동법의 법률 형태라는 것이다.

Chapter 4

결혼–젊은 교수의 생활

결혼 전의 베버와 마리안네

1824년 봄, 아버지 막스 베버의 조카딸인 마리안네가 독립적인 직업을 갖기 위해 베를린으로 나왔다. 그녀의 할아버지 칼 다비드 베버는 막스 베버의 큰아버지이다. 그러므로 그녀의 어머니는 막스 베버 형제와 이종남매 간이 된다.

칼 베버는 방직기계의 발명으로 빌레페르트의 사업이 몰락하자 가내공업으로 생산한 아마포를 농촌에 팔기 위해 도이트부르크 숲의 한 자락에 자리한 한적한 촌락 외어링하우젠으로 옮겨 사업을 재개했다. 풍광이 우아하고 산수가 맑은 이 고장에서 칼 베버는 차근차근히 아주 열성적으로 천재적인 상혼을 발휘해 다시 일어난다. 그러자 그 마을에서는 외경의 대상이 되어 군주처럼 군림했다.

맏딸 안나는 일찍이 열여덟 살에 렘고 출신의 의사 에드바르트 슈니트 가와 결혼했으나 둘째아이를 낳다가 그만 세상을 떠나고 말았다. 아내의 죽음으로 비탄에 빠진 의사 에드바르트는 어린 딸 마리안네를 그의 노모에게 맡겼다. 마리안네가 발랄한 처녀로 자라 열일곱 살 될 무렵 할아버지 베버는 그녀를 대도시에 유학시켜 그 신분에 어울리는 교양을 갖추도록 했고, 열아홉 살 가까이 되어 하노버를 떠났을 때는 완전한 교양인으로 변모해 있었다.

다시 외어링하우젠으로 돌아와 이모 아르비네의 따뜻한 영접을 받았건만 그녀는 어쩐지 전원생활에서 자신의 정신적 기갈을 충족시킬 수 없을 것만 같은 생각이 들었다. 그래서 그녀는 여자의 운명을 거역하는 자기극복의 노력이 필요하다고 생각했다. 그러나 남성 위주인 주변사정은 여성의 신성한 이상을 길잡이해 주는 계기를 마련해 주지 않았다. 직업을 가질 것인가? 물론 그녀는 할아버지의 든든한 후견이 있어 시집가기 위해 직업을 갖거나 할 필요가 없었다.

마리안네는 스물한 살 때 샬로텐부르크 가의 호의로 수 주간 그 집에 머무를 수 있었다. 베를린 생활의 빠른 리듬은 그녀의 혈관 속에서 뛰었고, 아세소르(사법관이나 국가 관리의 일반 칭호로써 제2차 국가사법시험에 합격한 사람도 이렇게 부른다) 막스가 그녀를 난생 처음 무도회에 데리고 갔을 때 그곳에서 그녀는 흥분한 청년들을 접하게 되었다. 아세소르, 즉 막스 베버의 인상은 몸집이 비대한데다 결투의 상흔이 있고 입술과 코가 기묘한 대조를 이루고 있어 두 동생처럼 미남은 아니었다. 그러나 그는 기사처럼 친절했다. 여기서 그녀는 헬레네의 더욱 애정에 넘친 보살핌을 통해 어머니의 온정을 느꼈다. 그녀는 진지한 계획을 품고 외어링하우젠으로 돌아왔다. 1년 반 만에 다시 아세소르, 즉 막스 베버를 만났을 때 그녀는 자신의 입장이 미묘하다는 것을 알았다. 그녀는 어느 누구에게도 애정을 느끼지 못한다고 믿어질 때만 아세소르의 곁에 있을 수 있다는 것을 알았다. 또 화사한 에미(H.바움가르텐의 딸)에 관한 얘기, 에미가 병중이라는 것, 그리고 에미와 헬레네와는 매우 가까운 사이라는 것도 잘 알게 되었다. 헬레네는 막스와 에미가 짝 짓기를 원했으므로 마리안네를 자기와 가까운 청년에게 출가시키기로 공작을 했다. 그러나 이 계획은 오히려 큰 혼란만 빚고 말았다. 베버는 마리안네에게 편지를 보내어 이렇게 썼다.

"…오랜 기간 나는 그녀(에미)와 관계를 끊을 것인가, 아니면 계속할 것인가를 결정짓지 못하고 있었어요. 그래서 확신을 얻고자 해서 나는 이번 가을에 슈투트가르트로 여행을 한 것이죠. 나는 그녀를 만났어요. 전날과 다름없는 외모와 목소리였건만 무엇인지 모르는 보이지 않는 손이 나의 마음속에 그려진 그녀의 모습을 지워버리는 것이었어요. 나에게로 걸어오는 그녀는 마치 별세계에서 오는 것인 양 나의 내부에 살아있는 것과는 다른 모습이었어요. 왜 그런지 통 그 이유를 알 수가 없었어요. 우리는 헤어졌지요. 영원히 말이지요.(적어도 나는 그렇게 생각해요.) 나와 같이 걸을 생각이라면 답장을 안 해도 좋아요. 그렇게 되면 나는 그대를 만났을 때 가만히 그대의 손을 잡고 그대의 앞에서도 눈길을 감추지 않겠어요. 그대 역시 눈을 아래로 내려뜨리면 안 돼요. 그대가 나의 생활을 풍부하게 해준데 대해 감사해요. 나의 마음은 항상 그대 곁에 있어요. 또 한번 우리 함께 걸어요. 나는 그대가 오리라는 것을 알고 있어요."

이 편지를 읽은 처녀는 영원한 그 무엇이 그녀의 가슴을 요동치게 함을 느꼈다. 그녀는 더 이상 바랄 것이 없었다. 이다와 헬레네 사이에 편지가 왔다갔다했다. 그리고 수개월 후 막스와 마리안네는 약혼을 했다. 이 수개월이 그녀에게는 얼마나 길다고 생각되었는지 모른다. 헬레네는 가슴이 아팠지만 이 새로운 사태를 그대로 받아들여야만 했다.

1893년 초가을에 외어링하우젠에서는 전 가문 사람들이 모인 가운데 막스와 마리안네의 성대한 결혼식이 열렸다. 외어링하우젠 가 사람들은 약혼한 이후 마리안네에게 대단히 만족하고 있었다. 이곳 사람들은 헬레네와 그 가족들을 몹시 좋아했고, 또 신랑이 대학 강사라는 점에서 전도유망한 훌륭한 인물이라고 존경해마지 않았다. 이 남다른 성격을 가진 처녀가 어떻게 그런 행운을 얻을 수 있었는지 누가 예상했겠는가? 시의 정취가 듬뿍 담긴 장대한 정경이 펼쳐진 가운데 오토 바움가르텐은 시골교회에서 두 사람의 결혼을 주례했다.

"사랑은 모든 것을 믿게 하고, 모든 것을 바라게 하며, 모든 것을 이기게 하느니라."

젊은 대학 강사 베버

결혼의 첫출발은 신혼여행이었지만 베버는 잠시 숨 돌릴 겨를조차도 없이 바빴다. 살림집을 마련한 후 그는 자신이 강사로 참가하고 있는 복음사회회의 위원회가 주최하는 목사들을 위한 국민경제 강습을 시작하였다. 그는 농업정책에 대해서 강의했다. 그에게는 그것 이상으로 더 흥미를 끄는 것이 없었다.

결혼 후 반년 만에 베버는 포젠으로 가서 2개월간 군 복무를 해야 했다. 그가 고역을 치르고 집으로 돌아왔을 때 아주 기쁜 일이 하나 생겼다. 열여덟 살된 여동생 클라라가 그 유명한 학자의 아들인 의사 몸젠 박사와 약혼을 했던 것이다. 이 양가는 오랫동안 우호적인 관계를 맺고 있었다. 테오도르 몸젠은 특히 헬레네에게 매혹된 젊은 학자인데, 정객인 막스에게 큰 희망을 걸고 있었다. 클라라의 새 가정은 번영했고, 살림을 윤택하게 꾸릴 수 있었다. 그래서 클라라는 오빠가 기대한 것처럼 민첩하게 행동하는 총명한 아내로 성장하며 구김살 없이 살림을 꾸려 나갔으므로 남편과 아이들은 물론 여러 친구들을 기쁘게 했다.

베버가 베를린에 있는 동안 그의 생활 상태는 아내의 근심거리가 되었다. 강의와 실습으로 하루에 19시간을 일해야 했는데, 도대체 이처럼 바쁘게 일할 필요가 있을까 하는 의문이 나오지 않을 수 없었다. 특히 유명한 은사의 강의를 대신 맡은 젊은 교수로서 사법국가시험을 위한 심사에까지 관여해야 했다.

그의 아내가 이렇게 수개월 동안 일만 하다가는 건강에 영향이 있지 않을까 하는 걱정을 표명했을 때 그는 여러 가지 이유를 대며 안심시키려 했다. 하지만 그는 일에 지쳐 힘겨워했다.

그는 농업문제와 더불어 정치문제에도 흥미를 느끼고 있었다. 자본이 은행이나 대상인의 수중으로 집중하는 것을 국가에서 제지할 필요는 없다. 왜냐하면 그것은 국민의 경제적 경쟁을 위한 힘의 축적을 의미하기 때문이다. 어떤 종류의 투기적 거래, 특히 지주의 압박에 의해 도덕적 이유로 곡류의 정기거래를 억제하는 따위의 입법은 이들 상품의 판로를 외국에 억지로 떠맡김으로써 독일을 희생시키고 외국의 재정력을 강화시키는 결과를 초래할 뿐이다.

2년 후인 1896년 가을, 베버는 같은 전문분야에서 일하는 나이 많은 레크시스와 함께 새로운 법률의 효과를 규명하기 위한 거래소제도위원회의 자문을 맡았다. 그에게는 연방회의에서 의사議事에 대한 보고서를 작성하는 일이 맡겨졌다. 이곳에서 그는 독일의 지배권을 잡으려고 서로 다투는 재계의 거물, 정계의 거물, 그리고 대공업과 대상업의 대표자 및 대토지소유자들과 서로 얼굴을 맞대게 되었다. 이러한 과대한 정치적 권위와 경제상의 사리 추구 정치가 싸울 것을 수년 동안 열망하던 베버로서는 이런 인물들과 마주하는 것이 매우 흥미로운 일이었다.

그때쯤 프라이부르크 대학 철학과에서 이미 1년 전에 시작한 교섭을 재개하여 이번에는 바덴 정부가 법률학과 국민경제학의 강의를 맡긴다는 큰 결정을 하였는데, 이것은 여러 가지 점에서 그에게 좋은 징조가 되었다. 1894년 가을에 베버는 프라이부르크로 이사했다. 베버는 이번에 새로운 활동영역에 들어가게 된 것을 몹시 기뻐했다. 새로운 미지의 그 무엇은 그의 매력을 끌기에 충분한 것이었다. 그래서 그는 그동안 어두운 사색의 길을 걸었던 베를린 생활은 이제 끝난 것이라 여겼다. 하지만 그가 맡은 일은 상상을 초월해서 지금까지의 모든 것을 능가했다.

그는 12시간의 강의와 2시간의 제미나르를 맡았다. 2학기가 되자 같은 전공자로 친하게 지냈던 G. 폰 슈르체 게바니츠가 휴가를 가게 되어 베버는 그의 과목 일부도 맡아야 했다. 바쁜 가운데서도 그는 학생들이 찾아오면 기꺼이 학문지도를 해주었고, 거래소에 관한 논문을 재촉하는 출판사 일로 바빴다. 농업노동자에 관한 조사도 계속했다. 그는 조수의 손을 빌려 이 조사에 필요한 수천 개의 예를 집계했다. 이로 인해 자료는 더욱 방대해졌지만 사실 이때 그는 이것들에 대해 그다지 흥미를 느끼지 못했다. 이 조사 결과는 그가 이전에 판단했던 결론을 확증해 주는 것 이상은 되지 않을 것이라 확신했기 때문이다. 계획 중인 새로운 저술도 아직 진행하지 못했다. 귀중한 수치 자료의 일부는 학생을 위해, 일부는 그 후에 쓴 농업정책에 관한 논문에서 이용되었다.

그는 또 여러 가지 학문적이거나 정치적인 협회에 나가 강연을 했다. 특히 그는 그가 회원으로 있던 범독일협회의 지방지부에서 폴란드 문제에 관해 강연한 일이 있었다. 그는 강연에서 한껏 재능을 발휘하여 아주 유명해졌고, 이곳저곳에서 단독 강연은 물론 연속 강연에도 초청되었다.

프라이부르크에서는 베버는 특히 철학자 하인리히 리케르트와 친교가 두터웠다. 베버는 이미 여러 해 전부터 리케르트의 초기인식론에 관한 논문인 『정의론』이나 『인식의 대상』을 연구해서 그 사상적인 예리함이나 투철함에 감복한 바 있다. A.리이르가 프로이센의 한 대학으로 전근을 가게 되자 베버는 학내의 반대를 무릅쓰고 공석이 된 이 강좌를 리케르트를 위해 확보해 두었다. 그 밖의 교우권에 들어있는 사람으로는 전공이 같은 G.폰 슈르체 게바니츠, 생리학자이며 철학자인 후고 뮌스터베르크, 그리고 박식한 문헌학자 고드프리트 하이스트 등이었다. 정기적으로 갖는 저녁 모임은 이 젊은 부부의 진가를 보여주는 좋은 기회였다. 베버의 대단한 주량은 많은 사람을 경탄케 했다. 여름에는 꼭 주 1회 몇몇 친구를 이끌고 항상 동행하는 G.하이스트와 더불어 시골 음식점에서 숭어요리와 마르크그레플러(바덴 주 산 포도주 이름)를 음미했다.

이 충실한 생활의 배경은 슈발츠발트의 울창한 숲이었다. 물론 부부가 규칙적으로 산보한다는 것은 생각할 수 없는 일이었으므로 베버는 시간 나는 대로 슈로스벨크로 올라가기를 즐겼다. 2학기가 끝난 후 그는 아내와 함께 결혼 후 처음으로 스코틀랜드의 황량한 고산지대와 아일랜드의 서해안을 여행했다. 그는 여행과 관조를 통해서 긴장을 풀 수 있었다.

프라이부르크 대학의 2학기가 시작되기에 앞서 베버는 당시의 관례에 따라 다수의 청중 앞에서 국민국가와 국민경제정책에 관한 공개취임강의를 한 바 있었다. 청중은 물론이거니와 강사 자신도 깊은 감동을 느꼈다. 왜냐하면 이 강연은 지식과 동시에 신앙고백을 제공하였기 때문이다. 사색의 과정은 격렬한 토론을 불러일으켰다.

"취임강연에서 나는 나 자신의 견해의 난폭함에 놀라움을 금치 못했습니다. 가장 만족한 것은 가톨릭교도들이었습니다. 내가 '도덕적 문화'라는 것을 혹독하게 비판했기 때문입니다."

한 무리의 청년들은 이 강연에 의해 치명적으로 정치적인 낙인이 찍혔다. 또 그것이 인쇄되어 공표되었을 때에는 나이 많은 사람들 중에서도 특히 F.나우만 등 그 추종자의 일부가 낙인 찍혔다.

베버는 엘베 동부지방의 농업문제를 논구하여 프로이센 국가에 대해 이전의 것과 같은 요구를 제기하였다. 구체적 사실을 서술할 때에 우선 국민경제정책이 기준삼아 결정해야 할 가치척도는 무엇인가 하는 문제, 즉 당시 경제학이 강단사회주의의 영향 하에서 가장 강력하게 관심을 끌고 있는 문제와 결부시켰다. 경제생활의 형식에 대한 판단이나 그 형식의 형성에 있어 사율적인 가치척도는 있을 수 있는 것인가. 예컨대 재화를 생산할 때에 기술적인 완전화가 이상인가, 아니면 재화를 분배할 때에 사회적 공정성이 이상인가 하는 문제였다. 베버는 특별한 이데올로기가 아니라 구체적인 경험에 의해서 이를 부정했다. 독일인과 폴란드인의 경제투쟁을 그 정도로 충격적인 것으로 만든 것은 기술적 진보에 의하여 토착 독일농민이라는 상급의 인간유형이 폴란드인 계절노동자라는 보다 낮은 인간유형으로부터 밀려나고 있다는 사실이다. 그러므로 "우리는 최대한의 경제문화 발전을 도모하는 것만이 능사가 아니라, 자유스럽고 평화적인 경제투쟁에 의한 도태작용이 보다 고차원적인 발전을 성취한 타입에게 승리를 거둘 것이라는 낙관적인 희망에 잠겨서는 안 될 것입니다"라고 했다. 또 인간생활의 '쾌락과 고통의 대조표'의 지표가 올라간다는 것, 즉 현세의 행복화가 진정 가치의 척도일 수 있는가? 여기에 대해서도 베버는 고개를 젓는다.

"이미 인구문제의 불길한 심각성만 하더라도 우리가 행복주의자일 수 없게 하며, 평화와 인간의 행복은 미래의 장막에 숨어 있다고 공상하면서 인간 대 인간의 가열 찬 투쟁 없이도 이 세상에서 한 치의 땅도 획득할 수 있으리라고 생각할 수는 없습니다."

정치경제학은 그 자료로부터 자기의 이상을 이끌어낼 수 있는 상태가 아니라 인간의 오래된 여러 일반적인 이상형에 구속을 받는다. 정치경제학은 하나의 사회적·경제적 생활조건에 순치된 인간의 질을 다루어 문제 삼는 과학이다. 그렇기는 하지만 가치판단을 내리게 되면 "우리가 우리 자신의 본성 속에서 발견하는 인간성의 표상에 구속"되게 된다.

"…우리가 수천 년 후에 무덤에서 나온다고 할 때 우리가 미래 세대에서 찾는 것은 우리 자신의 본질과는 아득히 멀어져간 흔적뿐일 것이다. 이 세상에서 우리의 최고의 궁극적인 이상조차도 변화할 수 있다. 우리는 그것이 미래에까지 타당한 것이라고 우겨댈 수는 없다. 하지만 우리는 우리 자신이 조상에게서 물려받았듯이 미래에도 그들 자신의 조상이 남긴 방식을 인정하리라는 것은 바랄 수 있다. 우리는 우리의 일과 우리의 존재로서 미래의 세대에 선구자가 되고자 생각한다. 독일인의 국민경제정책의 가치척도는 그와 같은 이유로 해서 독일적일 수밖에 없다. 권력에 대한 국민의 관심은 그것이 문제가 되는 장소에서만 국민경제정책이 봉사하여야 할 궁극적이고 결정적인 것이다."

정치에 대한 베버의 관심과 견해

베버는 이러한 점에서 자신을 '경제적 내셔널리스트'라고 했고, 국민경제정책을 국민국가에의 봉사라고 했다. 그는 정치지도자에 있어 각종 계급이 갖는 의미를 이 국민국가의 이익의 관점에서 측정하였는데, 결론은 비관적이었다. 즉 국민의 정치적·경제적 이익을 자기의 이익보다도 우위에 놓는 층만이 지도자의 자격을 갖지만—프로이센의 융커계급은 기업가계급으로 전화하여서 이제는 그 자격이 없다. 그들은 국가가 다른 계급을 희생시키고 자신들을 지지해줄 것을 요구하기 때문이다—시민계급은 비스마르크의 무단정치의 태양에 의해 서서히 발달하던 정치적 판단력을 그대로 태워버리고 말았다. 노동자계급도 아직은 정치적 성숙단계에 이르지 못하고 있었다.

"이 계급 가운데는 저 카테리나적인 행동이 되는 에네르기의 섬광도 보이지 않을 뿐더러 그렇다고 프랑스혁명 때 국민공회의 회의장을 지배했던 격렬한 국민적 징열의 뜨거운 숨결도 엿볼 수 없다."

이런 사정 아래서 독일이 국민적 강국으로써 자기를 주장하고 우수한 독일 민족성의 미래가 보증되고자 한다면 모든 범위에서 거대한 정치교육 사업이 행해져야만 한다.

"새로운 세대의 강력한 사회적 양심을 괴롭히고 있는 국민대중의 지나친 곤궁에 직면하더라도 우리는 솔직히 고백하지 않으면 안 된다. 오늘날에는 역사 앞에서 우리의 책무를 의식하는 것이 우리를 짓누르고 있다는 것이다. 우리가 지금 벌이고 있는 투쟁이 열매를 맺을 것인가, 혹은 후세가 우리를 선조로 인정할 것인가 하는 문제는 우리가 알 수 있는 일이 아니다. 정치적으로 위대했던 시대에 태어나지 못한 우리의 악운은 극복될 수 없다. 그러할진대 별개의 것, 즉 보다 위대한 세대에 선도역을 할 수 있는 모든 것을 터득하는 것 밖에는 다른 방도가 없다."

그 무렵 나우만은 베버를 점점 자기의 관심권으로 끌어들이려 애썼다. 1894년 봄에 《원조援助》지가 창간되었다. 베버는 기고자로 지명되었다. 자르지방의 대공업가로 '계몽군주'였던 폰 슈툼 남작이 이 독특한 주간지에 공격 화살을 퍼부었는데, 의회연설(1895년 1월 5일)에서 나우만과 사회과 목사들을 사회민주주의보다도 더 위험하다고 공언했다. 그는 군주에 대하여 강력한 영향력을 갖게 되었다. '강제노동법안'―임금쟁의를 억제하기 위한 강제수단―이 상정되었다. 이러한 일들 모두가 막스 베버로 하여금 나서게 만들었다. 그는 날카로운 칼을 빼들고서 ≪프랑크푸르트 신문≫에 낼 강제법률안 반대성명을 기초하였고, ≪크로이츠 신문≫에서는 슈툼과 농업당을 공격했다.

1895년 성령강림절에 베버 부부는 다시 복음사회회의의 모임에 참가했다. 나우만은 이미 하나의 정치조직체를 구성할 계획을 세워놓고 있었다. 그는 이 집회를 위해 기독교사회주의적 정강의 복안을 기초하고 있었는데, 그것은 반자본주의적 성향에서 시작된 것이다. 거기에는 국민적 또는 헌법적 요청, 즉 본래의 정치적 요청은 결여되었고 그저 운명에 휘말려 사는 하층민의 불안만이 강조되어 있었다. 한스 데르브뤼크와 베버가 그에게 국가정책적인 사고도 중요하다며 주의를 촉구했다. 그 후 얼마 안가서 베버의 취임강연이 열렸다. 이것이 나우만과 그를 따르는 사람들 일부의 사상권에 결정적인 변화를 일으켰다. 나우만 자신도 ≪원조≫ 7월호에 베버의 사상에 관하여 썼다.

"그를 그르다고 할 것인가? 코자크의 기병이 습격해왔을 때 우리의 최우량 사회정책이 우리에게 어떤 역할을 해줄 것인가? 내정을 맡고 있는 사람은 우선 민족과 조국의 국경을 안전하게 지켜야만 한다. 그는 국민의 힘에 신경을 써야만 한다. 여기에 사회민주주의의 약점이 있다. 우리는 정치적 능력이 있는, 즉 종래보다도 뛰어난 전반적인 정책을 펴나갈 능력이 있는 사회주의를 필요로 한다. 그러한 사회주의는 지금까지 존재하지 않았다. 그러한 사회주의는 독일 국민적이어야만 한다.”

나우만은 이번에는 일간신문과 국민사회적 정당의 준비 작업이 되는 정치조직을 계획하게 되었다. 베버는 이를 처음부터 간절히 말렸다. 인간적으로는 나우만이나 겔레 · 라데 · 바움가르텐 등 나우만을 중심으로 하는 친구들의 서클에 친근감을 느꼈고, 그들이 손쉽게 감격하는 모습을 보고 기쁨을 감추지 못하기는 했으나, 이들의 정치적 계획은 처음부터 실패를 선고받은 거나 다름없다고 생각했기 때문이다. 이들 인물들의 태반이 선천적으로 정치적 본능이 결여되어 있어서 그들이 추구하는 것은 순전히 윤리적 · 종교적 이상을 지향하는데 그쳤다. 특히 이 서클에는 일치된 경제적 관심의 주관점이 없었다. 결국 베버는 간청하다시피 말렸지만 그래도 친구들의 공동시도에서 이탈할 수가 없어서 신문 창간을 위한 준비위원회에 가담했다. 그 후 얼마 안가서 신문도 창간했고 협회도 탄생했다. 협회는 에르푸르트에서 창립되었다.(1896년 11월) 회의에서 받는 인상은 베버로 하여금 더욱 염려스럽고 두렵게 했다. 그는 성직자 · 교수 · 관공서 관리 · 장인 및 몇몇 노동자들로 구성된 이 혼합체는 정치적 의지 형성 능력이 거의 없다고 생각했다.

베버가 걱정한대로 사람들은 천차만별이었는데, 더구나 대부분은 정치와 관계가 없는 이상을 지향하고 있어 이것을 하나로 융합시키는 데는 대단한 노력이 필요했다. 며칠을 두고 논쟁을 벌였으나 강령을 국민적 사상을 기조로 할 것인지, 사회적 사상을 기조로 할 것인지, 둘 중 어느 것으로도 결정을 내리지 못했다. 더욱 곤란한 문제는 기독교와 정치의 관계를 명확하게 밝히는 것이었다.

나우만에게 있어 국민적 강력국가는 사회개혁을 위한 수단이었지만, 한편 그 반대로 베버는 국민국가의 보전을 위해서 사회적 · 정치적 정의를 요구한 것이

막스 베버와 마리안네 베버 부부.

므로 원리적으로 차이가 있었다. 그럼에도 불구하고 베버는 국민사회협회에 가입했고, 그 후 여러 동지가 협회를 이탈하여 우경화했어도 그는 한결같이 나우만을 지지했다. 국회의원선거에서 나우만이 처음 입후보를 했을 때 헬레네 베버와 이다 바움가르텐이 자금을 지원했다. 하지만 베버가 걱정하던 바가 그대로 들어맞았다. 일간신문은 1년 후 자금부족으로 폐간하고 말았다. 또 협회도 5년간 상당한 노력을 기울여 선거전에 임했음에도 단 한 명밖에는 당선시키지 못했다.

이렇게 이어져 가는 수년 동안 베버의 생활 방향은 의심할 나위 없이 실천석이고 정치적인 활동으로 기울었다. 그의 국민에 대한 감정은 그토록 활활 타오르는 것이었기에 펜에 의한 활동에만 만족할 수는 없었다. 그리고 자신의 교수 및 연구자로서의 소질에 대해서는 의심할 나위가 없었다고 해도 그런 것들이 자신의 의도를 실천하기에 적합한 활동형식인지는 미심쩍었다. 이런 의미에서 그는 L.브렌타노에게 반대해서 이렇게 말했다.

"대학교수라는 직업이 내 자신이 얻으려고 노력하지도 요구하지도 않았던 성공에 도달했다고 해도 그와 같은 성공은 그다지 나의 마음을 만족시키지는 못합니다. 특히 내가 이 직업을 택했다는 것이 나에게 적합한 장소를 얻었다고 보느냐 하는 질문에 대답을 주지 못하고 있습니다."

물론 그는 실제 정치 속에 들어가려는 시도를 훗날로 미뤘다. 그러나 분위기는 이미 그때부터 싹트기 시작했다. 1897년 초에 그는 슈툼의 영향권에 있는 자르브뤼켄의 한 자유주의적인 정치결사로부터 강연 초청을 받고 응한 적이 있었다. 그 후 얼마 안 돼 자르브뤼켄에서 국회의원선거에 입후보하지 않겠느냐는 요청이 왔다. 그때 그는 거절했다. 왜냐하면 그는 이미 또 다른 새로운 활동권에 눈을 돌리고 있었기 때문이다. 하이델베르크 대학 철학부가 그를 학계의 거장인 크니스의 후임으로 초빙했던 것이다. 그는 당시 닥친 정치활동이 새로운 임무와 양립할 수 있는 것이라고는 생각하지 않았다.

거기에다가 그로서는 기성의 여러 당파 가운데 어느 쪽에 가담해야 할지 선택하는 것이 쉬운 문제가 아니었다. 국민사회파를 디딤돌로 삼기에는 당시로선 진지하게 생각할 만한 것이 못되었다. 자유주의좌파와는 그가 민주주의의 이념을 같이하긴 했지만 국민적 파토스를 갖지 못한 아쉬움이 있었다. 이 점에서 그들은 그에게 있어서 '속물'에 불과했다. 그는 국민자유파와는 개인주의적 지향이 같았으며, 공업자본주의가 국민경제에 있어서 불가결한 조직화의 힘임을 긍정했다. 거기에 반해서 그들은 사회적 내지 민주주의적 지향과 사회정책적 통찰의 결여라는 커다란 장애를 안고 있었다. 그는 보수적·국수적인 서클과 국민적 파토스를 통하여 연계를 맺었다. 하지만 그들은 독일인 전체를 희생시키고, 국민의 잔여 부분의 희생 위에서 추구하는 농업당의 경제정책을 지지하고 있었다. 1899년 4월 그는 편지를 보내 범독일협회와 절연했다.

하이델베르크 대학에서 교편생활

베버는 하이델베르크로 가기 전에 프랑크푸르트에 있는 사회과학연구소에서 지도와 연구팀 편성을 맡아달라는 부탁을 받았으나 그 유혹을 뿌리친 바 있다. 프라이부르크와 그 교우권을 벗어난다는 것이 아쉬웠으나 하여간 쌍방을 저울질해보고는 그는 하이델베르크 쪽에 더 마음이 기울었다. 훈훈한 고향 공기가 네카 강의 강변도시를 둘러싸고 있어서 유년과 청년 시대 이래의 즐거웠던 추억이 이 도시 쪽을 택하게 하였던 것이다.

지난날 하이델베르크의 은사들은 이제 동료가 되었다. 왜냐하면 구노피셔·이마누엘 베커·에르트만델파 등 학계의 거성들이 고령임에도 불구하고 아직도 활발히 활동하고 있었기 때문이었다. 새로운 생활은 한층 풍성하고 쾌적했다. 하늘 높이 솟은 나무에 둘러싸인 슈발츠발트와 달리 오덴발트의 구릉은 남국답게 식물들이 무성하게 자라서 사람들을 밝고 편안하게 감싸주었으며, 넓고 눈썹처럼 뛰어난 풍광의 라인평야로 흘러 들어가는 은색의 이 네카 강은 친근미가 있고 아담한 이 땅을 거대한 전체세계와 이어주고 있었다. 새로운 친우들이 속속 모여들었다. 게오르크 엘리넥·파울 헨젤·칼 노이안, 거기에다가 특히 그들 부부와 밀접한 우정을 맺었던 동년배 신학자 에른스트 트뢸치 등이 그들이다. 트뢸치의 당시 견해는 구닥다리 '국민자유주의' 세대에 속했다. 그의 강한 시민적 본능에 의하면 사회적·민주적 이상은 무기력한 것이었다. 그는 베버가 추구하는 것 대부분을 믿지 않았다. 노동자계급의 정신적·정치적 발전에 대해서 또 여성의 정신적 발전에 대해서도 그러했고, 소질에 있어서도 서로 달랐다. 트뢸치는 신학의 틀안에서 정신의 자유와 관용을 위해 투쟁하는 것으로 충분하다고 여겼다. 그 밖에 그는 투사가 아니었으며, 융화와 조정, 인간의 약점과 타협하는 태도를 취했다. 베버는 직업상 일로는 여기에서도 새로운 당면 과제들이 많았으며, 이 과제들을 서둘러 정리해야 했다. 전임자 크니스는 노인이 되어 사직했고, 교무의 운영에도 문제가 많았는데, 베버가 그곳의 유일한 정식 학부담당자였기 때문이다.

베버는 바쁜 가운데서도 큰 불만이 없었다. 현재 자신이 담당하고 있는 학과에 정통해 있었고, 국민경제학의 이론과 실제, 농업정책, 그리고 노동자문제에 관한 대규모 강의를 치밀한 구성에 따라 완벽하게 틀을 짜놓은 것에 기쁨을 느끼고 있었다. 그의 강의는 항상 세심하게 짜여 있는데, 그렇지 않은 경우에는 말로써 그때그때의 감흥으로 강의한다. 치밀하게 형성된 개념의 토대는 풍부한 역사적 지식으로 다져져 있었고, 비범한 사고의 예리함은 비범한 조형의 힘에 의하여 보완된다. 이렇게 해서 그는 가장 추상적인 사례에 대해서도 풍부한 실례와 곧바로 헤아려 판단하는 화술로 이해하기 쉽게 강의를 이끌어간다. 이론 국민경제학의 대강의를 위해서는 인쇄한 요강을 학생들에게 나누어 주었는데, 그는 이것을 확대해서 교과서로 꾸밀 생각이었다.

그의 아내도 베버가 바라는 대로 이제 완전하고 충실하게 자기 자신의 정신생활을 보냈다. 그녀는 남편이 강의하는 국민경제학 이외에 철학 강의를 들었고, 파울 헨젤의 제미나르에서 하나의 과제에 몰두했다. 거기에 덧붙여 그녀는 근대적인 여성사상의 보급을 위해서 새로 설립된 한 협회의 운영을 맡았다.

베버는 그녀의 활동상황을 보고 기뻐했으며, 나중에는 그녀보다도 오히려 더 열렬한 페미니스트가 되었다. 이제 여학생들 무리가 산발적이기는 하나 처음으로 가끔 강당에 들어오기 시작했다. 그녀들은 단순히 여성으로서의 사명뿐 아니라 일반적인 인간으로서의 사명도 짊어지기를 바랐다. 한 사람 한 사람이 새로운 세계질서의 선각자라는 자부심을 갖고 한 사람 한 사람이 저항을 극복하는 것에 대해 연대책임을 느꼈다. 이 새로운 타입의 여성들은 조롱의 화살이나 그보다도 더 심한 도덕적 꾸짖음을 받아서 그 존재가 용서되고 승인을 얻는 데에는 오랜 시간이 필요했다. 누구에게나 이끌릴 수 있는 인품을 갖고 있는 여자들 중에 베버의 마음에 들었던 한 사람이 있었는데, 그녀는 베버의 최초 여제자로 마리안네와 함께 그의 가르침을 받았던 엘제 폰 리히트호펜이었다. 감수성이 강했던 그녀는 젊은 나이에도 불구하고 공장의 감독이 될 생각이었다. 이것은 그렇게 되면 부인노동자의 대변자가 되어 간과해서는 안 될 사회적 사명을 다할 수 있다는 확신에서 스스로 선택한 바로 그 직업의 하나였다. 같은 목적을 추구하는 부인들 사이에 친밀한 우정이 생겨났기에 베버는 자기의 여제자들에게 적극적인 관심을 보였다.

베버의 와병과 좌절

이처럼 베버의 새로운 생활은 활기찼건만 1897년 초여름 별안간 회오리바람처럼 일어난 일이 마음에 도저히 지워지지 않는 상처를 남겼다.

헬레네는 가장 가까운 아들 부부가 베를린을 떠난 후 해마다 그들 집에 와서 수 주일을 보내다 가곤 했었다. 그런데 그녀의 남편(아버지 베버-편집자)은 아내가 자기에게는 썩 유쾌하지 않은 일을 다른 사람과 나누고, 또 그들과 친밀한 감정을 교환하는 것은 있을 수 없는 일이라고 보았다. 자신이 소외되고 있다고 느껴서다. 그래서 그는 아내와 함께 하이델베르크로 와서 아들과 담판을 지어 아내의 하이델베르크 체류기간을 줄이든지 아니면 다른 방도를 생각하려 하였다.

그러나 아들은 약자인 어머니 편을 들어 강경 주장을 굽히지 않아 결국 부자父子는 서로 언성을 높이다가 화해도 하지 않은 채 헤어졌다. 헬레네가 집으로 돌아오자 남편은 아내에게도 마음의 문을 굳게 닫고 열지 않았다. 평소에 언짢은 일이 있으면 솔직히 자신이 잘못했다고 말하던 헬레네였건만 이번에는 정말 끝까지 싸워서 자신의 권리를 찾고 싶었다. 견디기 어려운 상황으로 치달으며 사태는 점점 더 나빠졌다. 그러자 남편은 친구와 함께 여행길을 떠났다. 그런데 얼마 안가서 그는 유해가 되어 집으로 돌아왔다. 위출혈이 그의 생명을 앗아갔던 것이다. 햇볕이 쨍쨍 내리쬐는 8월 어느 날, 그의 영구를 담은 관이 정원의 잔디 위에 놓였고, 헬레네와 자식들이 모두 그 주위에 둘러섰다. 이 가공스러운 종언의 비극성을 나이 어린 자식들은 막연하게, 나이 많은 자식들은 명료하게 의식했다. 하지만 맏아들은 죄책감에 사로잡히지는 않았다. 7주 전에 맞섰던 대결은 이 영구를 앞에 놓고도 피할 수 없을 것 같았다.

장례식 직후 여름이 끝나갈 무렵 베버 부부는 스페인으로 여행길에 올랐다. 남편은 심신의 긴장완화가 필요했기에 신기한 인상으로 마음의 안정을 찾으려 해서다. 베버 부부는 우선 피레네 산맥의 수려함과 서늘하고 상쾌한 공기에 마음이 사로잡혔다. 그 후 매일 복잡한 의외의 일들이 일어났지만 북스페인의 새로운 기괴한 세계가 그들을 사로잡았다.

그러나 귀국할 무렵 긴장한 나머지 그의 육신은 끝내 병을 불러일으키고 말았다. 베버는 열에 시달리면서 무언가에 쫓기는 듯한 불안감을 느꼈다. 하지만 그는 귀국하자마자 칼스루에서 복음사회위원회가 주최하는 강습회부터 시작해서 꽉 찬 강의와 토론회 참가 스케줄에 매여 살았다. 그래서 별로 의식하지 못하였으나 학기가 끝나자 이상을 느껴서 의사에게 진찰을 받았는데, 의사는 쉬지 않고 일을 한 과로와 감정의 흥분 때문이라고 진단하고 베버에게 여행을 권했다. 그래서 베버 부부는 레만 호에서 두서너 주일을 보냈다.

신학기가 시작되어 두서너 주일 동안 지적 노동을 계속하자 수면 장애가 왔다. 베버는 곧 병이라고 단정하였다. 의사의 권유로 냉수요법을 하였으나 오히려 더욱 흥분 상태로 만들어 완전히 수면을 빼앗기게 되자 그는 여름휴가를 이용해 보덴 호반에 있는 사나토륨에 입원했다.

가을이 되자 베버는 건강을 회복한 것 같았다. 정신 질환은 호전되지 않았지만 육체적으로는 힘이 넘치는 듯 보여 다시 일을 시작했다. 그러나 수 주 후에 다시 신경 장애를 일으켜 강의하는 것이 고통스러워졌다. 이제야 그는 자신의 병이 회복되려면 시간이 오래 걸릴 것이라고 각오해야 했다. 크리스마스 전후에는 아주 쇠약해져서 크리스마스트리를 장식하는데도 어깨와 팔을 제대로 놀릴 수가 없었다. 베버는 학기말까지 힘겹게 견뎠다.

베버 부부의 베네치아 휴양

베버는 1889년, 즉 그가 병든 지 2년째 되던 해 여름에 강의를 면하게 되었지만 제미나르와 학생의 연구지도는 그대로 계속되었다. 부부는 아이프 호반에서 휴가를 보내고 거기서 페른 고개를 넘어 베네치아로 갔다. 직무의 악몽에서 벗어나 해방되었다는 느낌과 함께 이 새로운 인상의 아름다움으로 이번에는 차도를 보였다. 하지만 가을이 되어 다시 일을 손에 잡으니 이제까지보다도 더욱 심한 병고가 압박해 옴을 알게 되었다. 그래서 그는 결국 여태까지의 틀에 박힌 생활을 피해보기로 작정했다. 크리스마스에 사표를 제출했다. 그것은 참으로 고통스러운 결정이었다. 왜냐하면 봉급 없이 가족으로부터 오는 수당만으로 병든 나날을 꾸려 나가기가 어려웠기 때문이다.

바덴의 교육 당국이 구제책을 마련했다. 병든 그를 안심시키고, 장래 그의 힘을 이용할 수 있도록 하기 위해서였다. 또 학교 당국도 그의 퇴직을 그대로 방관하지는 않았는데, 사표를 수리하지 않는 대신 장기 특별휴가로 인정하여 봉급은 계속 지급했다. 뿐만 아니라 베버가 이미 오래 전부터 제안해온 국민경제학 교수 한 사람을 더 두는 일을 실천에 옮겼다. 새로운 동료가 도착하여 취임하기까지 베버는 학생들의 연구 지도를 맡았었음으로 진정한 특별휴가는 1900년 가을부터 시작되었다고 볼 수 있다. 베버가 이전에 프라이부르크 대학에 후임으로 추천한 일이 있기도 한 베르너 좀바르트의 초빙은 당국이 거절하여 이루지 못했고 그 대신 칼 라트겐이 채용되었다.

이렇게 해서 베버는 중책으로부터 해방되기는 했지만 그의 병세는 가벼워지지 않았다. 그는 고통을 느끼지 않고는 책을 읽을 수 없었고, 쓴다든지, 얘기한다든지, 또는 어디를 간다 해도 잠을 제대로 잘 수도 없었다. 모든 정신적 기능과 육체의 일부 기능이 부자유스러웠다. 베버는 결국 라우의 아르프 산맥에 있는 우라하의 작은 신경병원에 가서 혼자 수 주간 머물렀다. 이제는 나락으로 떨어지고 만 것이다. 부부가 함께 파멸의 구렁텅이에 빠져버리는 것은 아닌가 하는 전율에 휩싸였으나 아내는 남편의 창조적 힘을 믿고서 이전처럼 다시 회복할 것이라고 확신했다. 그녀는 이 어려운 시기에도 자신의 처녀 논문에 열의를 쏟는 자세를 유지해 나갔다. 독자적으로 일을 해내는 그녀의 모습을 보고 베버는 기뻐했다. 하이델베르크를 떠날 때 그의 제자들로부터 받은 애정과 경모의 표시는 애수를 머금은 기쁨의 빛이기도 했다.

"어제는 다사다난한 하루였습니다. 12시에 레오 베게라가 연미복과 흰 조끼 차림으로 와서 엄숙하게 인사를 하면서 당신이 가르친 제자들의 기념품을 건네주었습니다. 기념품은 갈색 가죽으로 띠를 두른 커다란 세피아 그림이었습니다. 뮌헨의 어떤 여류화가의 작품인데, 어떤 남자가 험준한 바위에 올라가서 붙이

붙는 나뭇가지를 땅으로 던지는 모습을 담고 있습니다. 불붙은 나뭇가지는 남자의 발밑에 낀 이끼에 가린 바위에 떨어졌는데, 그 바위에는 당신이 가르친 제자들의 이름이 새겨져 있습니다. 헌사에는 '존경하는 교수이시며 은사님에게! 여로에 행운이 깃드시기를 빕니다. 여기에 서명한 사람만이 아니라 선생님으로 부터 생애에 걸쳐 감화를 받은 우리는 학문의 긍지를 더하고 학문을 촉진시켜서 선생님에게 은혜를 입은 우리 문하생 일동의 진심어린 기쁨이 되고, 선생님이 빨리 건강을 회복하여 돌아오시기를 바랍니다.' 라고 쓰여 있지요."

베버는 슈바벤의 삼림도시 우라하에서 선량하고 소박한 사람들에 둘러싸여 이렇게 조용히 여러 달을 보냈다. 11월의 회색 안개가 화사한 가을 풍광을 가릴 즈음 베버는 빛과 기쁨이 충만한 남쪽으로 마음이 쏠렸다. 마침 베버 부부는 이곳에 입원한 제자와 함께 어울려 코르시카 여행길에 올랐다. 이 젊은 제자는 정신병으로 이곳에 입원하고 있었다. 행선지는 기후가 온화한 아자크치오였다. 흰 눈을 머리에 이고 있는 산을 배경으로 올리브·유칼리·사보텐의 품위 있는 회녹색이 경사면을 뒤덮은 숲이 이 섬을 라벤더의 그윽한 향기로 감싸고 있었다. 산이 둘러싸고 바다가 바라보이는 아름다운 호텔은 손님도 없이 텅 비어 있었다. 이곳에서 그들은 마음의 안정을 얻었다.

로마로 여행

3월에 베버 부부는 로마로 갔다. 그들이 보호하고 있는 청년도 동행했다. 이 도시의 낡은 돌조각 하나도 모두 그의 역사적 상상력에 무언가를 말해주려는 듯 그를 강렬하게 자극했다. 이것은 그 어느 치료법보다도 좋은 방법이 되었다.

로마에 장기간 체류한 다음 베버 부부는 부담이 되는 청년과 헤어져 부부만이 남이탈리아를 여행했고, 한여름에는 다시 고지의 공기를 마시고 싶어서 스위스의 그린델발트로 가서 피서를 했다. 하지만 다시 건강에 악영향을 미치기 시작했다. 남쪽에서 진정되었던 악령이 그 사슬을 끊고 다시 광분하기 시작해서 불면, 흥분, 불안 등 사람을 괴롭히는 악마들이 튀어나온 것이다.

가을이 되어 베버 부부는 세 번째로 로마에 갔다. 여기서 겨울을 날 참이었다. 마음씨 좋은 이탈리아인 가족이 그들에게 조용한 은둔처를 마련해주었다. 헬레네가 그들을 찾아와서는 아들이 이제는 병에서 회복되고 있음을 보았다. 헬레네가 도착한 후 그는 다시 책을 읽기 시작했다. 미술사에 관한 책이었다. 이때 그는 예술가협회 도서관에서 한 권 한 권씩 빌려서 읽었다.

1902년 부활절 무렵 베버는 로마와 작별하고 고국에서 가까운 곳으로 옮겼다. 고국을 떠난 지 2년 가까운 세월이 흘렀고, 4년이라는 투병기간을 보내고 난 지금 다시 하이델베르크에서 생활을 시작하기로 했기 때문이다. 물론 강의를 할 힘이 자신에게는 없는 것 같았고, 완전히 쾌유가 된 것도 아니었지만, 여하간 기분이 아주 경쾌해졌고, 정신생활도 되돌릴 수 있을 것 같았다. 특히 그는 영원의 도시(로마)의 태양과 장관으로 해서 역사에 젖어있는 시간을 즐길 수가 있었고, 거의 1년에 걸친 이런 시간들이 그의 삭막한 삶에 보람을 가져다주었던 것이다.

그는 제2의 고향인 이 남국과 이별을 고하고 떠났다. 하지만 알프스에서 고생스럽게 긴 겨울을 보내면서 이 제2의 고향에 대한 향수의 정을 억누를 길이 없었다. 그는 잠시 피렌체에 머무르며 그곳에서 다시 한 번 퇴직원을 냈다.

"막스가 이번에야말로 진정으로 정교수직을 그만두고 명예교수에 머무르겠다고 신청했습니다. 이렇게 되면 당국에서는 은급恩給을 줄 의무가 없게 되지요. 분명 그렇게 하는 것이 좋은 일일 것 같습니다. 나 자신도 그가 또 다시 특별휴가를 받고 그 때문에 구차스럽게 보이는 것을 바라지 않습니다. 사직원의 내용을 불러주는 것을 받아 적고 있노라니 나는 아주 비철학적이고 비기독교적 격정에 사로잡혀 울고 말았는데, 이 눈물을 보고 막스는 언짢아했지요. 물론 나는 조금 부끄럽기는 했지만 그렇다고 그토록 심히 부끄러울 것은 없었지요."

귀국, 새로운 생산 생활의 시작

베버는 마치 날개가 부러진 매와 같은 모습으로 서른아홉 번째 생일에 귀국했다. 고국의 공기는 그를 따뜻하게 감쌌다. 동료와 친구들은 그가 많이 쾌유했다고 보았고, 불원간 예전과 같이 완쾌할 것이라 믿었다. 얼마 안 있어 아내는 다음과 같이 썼다.

"오늘 디트리히 셰퍼가 와서 당국이 막스에게 사표를 철회할 것을 권유하려 한다고 내게 말했다. 어떤 일이 있어도 그이를 묶어 두고 싶다는 뜻이다."

이렇게 체념과 희망 사이를 오가는 갈등이 있었다. 베버는 생활이 몹시 곤궁하게 되어서 마지못해 다시 한 번 감사하는 마음으로 사표 철회 권유를 수락했다. 그는 제미나르를 지도하고 학위시험에도 참가해야만 했다. 그는 집에만 칩거하면서 지냈는데, 트뢸치·헨젤·옐리넥·노이안 등이 방문할 때면 아내는 활발한 대화가 너무 오래 계속되지 않도록 부탁하는 형편이었다.

그때부터 창조적인 새 국면이 시작되었는데, 예전과는 완전히 성격을 달리하는 것이었다. 그는 최초로 중요한 논술을 썼는데, 『로셔 및 크니스와 역사적 국민경제학의 논리적 제문제』에 대한 논문이었다. 이 논문을 쓰게 된 동기는 외적인 데에 있었다. 즉 하이델베르크 대학 철학부가 대학기념제를 계기로 논문집을 출판하기로 계획했었는데, 베버에게 기고를 부탁했던 것이다.

그런데 이 문제는 오래 전부터 그가 생각해 오던 바였다. 그 무렵 하인리히 리케르트의 자연과학적 개념 형성에 관한 저서 2권이 간행되려 하고 있었는데, 이것이 그의 마음을 자극하였던 것이다. 반년 전 그는 피렌체에서 이 책을 읽고서 여기에 대해 아내에게 이렇게 썼다.

"리게르트를 다 읽었소. 참 좋았소. 나는 여기서 논리적으로 세련된 형식은 아니지만 어디까지나 내 나름대로 생각해 왔던 사실을 상당히 찾아냈소. 용어에 대해서는 다소 의구심을 품고 있기는 하오만."

하지만 이건 참으로 불행한 일이었다. 그가 전공과 역사의 사고방식에 관한 검토에 힘겹게 손을 대는 동안 너무 방대한 것이 되었고, 따라서 일정기한에 완성될 수 없었다. 그 때문에 이 일은 그에게 상당한 고통을 안겨주었다. 그는 아직도 일을 해내기에는 불안정했기에 그의 두뇌의 상태가 좋은 날에만 논리적 문제로 인해 생기는 긴장을 겨우 견뎌내기 때문이었다.

"우리들의 머리 위에는 또 다시 어두운 구름이 덮여 있습니다. 막스는 거의 2주일이나 피로에 지친 채 아무 일도 못하고 있어요. 잠도 못 이루고, 머릿속에서는 이미 구상되어 있지만 일을 중단하지 않을 수 없게 되었어요."

그래서 모든 일이 하루에 몇 시간을 일할 수 있느냐 없느냐 하는 문제에 달려 있게 되었다. 그런지 며칠 후 베버는 이렇게 말했다.

"염증 나는 시험 때문에 하룻밤도 못 잤다. 그런데도 크리스마스까지는 세

번의 시험이 남아 있다. 오늘 날씨는 맑아서 리비에라처럼 따뜻했다."

베버는 약속을 지킬 수가 없었다. 이것이 그의 일상생활에 무거운 부담을 주었다. 거기에다가 음울한 겨울날이 계속되었다. 그의 마음은 다시 햇살과 따뜻한 기운이 감도는 남국으로 향하기 시작했다.

일진일퇴의 병세와 베버의 사직

희망에 차서 지냈던 이 1년 동안의 햇볕은 다시 먹구름 속으로 빠져 들고 말았다. 닥치고야만 말 일, 즉 퇴직할 결심을 갖고 그는 때때로 어려운 교섭을 했지만 그 자신 역시 그것이 어떻게 낙착 될지 모르는 일이었다. 3월 초에 그는 다시 로마로 도피하고 말았다. 그런데 로마도 이번에는 기분을 전환시켜서 그의 병을 고쳐 주는 것을 거부하는 것만 같았다. 베버는 이제 이곳의 구석구석을 모두 다 잘 알고 있어서 그의 마음을 끌만한 것을 하나도 찾아내지 못했다. 이제 인상의 힘은 사그라지고 말았다.

"막스는 역사학대회에서 몇몇 강연만을 들었을 뿐 토론에는 참가하지 않았습니다. 그날 대회가 끝나고 외국인이 방문하여서 그는 아주 밀도 높은 대화를 나눴습니다. 나는 그의 의론의 기묘함에 다시 한 번 놀랐습니다. 그가 얘기하는 것을 듣고 있노라면 자연스레 손을 머리에 올리고 저런 사람이 강의를 안 하고 있다는 것을 상상조차 할 수 있을까 하고 생각합니다. 이미 우리가 이곳에 온 첫날 아침에 칼스루에 출신의 참사관인 뱀이 와서 베버가 너무 속단을 내리지 않도록 친절한 말로 권유했지요. 하지만 막스는 완강하게 버텼고, 결국 10월에 퇴직하여 명예교수가 되어 아주 작은 강의나 맡기로 합의가 되었지요. 그런데 막스는 명예교수라는 명칭이나 강의의 위촉도 자기가 학부 교수회의에서 의석과 발언권을 갖고 있어야만 의미가 있다고 말했으며, 또 이러한 제안은 학부에서 다룰 문제이지 정부에서 주장할 일은 못된다고 했지요. 뱀은 그래서 학부 교수단에 보내는 그의 제안 속에 교수회의는 막스에게 의석과 발언권을 주어도 좋다고 해석할 수 있는 문구를 넣었어요. 그러나 서류를 발행하는 학부장은 고의에서인지 어쩐지는 몰라도 하여간 이 문장을 그렇게 해석하지는 않았지요. 그래서 막스가 바란 문제 해결 방법은 완전히 무시되고 만 것이지요. 그러자 그는 일이 이렇게 된 것에 대해 정말로 격앙해서 명예교수의 명칭도 강의 위촉도 거절하고 말았어요."

이로써 베버는 남자로서 한창 나이에 그의 왕국으로부터 추방되었다. 외적인 의미에서 그의 전도는 이제 없어지게 되었다. 비참한 전락이었다. 그러나 그는 이를 중대사로 보지는 않고서 이렇게 말했다.

"나는 퇴직이라는 사실을 실상 비극적이라고 생각하지는 않는다."

새 국면의 전개

사직으로 인한 좋은 영향이 그렇게 빨리 나타나지는 않았다. 몇 년 동안 기다리고 바랐던 일이 막상 실현되었지만 퇴직 생활은 역시 부정할 수 없는 중대성을 지니고 있었으며, 장래에 예전의 활동을 자유롭게 다시 해보려는 마음도 약화되고 있었다.

"이제 막스에게는 교육활동에의 복귀는 전혀 매력 없는 일이 돼버렸다는 인상을 받고 있습니다. 그를 학부에 머물러있게 하지도 않았고, 학위수여에 참여하는 권리마저 주지 않았기 때문입니다."

거기에다가 그는 고심참담한 방법론상의 과제인 '로셔와 크니스'를 안고 있었다. 이것은 베버를 처음으로 구체적인 자료를 조형하는 작업에서 떼어내 광범위한 논리적 문제 속으로 끌고 들어가 이미 짜놓았고 부분적으로 낡아버린 사상의 그물을 비판적으로 천착할 것을 강요했다. 그 일은 자체로는 흥미를 끌지 못했다. 현실에 대한 새로운 통찰은 여기서는 일어날 수 없기 때문이다.

가을이 되어 그와 전공이 같은 그룹이 함부르크에서 사회정책협회의 회의를 소집했을 때 베버는 여기에 다시 참석할 마음의 여유를 갖지 못하였다. 예전에는 일찍이 이 자리에서 광채를 발하던 그였지만 지금은 단지 방청객에 지나지 않았다. 하지만 그는 오랜 지인들과 전문적인 얘기를 나누면서 이 회합을 대단히 즐거워했다. 좀바르트나 브렌타노 등 여러 지인과 함께 헬고란트에까지 가서 흥미진진한 의견교환을 할 정도였다. 물론 이것은 그의 정신을 혹사시켰으며, 이 때문에 불면증이 재발했지만 말이다.

정신은 한층 고뇌를 겪으면서도 반역하는 신하, 즉 육체에 대한 지배권은 계속 주장했다. 베버는 이 무렵 두서너 주일 밖에 일을 계속할 수가 없어서 짧은 여행을 하면서 침체기의 허무감에서 빠져나오기도 했다. 1903년에는 여행의 횟수가 여섯 번이나 되었다. 연초에는 리비에라에서 그의 모습을 보았고, 3월과 4월에는 이탈리아에서 보았다. 그는 6월에는 스베닝헨에, 8월에는 네덜란드에, 9월에는 함부르크에, 10월에는 다시 네덜란드에 갔다. 새로운 것은 언제나 이미 알고 있는 것에서 얻을 수 없는 해방감과 신선한 기분을 가져다주었다.

네덜란드와 벨기에에 체재하는 동안 베버는 다른 때처럼 피로에 지치지는 않았다. 그는 단순히, 그리고 열심히 수용하는 것에 그치는 것이 아니라 보고 경험한 것을 모두 스케치 식으로 기록하려는 욕구마저 되찾았다. 이렇게 해서 그의 내부에 들어온 것은 모두 그의 저작 속에 그 흔적을 남겼다.

이 무렵(1903년 여름) 프리드리히 나우만은 선거전에서 다시 패배해서 급기야는 국민사회당을 해산하였다. 그러자 친구들이 서로 힘을 합쳐서 그 활동을 새로운 기반 위에 올려놓기 위한 정치잡지를 창간하든지 기존잡지를 편집하면 어떻겠느냐고 물어왔다. 그러자 베버는 가까운 친지들의 이러한 취지의 제안에 다음과 같이 회답했다.

"그처럼 실패를 했는데 다시 정치잡지를 편집한다는 것은 내부적으로 보나 외부적으로 보나 불가능합니다. 내가 참가한다는 것은 실제로 문제되지 않습니다. 그리고 나는 야페가 브라운으로부터 ≪아르히프≫를 매수한다면 좀바르트와 함께 그 편집에 참가하겠습니다. 발행자는 꼭 이 팀워크를 희망하는 모양입니다." (1903년 7월 17일)

야페와 사회과학 및 사회정책 잡지 편집

베버는 정치활동에 의해 발생되는 여러 자극에는 저항을 못한다고 느꼈다. 그 대신 그는 전공이 같은 후배이자 우인이며 그 무렵 엘제 폰 리히트호펜과 결혼한 에드가르 야페의 제안을 고려하고 있었다. 야페는 하인리히 브라운의 ≪사회과학 아르히프≫라는 학술잡지를 매수할 의도가 있었고, 좀바르트와 베버를 공동 편집자로 맞아들이려 했었다.

이런 활동이라면 그도 실제로 해볼 만한 것이었다. 그는 이렇게 해서 학자나 사회정책논자들의 광범위한 서클과 교제하게 되었고, ≪아르히프≫를 위해 새로운 협력자를 만들고, 각 방면의 논의를 불어 일으키기 위해 폭넓게 서신교환을 시작했다. 편집자는 전공을 같이하는 학자에 그친 게 아니라 인접분야의 학자들에게도 눈을 돌렸다. 왜냐하면 베버가 기초한 새로운 시리즈의 제1분책의 서문에 다음과 같이 쓰여 있었기 때문이다. 즉 잡지는 종래의 문제 영역(근대자본주의에 의하여 생겨난 상태의 학문적 통찰과 입법과정의 비판적 규명)을 확대하여 "자본주의의 발전이 갖는 문화의 일반적 의의에서 역사적·이론적 인식을 이 잡지가 의도하는 문제의 하나로 보아야 하며, 그러한 까닭에 인접 여러 학과, 즉 일반국가학·법철학·사회윤리학·사회심리학적 연구 및 보통 사회학이라는 이름 아래 총칭 되는 연구와 긴밀한 접촉을 갖지 않으면 안 된다"라고.

30년 전까지 해도 가장 뛰어난 사람들의 마음을 사로잡았던 사회적 사실을 알려고 하는 갈망에 이어서 일반적으로 철학적 관심에 눈을 뜨게 되고, 사회이론을 연구하겠다는 갈망이 생겨났지만 자신이 할 수 있는 범위 안에서 그 갈망을 채우려는 것이 ≪아르히프≫의 장래의 주요 과제의 하나가 될 것이다.

"우리는 우리의 전공 영역에서 좁은 의미로 이론이라고 이름 지어진 연구형식, 즉 명석한 개념 형성과 마찬가지로 철학적 관념에 의한 사회적 제 문제의 연구마저 고려하지 않으면 안 될 것이다. 우리는 그러므로 인식비판과 방법론의 학문적 작업을 끊임없이 계속할 것이다."

이리하여 이 잡지는 경험적 사회과학의 이론과 함께 과학철학과 사회현상이 의미하는 철학적 해석도 포함할 정도로 큰 테두리가 형성되었다.

베버는 이제 잡지를 위해서 글 쓸 의무와 유혹을 느꼈고, 모든 장애와 동요에도 불구하고 여러 가지 업적을 쌓았다. 1903년 여름에 드디어 로셔 및 크니스에 관한 논문을 탈고해서 슈몰러 연보에 발표하였다. 1904년 초 그는 새로운 시리즈의 제1분책을 위해서 『사회과학적 및 사회정책적 인식의 객관성』에 대한 방법론적인 원칙론 표명으로 구상된 논문을 완성했다. 공백기를 보낸 후 베버는 이전부터 계획했던 농업정책적인 관심 영역과 구체적인 입법 문제를 연결하는 새로운 논문인 『프로이센에 있어서의 세습재산 문제의 농업 통계학적 및 사회정책적 고찰』의 집필에 착수했다. 이 논문은 초여름에 발표되었다. 이 때에 베버는 보다 더 중요한 대작, 즉 『프로테스탄트의 윤리와 자본주의의 정신』을 준비하고 있었다. 이 노작의 제1부는 《아르히프》의 가을 분책에 게재되었다. 그러므로 1904년 가운데 9개월은 각각 전혀 다른 분야에 속하는 3편의 큰 논문과 중요한 강연이 행해졌던 것이다.

1년 전까지만 해도 그를 억누르던 음울한 압박감이 이렇게 서서히 사라져 갔다. 구름 사이로 간간이 높푸른 하늘이 트이고, 그 하늘에는 창조자의 별들이 새로이 반짝여 오고 있었다.

베버 부부의 미국 여행과 그 인상

비교적 오래 계속된 휴지기가 있었으나 1904년 한여름에는 베버에게 기쁜 소식이 찾아 왔다. 예전에 프라이부르크 대학에서 심리학자 겸 철학자로 있던 후고 뮌스터베르크가 수년 전부터 하버드 대학에서 활동하고 있었는데, 세인트루이스 박람회를 계기로 그 지역에서 학술대회를 개최하기로 하였던 것이다. 그는 독일대학의 많은 학자들에게 초청장을 보냈는데, 베버와 그의 하이델베르크 대학 친구인 트뢸치와 헨젤 그밖에 여럿이 거기에 포함되어 있었다. 각자 저마다 많은 금액의 사례를 받고 강연을 하기로 되어 있었다. 신세계에 대한 이러한 전망은 베버에게는 큰 유혹이었으므로 그는 모든 걸림돌과 주저함을 물리치고 아내과 함께 여행길에 오르기로 결심했다.

부부는 8월 말에 배를 탔다. 유머감각이 뛰어난 에른스트 트뢸치도 일행에 가담했다. 9월 어느 이른 아침, 창공 높이 치솟은 마천루를 보면서 배는 드디어 뉴욕 항구로 들어갔다. 그들은 이 나라의 '자본주의의 정신'을 가장 인상적으로 상징하는 맨허튼 한가운데의 아일랜드 상업구에 있는 21층짜리 호텔로 향했다. 이곳은 이탈리아의 로마·피렌체·나폴리와는 완전히 달랐다. 신세계에 대한 격렬한 그의 흥미는 지금까지 습관처럼 여기던 쾌적함이 없다는 것을 유념할 여유조차 주지 않았다. 그는 애정을 갖고 이해하고 될 수 있는 한 많은 것을 섭취하려고 했다. 그는 헬레네에게 편지를 써서 이렇게 말했다.

"나는 마천루를 추악하다고 보지는 않습니다. 멋대가리 없는 파사드(건축물의 주된 출입구가 있는 앞면-편집자)가 있는 우리나라 큰 아파트를 10개 정도 포개 놓은 꼴 밖에 안 되죠. 그것들은 도적의 산채가 있는 문양이 새겨진 바위와 같은 모양을 하고 있으며, 그래서 아름답다고는 할 수 없을지언정 그러나 미의 반대는 아니며, 미추를 초월해 있어서 가까이서 보면 이 나라에서 벌어지는 일 이상으로 그럴듯한 심벌은 나의 상상으로는 생각할 수 없을 것 같습니다."

수 일간 뉴욕에 머무른 베버 부부는 허드슨 강을 타고 올라가 나이아가라 폭포에까지 이르렀다. 다음 예정지는 시카고였다. 이것은 뉴욕 이상으로 아메리카 정신의 결정체라고 할 수 있는 거대도시였다. 대리석이나 브론즈로 만든 호화건축물 속에서 자랑스럽게 뽐내는 새로운 부, 황량한 거리의 뒷골목을 감도는 빈곤, 모든 인종이 뒤섞여서 벌이는 휴식 없는 활동, 잠시도 숨 쉴 새 없는 이익추구, 매일 수천의 인명에게 까닭 없는 위험으로 내모는 인간 낭비, 끊임없는 건축과 파손, 그리고 일대의 혼잡으로 이루어지는 아비규환과 돌, 초목, 창공, 은색의 별빛을 검게 먹칠하는 농밀한 연기 등. 베버는 이렇게 기록했다.

"내가 묵고 있는 호텔 근처에서 백주에 담배상인 한 사람이 살해당했습니다. 그리고 저녁 무렵 지하철 안에서 세 명의 흑인이 강도를 벌이는 등등, 말하자면 기묘한 문화의 번영입니다. 여러 민족이 어울려 갖가지 행태를 벌이고 있습니다. 그리스인은 길거리 아무데서나 양키의 구두를 5센트에 닦아주고 있으며, 독일인들은 양키의 급사 노릇을 하고, 아일랜드인들은 이들을 위해 정치를 맡고, 이탈리아인들은 가장 더러운 궂은일을 맡아 합니다. 런던보다도 넓은 거대한 이 시 전체는 말하자면 피부를 벗겨내어 내장의 움직임이 밖에서 그대로 보이는 인간 같습니다. 실제 눈으로 볼 수 있습니다. 저녁 때 시내의 한 모퉁이에 들어서면 쇼윈도에 앉은 창녀들이 전등불 아래에서 가격표를 들어 보이고 있습니다!"

베버 일행은 다시 작열하는 초원을 가로질러 긴 여정에 올라 세인트루이스에 도착했다. 이곳에서 여행자들은 한 독일계 미국인의 환대를 받았다. 베스트팔렌 출신의 가난한 농부였던 그 주인은 자수성가하여 지금은 유복한 편이었다. 여행자들은 졸업장을 요구하지도 않고 의지와 능력만 있으면 칼로이카가토이(Kaloikagathoi, 그리스인이 교양의 이상으로 삼은 미와 선의 융합을 구현한 사람을 이른다)의 층에 이를 수 있게 하는 민주주의가 어떤 타입의 인간을 우대하는지 하는 좋은 실례를 볼 수 있었다. 박람회의 독일관에서 베버는 '과거와 현재의 독일의 농업사정'에 대해 강연했다.

세인트루이스에 있던 그들은 다시 남부의 여러 주에 마음이 끌렸다. 남부에서 할아버지 전처소생의 후계자들을 방문할 예정이었다. 오클라호마시티를 떠나 뉴올리언스에까지 이르러 미국의 토착 프랑스문화를 돌아본 베버 부부는 다시 동부 여러 주의 문화중심지인 필라델피아·워싱턴·볼티모어·보스턴 등지를 돌아보았다.

이런 여정을 거쳐 뉴욕에 돌아옴으로써 그들의 장기 미국 체류는 끝났다. 드디어 작별할 때가 왔다. 화살처럼 시간이 흘러 벌써 그 해도 저물어가고 있었다. 그들 부부는 크리스마스에 귀국길에 잎시 브루클린 브리지를 다시 한 번 보고, 또 맨해튼 선단에 비치는 바위산의 열처럼 거대한 건축들의 윤곽을 통해 지난 동안의 기억을 되살렸다.

Chapter 5

새로운 **창조**의 국면

베버의 사상과 인격

이 장에서는 학문적 전문가가 아닌 사람들에게 베버의 사상 세계를 다소나마 소개해 보고자 하는 바, 그럼으로써 사람들이 그의 정신이 어떤 것인가를 상기하게 되고, 더욱이 그의 인격에 관한 지식을 넓히고 이해할 수 있을 것이라고 본다. 그의 학문적 업적은 방대한 것이어서 그의 사고의 과정에 뛰어들어 그 다루기 힘든 저작을 직접 뒤지지 않고는 그의 학문 활동이 어떤 것인가를 알 수가 없다. 여기서 다루는, 그의 저술로부터 이끌어낼 수 있는 내용은 본질적으로 학문적 인식과 생활을 규제하는 신조와의 한계선, 즉 관조적인 힘과 실행적인 힘이 아주 밀접하게 접근하는 지점에서 생겨난 것이다. 그렇다고는 하지만 이것도 콸콸 솟아나는 샘에서 표주박에 뜬 물에 지나지 않는다. 어떻든 표주박의 물은 샘에서 떠낸 것이다. 그러나 샘의 진정한 모습은 표주박 속에 있는 것은 아니다.

막스 베버의 인식세계의 형성과정에서 창조의 충동 제1기는 주로 현실 그 자체의 특정한 측면, 즉 법률사 및 경제사의 사회경제적 내지 정치적 의미에서 중요한 여러 과정에 집중되었다. 초기 저작 속에 나타나 있는 것은 본질적으로 지칠 줄 모르는 자료의 추구와 현존하는 것 아래에 숨겨진 존재의 생성 진행에 깊이 마음 끌리는 한 사람의 젊은 역사가상이다. 그러면서도 한편으로는 그 당시의 정치적, 사회적인 여러 문제 역시 그의 마음을 사로잡았다.

우리들은 그가 독일 농촌주민의 지배관계와 소유관계에 따라 미치는 결과 내지 중대한 추이를 발견한 연구 성과를 국민국가의 이상에 종속시키고, 그리고 존재사실에 대한 판단을 그 이상과 비교함으로써 이 판단을 정치적 목표설정에 원용하려 한 것을 보았다. 자료 선정의 주도적인 관점은 무엇보다도 우선적으로 정치적 정열이었고, 이어서 육체노동에 종사하는 서민층에 대한 정의감이었다. 또 문제는 인간의 행복이 아니라 그 실현이 만인에게 가능한 것이 되도록 하는 궁극적이며 최고의 가치를 자유와 인간의 존엄이라는 확신에 두고 있었다. 일찍부터 여러 방면에 통효通曉해 있었던 덕분에 베버는 학문적 · 이론적 관련성을 해명하는 데에는 물론이거니와 실천적 · 정치적인 관련성을 해명하는 데에도 방대한 관찰 자료를 활용할 수가 있었다.

그 후 오랫동안 극복하기 어려운 중대한 위기를 거치고 난 후인 1902년에 베버의 창조적인 충동은 지금까지와는 전혀 다른 별개의 정신 영역으로 향하게 되었다. 그는 대학교수 및 정치가로서의 활동적인 생활에서 벗어나 고요히 서재의 관상적인 생활에 몰입하게 된 것이다. 이제 그는 사상가로서 현실의 배후에서 한 발 물러서서 사고한다는 생각, 그의 학문의 논리적 · 인식론적 여러 문제에 몰입한 것은 외적인 기연機緣 때문인가, 아니면 내적인 필연성 때문인가? 어쨌든 그것은 외부로부터의 자극도 여기에 작용한 것은 사실이었다.

하이델베르크 대학 철학과 동료들이 대학 개혁의 축전을 위해서 기획된 기넘논문집에 그도 어쩔 수 없이 기고했다. 그는 『로셔 및 크니스와 국민경제학의 기초』(1902년)라는 논문 집필에 착수했다. 이 논문을 써가는 동안 그는 점점 방대해져서 강렬한 두뇌의 긴장이 필요했다. 이 일 때문에 병에서 완쾌하지 못한 베버는 고통스러웠다. 특히 소기의 목적을 달성할 수 없다는 점을 깨달았을 때 한층 더 그러했다. 그는 다른 대다수 논리적 논문과 마찬가지로 이 일을 결국 완결 지을 수가 없었다. 새로운 과제는 여러 가지 양태로 그를 몰아세웠으며, 병의 회복도 늦어졌고, 일을 할 수 있는 힘이 몇 년째 확실히 생기지 않았는데, 끈질긴 장애를 극복하고자 하면 항상 새롭고 강한 자극을 필요로 한다고 스스로가 생각한 때문이었다.

논리학적 · 철학적 문제

더 말할 나위조차 없이 철학적, 또 논리학적 여러 문제에 대한 베버의 관심은 앞에서 말한 바처럼 기연에 의해 처음으로 생겨난 것이 아니라 우리는 그러한 관심이 그의 성장기 전체에 걸쳐 정신생활에 깃들어 있었음을 알게 된다. 전문영역 안에서도 항상 역사적 사실과 마찬가지로 이론이 그의 관심을 끌었고, 국민경제학 이론에 대한 그의 강의도 정밀한 개념의 토대 위에서 조립되었다.

그의 프라이부르크 대학 취임연설은 철학적 문제에 대한 최초의 의견 표명이었다. 이 강연의 실제 자료는 학설로써 민족경제정책의 가치척도는 무엇인가 하는 물음을 중심으로 배열되었다. 이 학문 분야에서는 무엇이 있었고 무엇이 있는가 하는 이론적인 물음은 무엇이 있어야 하며 무엇이 있게 될 것인가 하는 또 하나의 물음에 대한 답을 이끌어내지 않으면 안 되는 까닭에 자기 자신의 주도적 이념을 명확히 하는 것이 특히 긴요했다. 왜냐하면 학자는 사회의 존재 형태 결정에 크게 참여하기 때문이다. 학자의 주장이나 견해는 입법이나 소유권제도, 수공업노동자층 형성에 대한 평가 및 기타의 일에 영향을 미친다. 학자의 사고는 사회 형성에 대하여 책임의 일단을 지고 있다. 당시 사회과학 영역의 일반적인 방향은 다음과 같은 것이었다. 즉 학계의 노대가들, 특히 영국의 정치경제학 창시자들에게는 부의 증대에 의한 욕망 달성량의 상승, 그렇기 때문에 어떠한 일이 있어도 경제적 재화의 산출을 촉진하는 것이 자명한 목적으로 되어 있었다. 그 후 그 이상에 근거를 두고 '여러 힘의 자유로운 경합'이 아무런 자제나 분별없는 영리 충동으로 그대로 드러나 무산자에 대한 착취가 공공연하게 자행되자 젊은 세대 학자들 대부분은 이와는 별개의 방향으로 향하게 되었다. 우리가 본 바와 같이 그들은 '강단사회학자'가 되었다. 이제 와서 국민경제정책의 목표가 되고 있는 것이 재화의 공정한 분배였으므로 이는 하나의 도덕적 의무의 실현으로 나타나게 된 점이다.

베버는 취임연설에서 독립적인 이상은 국민경제학의 소재영역에서 제거할 수는 없음을 우선 밝히려 했다.

"실로 그것은 인류의 여러 이상의 오래된 일반적 형태로써 우리는 그것을 우리의 학문 소재에도 적용하고 있다."

그래서 그는 정치경제학은 생산기술적, 또는 행복론적, 아니면 마지막으로 도덕적인 이상이 아니라 국가적인 이상을 지향하지 않으면 안 된다는 신조를 밝혔다. 한 특수과학의 기본사상과 이러한 최초의 만남에 즈음하여 물론 논리적 문제는 아직 취급하지 않았다고 해도 의식적으로 어떤 목표를 지향하는 학설의 방향 설정이 논술되고 있다. 즉 경제적 또는 정치적인 행동의 결정에 참여하는 사고라는 것이 분명하게 밝혀져야만 한다는 점이다. 이것은 진정 피가 통하는 문제였다.

새로운 단계에 들어간 최초의 논문에서 연구 대상은 어떤 의욕을 가진 인간이 지향하는 방향에 관한 것이 아니라 학문적 진리에 관한 사고였다. 이것은 현실과는 직접 관계가 없는 과제이다. 그 이래 베버는 논리적 문제를 천착하는 노력을 한 번도 멈춘 일이 없다. 그리고 그의 최후의 노작에 이르기까지 그렇게 계속된다. 하지만 로셔나 크니스에 대한 논문의 처음 부분을 발표한 뒤 곧 그는 이 일을 부업의 위치로 따돌리고 말았다. 다름이 아니라 그는 고요한 서재에 들어 앉아 세계사적인 것을 해보겠다는 욕망에 사로잡혔기 때문이다. 그것은 모든 중요한 세계사적 사건으로부터 될 수 있는 한 많은 것을 파악해내 조형하겠다는 충동이었다. 우선 베버의 마음속에 자리 잡은 논리학적 문제란 무엇일까를 소개하고, 그것에 의해서 그의 정신적 인격 가운데 인식자와 의욕자가 그 근본 위치에서 파악할 수 있는 지점으로 통하는 실마리를 찾아내는 시도를 해야만 되었다.

베버가 1903년부터 1918년까지의 기간에 발표한 문화과학의 논리에 관한 논문 대부분은 비판론적 논쟁으로 출발하고 있다. 베버는 다른 사람의 오류를 간파하고 이를 반박함으로써 자기 자신의 견해를 전개한다. 이 경우에도 그는 천성적인 조형성과 많은 현실을 철저하게 흡수한 사고력이 중요한 역할을 했다. 어려운 논리적 분석도 항상 눈에 보이는 듯 생동하는 실례를 들어 설명하였다. 이 실례들은 긴 문장 때문에 이해가 쉽지 않고 일반적으로는 접근하기 어려운 이들 저술이 갖는 생각 밖의 개성적 매력으로 이루어져 있다. 다시 말해서 예컨대, 그가 쉬타인 부인한테 쓴 괴테의 편지에서 하나의 문화현상이 놀랄 만한 다종다양한 견지에서 '역사적으로 중요'한 것이 될 수 있는가를 밝힐 때나, 혹은 스카트(Skat, 독일의 카드 게임–편집자)를 할 때 여러 가지 예를 들어 규범이라는 개념이 근본적으로 다른 의미를 갖는다는 것을 설명한다든지, 어머니가 아이의 빰을 때렸을 때 나중에 어떤 이유를 붙이고 있는가 하는 등등 아주 구체적인 사례를 들어 자신이 경험한 바의 인식은 단순한 경험의 반복이 아니라 사고의 규범에 의하여 형태가 이루어진 것이라는 점을 증명하려 할 때에 엿볼 수 있다.

자신의 사고의 결과를 계통적으로 엮어내는 것은 베버에게는 아무런 의미도 없었다. 그는 사실 논리 전문가가 될 생각은 없었기 때문이다. 그러므로 그가 방법적인 이해를 그처럼 높이 평가했다고 해도 그 자체로서가 아니라 구체적인 여러 문제의 인식가능성을 분명히 하는데 없어서는 안 될 도구라고 보았기 때문이다. 그래서 그는 자기의 풍요한 사상을 개진하는 형식에는 아무런 비중을 두지 않았다. 막대한 양이 한번 유출하기 시작하면 그의 정신 저장실에서는 너무나 많은 것이 밀어닥치기 때문에 명쾌한 문장으로 간단히 엮어낼 수 없을 때가 빈번했다. 그런데다가 그에게는 현실 영역에서 항상 새로운 문제가 떼 지어 몰려와 빨리 그리고 될 수 있는 한 짧은 말로 표현해야 한다고 생각했다. 같은 계통의 수많은 사고계열을 일시에 표현할 수 없다니 이것은 추론사고의 부자유성을 말해주는 것일까! 그런 이유에서 많은 내용을 긴 문장 속에 압축해서 집어넣었고 거기에 들어갈 수 없는 것은 각주를 달지 않으면 안 되었다. '미안한 일이지만' 이를 읽는 독자도 그 자신과 마찬가지로 똑같은 고통스러운 수고를 겪지 않을 수 없다. 때때로 이 즉흥적인 연설의 명인도–인연이 멀지라도 자신이 실제로 그것을 보는 듯 눈앞에 끌어들이는 진정 놀랄 만한 언변을 갖고 있었지만 전혀 수사법을 활용치 않고 아무런 기교도 없이 단순한 말솜씨로 기대 이상의 큰 효과를 거두는 이 명인이 자신의 학문적인 문체를 고의로 등한히 하는 것처럼 보이기도 했다−형식적 가치에 과도한 중점을 두어 학문적 작품에 예술적 작품 성격을 부여하려는데 시간을 헛되이 소모하는 시류에 항의했다. 베버는 이 문체미학 가운데 서로 다른 법칙에 속하는 여러 정신 영역이 섞여 있음을 인정하고, 특히 이런 경우에 흔히 쓰는 '표현방법의 조작'과 '개성적인 표현방법'을 어떻게 하든지 나타내려고 하는 경향을 싫어했다. 그는 자주 "지智와 정념은 기교를 부리지 않고도 스스로가 드러난다"는 파우스트의 말을 인용했다. 용어는 대상에 걸맞지 않으면 안 된다. 하지만 그 구체적인 목적을 일탈할 정도로 과장해서는 안 된다.

자연과학과 문화과학

베버의 당면한 논리적·인식론적 중심문제는 딜타이·빈델반트·지멜·하인리히 리케르트 등으로 대표되는 당시 철학자 및 논리학자가 참가한 이른바 자연과학과 정신과학의 대규모의 대결에 관한 것이었다. 그 의론은 범주를 벗어나 다시 경험과학에까지 번졌다. 자연과학의 거대한 성과에 의해 형이상학에서나 개인적인 우연성에서 해방된 현실 전체의 합리적 인식이 가능하다는 신조가 생겨나게 되었다. 하나의 보편적인 방법이 현실의 전 영역을 지배할 수 있고, 지배하지 않으면 안 되었다. 그리고 이 방법에 의한 성과만이 진리로 인정되어야 한다는 사실을 요구했다. 이 방법에 의하여 포착할 수 없는 것은 학문의 테두리에 넣을 수는 없으며, 그것은 예술이라는 것이다. 방법 및 세계관으로서의 자연주의가 삶과 사상 전 영역에 걸친 독점적 지배권을 요구했다. 정신과학 측의 자기방어는 자기의 특성 및 독립성을 증명하기에 이르렀는바 그것은 우선 그 소재영역이 서로 다르다는 점에서 출발한 것이다.

사회과학 영역에서는 방법론이 특히 격렬한 논란을 빚었다. 왜냐하면 그 대상인 인간행동은 자연의 여러 과정에 의존하고 있음이 분명하면서도 자연적인 것과 정신적인 것의 경계에 위치해서 자연의 영역에 들어가든 자유의 영역에 들어가든 어느 것이나 타당한 것으로 볼 수 있기 때문이다. 그런 까닭에 국민경제학의 고전학파와 역사학파 사이에는 어떤 타협의 실마리도 보이지 않을 정도로 팽팽한 대립만이 있었다. 고전파의 지도자인 안톤 멩거는 인식대상을 정신과 자연에 따라 나누는 구분은 논리적으로 불충분하다고 일축했고, 그 대신 동일의 현실 소재가 그 근저에 이론적으로 취급될 수 있다는 관점을 내세웠다. 그런 까닭에 그는 국민경제학을 자연과학 속에 포함시켰다. 그는 국민경제학에 경제생활의 목적 발견의 목적을 부여하고, 따라서 그 법칙이 자연법칙과 같은 성질이라는 점을 확신했다. 추상적인 개념이나 학설 – 현실은 그들 가운데서 사고에 의하여 도출된다 – 의 체계가 결국 사회의 여러 과정을 실천적으로나 정신적으로 지배하는 유일의 방법이라고 주장하는 것이다.

구스타프 슈몰러의 지도 아래 고전학파로부터 떨어져 나온 젊은 역사학파는 진정 거기에 반대했다. 그들은 경제학 및 사회과학의 탐구목적을 역사학의 목적과 마찬가지로 구체적인 현실의 특성을 눈앞에서 보듯이 재현하는데 있다고 보았다. 로셔나 크니스와 같이 중요한 국민경제학의 거장이 역사학파를 두둔하면서도 '민족경제의 자연법칙'을 끌어낼 수 있다고 믿는 사정 때문에 문제는 한층 분규를 낳게 되었다. 이러한 이유로 해서 예컨대 로셔는 여러 민족에서 나타나는 현상의 합법칙적 경과를 인정했다. 그리고 민족을 생물학에서처럼 인간과 같은 통일적이고 유類적인 존재라고 보아 역사의 경과를 몇 개의 연대층으로 분류하여 여러 민족의 청춘기·성년기·노령기, 그리고 죽음에 대하여 말했다. 이와 같은 공식으로 설명되지 않는 것, 즉 구체적인 인간의 행위나 그 영향은 설명 불가능한 형태로 자연법칙을 타파하고 나타나는 자유의지나 아니면 또 역사에서 신의 섭리라는 신비적인 배경에 속하는 것이라고 하였다.

베버는 이러한 상황이 그 자신의 전공 영역에서는 문제가 있었기 때문에 학문상의 자기 성찰의 과정으로 논리적인 작업을 시작했다. 그 때문에 필요한 사상의 도구는 동시대의 논리학과 인식론, 특히 하인리히 리케르트의 학문론에서 얻어 왔다. 그에게 있어서는 리케르트의 학문론 가운데에서 실제적인 가치평가와 이론적인 가치관계의 구별이 특히 중요했다. 그는 로셔 및 크니스에 대한 논문에 있는 리케르트의 개념구성이 국민경제학에 적용될 수 있는가 없는가를 시험해 보는 것이라고 했다. 그렇지만 그 자신의 방법론적인 사고는 마침내 그로 하여금 이 목표를 밟고 넘어서는 데까지 나아가게 했다. 그는 학문적 프로세스를 분명히 하기 위해서 모든 분야에서 논리적 문제를 들추어내었다.

이와 같이 그는 딜타이·지멜·뮌스터베르크·고틀·폰 크니스·에드아르트 마이어·슈타믈러 등등의 논문을 그의 연구 영역으로 끌어 들였다. 당시 베버는 리케르트의 문화과학적 논리학으로부터, 그리고 후에 이르러서는 그 자신의 사회적 방법에 의하여 보충되는 학설이지만, 여러 과학을 구분하는 것은 단순히 인식 소재의 차이뿐만 아니라 소재에 대한 관심 및 설명의 차이에도 의존한다고 보았다.

따라서 자연과학은 여러 현상에서 공통적인 것과 같은 종류의 것에 관심을 보이며 그것을 보편적 개념과 법칙이라는 보자기로 크게 감싸려는 것이다. 그러므로 보편적으로 작용하는 것에 대하여 개별적인 역사학 및 그것과 같은 종류의 학과의 관심은 구체적 과정 대상의 특성에, 그리고 그것만이 문화과정으로서 의미와 의의를 갖게 되는 곳으로 지향하게 된다는 설을 차용했다. 인간행위에 의하여 결정되는 이와 같은 과정은 리케르트가 자연과학과 확연히 구별지어 문화과학이라고 이름 지은 특수성격을 띤 법칙과학의 대상이다.

이해와 의미에 대하여

사회과학은 여기에 속한다. 왜냐하면 사회과학은 문화적으로 의미 있는 인간행동의 일정한 면을 대상으로 해서 그 인식목표는—자연과학의 그것과 같이—보편적 개념법칙의 체계가 아니라 구체적 여러 현상과 연관되는 특성인 바, 그 경우 물론 일어나는 사상의 개념과 질서는 역시 인식의 수단으로써 이용된다. 그래서 모든 대상은 보편적으로나 개별화적으로나 취급될 수 있기는 하나 외적 자연의 과정은 보다 더 전자의, 그리고 인간행동은 보다 더 후자의 관찰방법에 적합하다. 뿐더러 우리에게 있어서 인간행동은 독특한 자연과정에는 적용할 수 없는 정신적인 프로세스, 즉 의미연관의 해석을 가능케 하는 체험추구적인 납득을 통해서 접근할 수가 있다.

베버는 사회과학을 위해 딜타이와 지멜이 단서를 열었고, 뮌스터베르크가 그쪽으로 기울었으며, 또 베버와 전공이 같은 고틀이 국민경제학과 역사학에 대규모로 응용시키려고 한 납득 이론을 발전시켰다. 그는 처음으로 뮌스터베르크 및 고틀과 비판적으로 대결하여 거기서 얻은 자신의 독자적인 설을 나중에 특별 논문과 그의 주저인 방법론적 서론에서 논술했다.

베버에 의하면 납득과 설명은 대립하는 것이 아니라 서로 보완관계에 있는 인식수단이다. 납득 이론과 관련해서 의미 이론과 인간행동의 의미해석 이론이 나오게 된다. 명백하다는 느낌을 수반하는 이해에 의하여 접근할 수 있는 것은 우리에게 있어서 의미 깊은 것이 된다. 하지만 주의해야만 될 점은 역사적 문화과학이 추구하는 의미는 경험의 영역에 있다는 것이다. 그것은 행위자에 의하여 주관적으로 생각하여 얻어진 의미이다. 객관적으로 올바르다든가, 아니면 형이상학적 근거가 있는 진정한 의미는 결코 아니다.

베버는 자신이 '주관적으로 고찰한 의미'의 이론이 올바르게 이해되고, 그것에 의해 신앙과 이성, 증명할 수 있는 것과 증명할 수 없는 것을 나누는 '종이 한 장의 차이'가 분명하게 인식되는 것을 매우 중요시 여겼다. 왜냐하면, 가령 지멜의 예리한 문화현상 분석에서 간간이 엿보여지는 현상의 객관적 의미해석을 시도하는 것은 경험과학의 테두리를 벗어나는 것이며, 그 성과가 순수한 이론적 진리로 인정되는 것을 방해하기 때문이다.

실증할 수 있는 것과 실증할 수 없는 것 사이에 이처럼 엄격한 한계를 그은 인간은 문화과학에 있어 진리란 무엇인가 하는 문제에도 매우 철저한 태도로 임하게 될 것이다. 대체로 문화과학은 궁극적으로 실증할 수 없는 것, 즉 가치이념에 근저를 두고 있어서 주관적으로 변하기 쉬운 전제에 경험적으로 구속되어 있기 때문이다. 여기서 주관적이라는 표현의 의미는 어떤 현상을 문화적으로 의미 있게 하는 사실상의 유효한 가치 승인을 가부 간을 떠나 논증에 의하여 무조건 밀어붙일 수는 없다는 것이다. 변하기 쉽다는 말은 경직된 중국 식 정신생활이 변함없는 충실한 삶에 대하여 언제나 새로운 물음을 던지는 습관을 인류로부터 빼앗지 않는 한 여러 가치이념은 문화의 성격과 함께 완만하게 변해가는 것을 의미한다.

베버는 말한다. 출발점을 학문 외의 것에서 찾는 경험과학의 진리성은 처음에 납득 또는 직관으로 파악된 여러 연관들이 엄밀한 사고의 규칙, 특히 인과적 귀납의 규칙에 따름으로써 얻어지는 것인데, 여러 과정의 인과적 연계가 논리적으로 충분히 설명되어야 한다는 사실이다. "인과적으로 설명된 사실만이 학문적으로 처리될 수가 있다"는 생리학자 폰 크리스의 명석한 학설에 큰 힘을 얻은 그는 구체적인 여러 유효한 역사적 인식이 그것에 의해 생겨나게 된 복잡한 논리적 조작을 분석해서 그 출발점이나 그 인식목표의 차이에도 불구하고 자연과학과 문화과학은 같은 성질의 논리적 도구를 사용한다는 결론에 도달했다. 이것은 역사과학도 단순히 구체적 여러 연관을 천명하려고 노력할 뿐 아니라 나아가 원인과 결과의 관계성까지 밝히려 하기 때문이다. 뿐만 아니라 모든 영역에서 특수한 것은 문제가 된다. 자연과학은 모든 과정을 법칙에 따라 표본으로써의 여러 현상을 유類 개념 아래 분류하는 인간의 능력에 호소한다. 자연과학은 설명하고 개념이해를 한다. 문화과학은 개념이해를 하고 설명하고 납득한다. 물론 자연과학과는 달라서 개념이해를 하는 것이 목적이 아니라 보조수단이기 때문이다. 문화과학은 구체적인 것을 보다 잘 이해해서 설명하기 위해 현상이 일어나는 규칙을 탐구하고 보편개념을 구성한다.

이념형 문제

　문화과학적 보편개념 이론은 베버의 역사논리학의 특징적인 논점이다. 이 개념─다시 말해 사회과학 영역에서─의 특수성 해명이라는 것이 모든 논리적 논문에서 그의 관심을 차지하고 있으며, 후에 그의 사회학은 이 특수성을 발판으로 수립된다. 이 학과(사회학)의 이론적 사고의 구성체─고전파 국민경제학이 믿었던 것처럼─는 자연과학적 유類 개념에서가 아니라 별개의 임무를 가지고 특수한 현실 처리에 의하여 얻어진 것임을 증명하는 것이 긴요하다고 그는 생각했다.

　베버는 이처럼 모든 역사에 적용되는 보편개념을 이상형Idealtypen─이것은 이미 게오르크 옐리넥이 그의 『일반국가론』에서 훗날의 베버와 마찬가지의 의미로 사용한 용어이지만─이라고 이름 지었다. 즉 그것은 다음과 같은 의미이다. 역사적 삶의 특정한 과정이나 관계는 사고되는 여러 연관으로부터 이루어지는 그 자체에 모순을 내포하지 않은 하나의 우주(코스모스), '그와 같이 생각되긴 하지만 실제로는 어디에도 존재하지 않는 하나의 가공적인 것(유토피아)' 에 지나지 않는 코스모스로 엮어 간다. 경제상의 교환 · 경제인 · 수공업 · 자본주의 · 종파 · 기독교 · 중세적 도시경제 등등의 개념은 현실을 구성하는 특정 요소가 사고에 의하여 승화된 구성물이다. 일괄해서 고찰된 대상(앞에서 서술한 바와 같은 개념의 대상)의 여러 요소가 현실적으로 그 가운데에서 움직이는 구체적인 현상이나 과정은 위에서 본 바와 같은 사고적 승화를 통하여 인식되며 눈에 보이게 되는 것이다. "이상형은 현실 속에 있는 것을 서술하지는 않지만 서술에 생생한 표현수단을 주게 된다" "그것(이상형)은 가설은 아니지만 가설 설정에 방향을 제시한다. 그것은 역사적 현실이 아니며 역사적 현실이 그 가운데 짜 넣는 도식도 아니다. 그것은 하나의 한계 개념이며, 현실을 그것과 대비, 비교함으로써 현실을 구성하는 특정의 중요한 요소가 명백히 밝혀진다."

이상형은 그런 까닭에 유類 개념과는 다른 인식수단이지 인식목표는 아니다. 그러면서도 '영구히 전진하는 문화의 흐름'은 영원히 청년기를 벗지 못한 역사학에 항상 새로운 설문을 제공함으로써 반복해서 새로운 이상형이 만들어지고, 기존의 이상형은 항상 새로이 정정되어야만 한다. 역사적 인식은 필연적으로 부단히 변하지 않으면 안 된다. 그런 까닭에 현실이 거기에서부터 연역되어 온 여러 가지 개념의 완결한 체계 가운데 역사적 인식을 결정적으로 짜 넣는다는 것은 무의미한 일이다.

여러 현상의 특정 측면에서 뿐만이 아니라 하나의 시대 속에 흩어져 움직이고 있는 여러 이념도 이상형적 개념으로써 포괄된다는 사실에서 베버는 역사논리학의 또 하나의 난제를 끌어냈다. 예컨대 기독교 · 자유주의 · 사회주의 · 민주주의 · 제국주의와 같이 역사학이 연구대상으로 하는 개념도 또한 경제사의 한 시기의 기본적 여러 요소의 결합이라는 사실과 마찬가지로 이상형이다.

그러나 이런 종류의 이상형을 들고 나오는 것은 단순히 존재하는 것만이 아니라 당위가 되는 것, 즉 서술자의 입장에서 불변의 가치를 갖는다고 보이는 것까지가 그들 이상형 속에 끌어들여지기 때문에 아주 난처해진다. 그런데 어떤 개념을 실제로 적용함에 있어서 이와 같이 학문 외의 요소가 함께 작용하면 개념은 인식으로써의 가치를 잃는다. 왜냐하면 그렇게 되면 어느 정도까지 이론적 가치관계와 실천적 가치판단이 섞여들기 때문이다. 그렇게 되면 이상형은 논리적인 보조수단이 될 수 없고, 구체적인 여러 현상의 학문 외의 의미가 그것과 대비해서 결정되는 이상이 되고 만다. 주관적인 것과 객관적인 것, 신앙과 지식이 논리적으로 서로 뒤섞여 나타나게 되면 이것은 역사적 서술의 인식가치를 흐리게 하고 만다.

인식과 평가

이렇게 해서 우리는 베버가 집요하게 집착해 온 하나의 문제영역, 즉 과학에서 실증 가능한 것과 실증 불가능한 것, 또 인식과 평가, 실천적 가치판단과 이론적 가치와 관계라는 문제 영역으로 들어오게 된다. 다시 말해 실증과학의 본질과 한계가 어디에 있는가 하는 문제이다. 실증과학은 단순히 어떻게 생각하여야 하나 하는 물음이 아니라 어떻게 행동하여여 하는가 하는 것을 우리에게 가르쳐 줄까? 그리고 생활의 의미를 객관적으로 타당한, 반박의 여지가 없는 형태로 조형해낼 힘이 있을까?

이 문제는 모든 경우에 방법론상의 연구를 불가피하게 해서 결국 1913년에 처음으로 로고스에 발표된 『사회학 및 경제학에 있어서의 몰가치성』 속에서 상세하게 규명되었고, 학생들을 위해 행해진 강연인 '직업으로서의 학문'에서도 마지막에 또 한 번 일반적인 문제로써 논급된다. 그러므로 이 문제에 대한 베버의 태도를 여기서 자세히 설명하고자 한다. 왜냐 하면 그 태도는 단순히 전문적인 의미에서만이 아니라 전기적인 의미에서도 매우 중요하고, 또 그것이 바로 그의 정신적 인격의 핵심과 직결되기 때문이다. 그의 이러한 태도는 어떤 희생을 치르고라도 진리를 구하는 사상가라는 점, 물론 마찬가지로 양심적인 교수라는 점에서 나온 것이며, 또 그보다도 더 비범한 변설과 선동의 재능을 가지고 사람들을 자기의 영향권 안에 끌어들일 수 있다고 자각하는 분별력 뛰어난 정치가라는 데서도 생겨난 것이다. 또 이 태도 속에서 우리는 비등한 강도를 지니고 있는 그의 두 가지의 본질적 경향, 즉 활동적인 경향과 관상적인 경향이 편견에 휘말리지 않고 보편적인 사상에 의하여 세계를 지배하는 것을 목표로 하는 지성과 신념을 쌓아올려 좌고우면하는 일이 없이 그 신념을 위하여 분투하는 능력이 서로 초인격적인 것으로 고양되기까지 벌이는 대결을 볼 수가 있다. 논리학적 고찰의 결과 문화과학은 실증 불가능한 여러 전제 위에 서 있는 것이지만 또한 유효한 인식을 끌어 들일 수 있다는 것을 알게 된다.

여기서 이제 문제가 되는 것은 그 방향에 있는 가치관계에 의하여 결정되는 연구와 그것과는 별도로 학문 외의 요소, 즉 실천적 가치판단과의 관계여하라는 문제이다. (베버의 이론은 윤리적·정치적 가치판단에 관계되는 것일 뿐 미적인 가치판단과는 관계가 없다.)

어떤 가치판단이 성립하는 것은 자신이 '가장 개성적인 성질의 감정, 또는 어떤 일정의 당위의 의식으로부터 긍정 내지는 부정의 태도'를 취하는 때이다. 다른 표현을 하자면 다음과 같다. 실천적 가치판단이라 함은 우리의 행동에 의해 영향을 받는 어떤 현상을 시인하는 것 혹은 배척하는 것, 바람직한 것 혹은 바람직하지 못한 것, 옳다고 해야 할 것 혹은 아니라고 해야 할 것이라고 판단을 내리는 것을 말한다. 그렇기 때문에 의미 있는 따라서 알 가치가 있는 여러 과정이나 현상의 가치관계를 다룰 때에 연구자는 관찰하고 인식하는 대상으로부터 거리를 두어야 하는데, 이렇게 해서 대상에 대한 자신의 관점을 변경할 수 있는 여유를 확보하는 것이다. 이에 반하여 실천적 가치판단은 능동적이고 의욕적인 자기의 이해 혹은 사상을 지향하는 인격을 직선적으로 나타내며, 현실에 대한 관상적인 관계를 타파하여 시계를 좁히고, 경우에 따라서는 격정에 의해 의식의 거울을 흐리게 하여 사고의 진리성을 말살시킨다. 세계의 심판자로 자부하던 옛날 역사가들은 이와 같은 태도로 자신의 대상에 접근했고, 사실을 저술하면서 자신의 개인적인 주석을 덧붙였는데, 마침내 그들의 평가 척도도 시대의 제약을 받아 그다지 오래 통용될 수 없음이 분명해졌다.

특히 사회과학에서는 자신이 평생 접하는 사태의 현상에 대해 이해하고 있는 인간으로서의 의욕이 연구자의 눈을 흐리게 할 위험이 있다. 왜냐하면 특정한 인간집단을 지배하는 조직인 국가는 자신의 경제적·정치적 행동에 대한 목표지향과 자기가 내린 판단에 대한 지지를 그들 집단으로부터 기대하기 때문이다. 그러므로 연구자 자신도 지배자에 속할 뿐만 아니라 대체로 국가로부터 봉급을 받기 때문에 당연히 그에 대한 이해는 그들에게 특권을 주고 있는 질서와 결부된다. 특히 그들이 사실 인식과 특정의 실제 관계에 의해 암시된 가치판단과 무의식적인 교착에 빠지기 쉽다는 것은 분명한 사실이다.

베버는 학자가 그 전문영역에 대해 스스로 그렇다고 느끼지 못하지만 단순히 진리만 받드는 것이 아니라 기존의 사실에 봉사하고 있는 입장에서 말하며, 그 결과 그 자신이 속한 계층의 이해를 대변하는 정책이 때때로 주장되고 있는 ㅡ이 점에 관해서는 '부르주아 과학'이라는 칼 마르크스의 상표를 첨부해도 부당하지는 않을 정도로ㅡ사실이 대단히 많다는 것을 알고 있다.

그렇다고 하면 이론적인 가치관계와 실천적인 가치판단, 인식과 의욕이라는 이 두 가지 정신기능을 명확히 갈라놓는 것이 대체로 불가능하단 말인가? 이 문제에 대해서는 되풀이해서 많은 사람들이 논박했었지만 베버 자신이 여기에 대해서 설정한 것은 연구자로서의 이상이며, 그 완전한 실현은 인격의 통일을 저해하지 않고는 곤란하다는 것과 인식이라는 것 자체 안에서도 관조자와 행위자를 분리하는 것이 어렵다는 점을 잘 알고 있었다. 그렇지만 연구자는 그 이상을 인지하고 가능한 한 이 이상에 가까이 하지 않으면 안 된다. 대체로 신을 소유하려는 신비가가 우선 모든 의지의 작용을 억제하는 것과 마찬가지로 사상가는 진리가 그 입으로부터 흘러나오기를 바란다면 무엇보다도 먼저 일의 결과에 대한 실제상의 개인적 이해를 불식해야 한다. 그렇지 않은 한 "사고하는 연구자로서의 발언이 어디에서 끝나고 의욕적인 인간으로서의 발언이 어디에서 시작되는가, 의론은 어디에서부터 오성에 속하며 어디에서부터 감성에 속하는가"를 자신뿐만 아니라 타인에 대해서도 분명하게 밝혀야 한다.

따라서 사상가가 사실은 자신의 신조를 암시하면서 마치 객관적 진리를 제공하는 것처럼 환상을 준다든가, 현실에 의거한 판단과 개인적 이유에 의한 판단을 엉거주춤하게 섞는 행태를 학문적 저술의 테두리 안에서는 피해야 한다는 것이다.

그렇지만 사상가는 결코 자신의 이상을 옹호하는 것을 피할 수는 없다. 그뿐만 아니라 "무신조와 학문적 객관성에는 아무런 내적 공통성이 없다"는 것이다. 특히 사회과학자는 그 인식이 고도로 인간의 생활형성에 이용될 수 있기 때문에, 더더군다나 정치의 진로에 대해 어느 정도 책임을 지고 있기 때문에 진리 그 자체를 위해서 진리를 믿고 나가는 것과 자기의 행동을 분명하게 의식하고 선택한 신조에 맞도록 결정할 것이라는 이중의 과제를 부여받고 있다.

이 요청은 연구자에게나, 대학교수에게나 마찬가지이다. 그리고 특히 사회과학을 가르치기 위하여 베버는 이상의 사실에서 한층 구체적인 결론을 끌어내고 있다. 이미 젊은 학생 때부터 그는―앞에서 말한 것처럼―학문적인 권위와 지위의 존엄을 몸에 지닌 교수가 강단의 높은데서 그것을 거절할 수도, 또는 반대할 수도 없는 청강자를 향하여 신조나 주의를 억지로 강매하는 것은 용납할 수 없다고 보았다. 특히 교수의 지위를 이용해서 강단에서 정치적 사상교육을 하는 것은 베버로서는 언어도단이라고 논단했다. 일찍이 그는 트라이치커의 강단 아래에서 청년의 심리에 미치는 선동가적인 영향의 효과를 보면서 내심 유감스럽게 생각했다. 물론 지금은 겉으로 표시를 하지 않는 암시하는 것조차 그에게는 한층 좋지 않은 것처럼 보였다. 그렇기 때문에 그는 다음과 같이 잘라 말했다.

"경험주의적 논구에서조차 실제적인 평가를 거부할 필요는 없다고 주장하는 학자들 가운데에서도 진정 열렬한 학자—예컨대 트라이치커처럼 혹은 취향은 다르나 몸젠과 같은—가 그래도 나은 편이다. 다시 말해서 오직 그 감정만을 강조하는데 흥분해서 청강자 쪽에서도 적어도 교수의 평가와 주관성을 보고 그 논증에 어느 정도 혼란이 있어 거기에 휘말려 들지도 모른다고 비판할 수 있게 되며, 그 교수에게는 기질적으로 불가능한 것을 자신이 해볼 수 있게 되기 때문이다."

학문적 서술과 개인적 가치판단의 뒤섞임은 베버에게 있어서는 아주 별개의 이유로 우려할 만한 일이었다. 그 같은 뒤섞임은 학생을 센세이셔널한 사태에 휩쓸리게 해서 객관적 사실을 존중하는 마음을 잃게 한다. 그러므로 대학교수가 강당 안에서 정당하게 자신에게 부과할 수 있는 유일한 교육상의 이상은 자기 제자들을 지적 성실과 순수한 몰주관성을 갖도록 훈련시키는 길 밖에는 없다. 객관적 사실의 영역에 속하지 않는 것은 가까이해서는 안 된다. 그 중에도 특히 애증이 그러하다. 학생은 강당 안에서는 주어진 과제의 완성에 오직 전심하는 것을 교수로부터 배워야만 할 것이다. 교수는 그런 까닭에 객관적 사실의 배후에 몸을 숨기고 자신의 개인적인 호오好惡 및 기타 감정에 쏠려도 안 되고 이것을 과시하려는 욕구도 억제해야만 한다.

모든 인간이 개성적이 되고자 하여 자기 의견을 표명하는 것은 베버는 시대의 병폐이며 특히 청년에게는 장려할 수 없는 자만된 생각이라고 비난했다.

"성장세대는 개성적이 되고자 함을 의식적으로 바라서는 안 된다. 그리고 그렇게 될 수 있는 방도는 오직 하나밖에 없다는 생각에 다시 길들여야만 할 것이다. 그 방도란 하나의 일에 철저하게 몰두하는 것이다. 그 일, 그리고 그 일로부터 오는 시대의 요구가 어떤 형태를 띠더라도 그래야 한다."

베버 자신은 그대로 행동했다. 학문이라는 이름으로 발언하게 되면 그는 의욕의 영역 안에서는 끊임없이 선택과 거부, 요구와 재단, 사랑과 증오에 덮어놓고 이끌리는 자신의 기질을 억눌렀다. 직무에서는 그는 전공의 그늘 속에 완전히 자신을 숨겼다. 그렇지만 그의 자아는 어조나 몸짓을 통해 은연중에 드러나서 그러한 인격에는 숨겨진 독특한 매력이 있었다. 물론 진정으로 자기의 어조를 노정하지 않고 전체적으로 인격을 숨기는 것이야 말로 어쩌면 사람들에게 강하게 어필될지도 모른다.

와해에 직면한 시대사조

젊은 사람들이 정치적·윤리적 혹은 기타 실천적인 문화 이상에 의하여 의식적으로 도야하는 것은 대학의 임무가 아니라는 견해를 가진 베버는 성장 세대의 특수한 내적 고뇌로부터 생겨나서 널리 번진 시대사조에는 대항하였다. 한편에서는 사회주의가 정치적 프로퍼갠더에 의해, 특히 칼 마르크스주의자들의 머리채를 휘어잡고 흔드는 듯한 압도적 세력을 가진 역사해석에 의하여 시민생활의 쾌적한 주거지역을 술렁대게 하고 있었다. 그것은 정신적으로 대중을 기독교의 지배에서 해방시키면서 새로운 사회질서를 요구했고, 기존의 사회질서를 파고 들어가 허물어놓으려 하고 있었다. 또 다른 한편에서는 그 반대의 극인 프리드리히 니체가 고대적·귀족주의적 생활 이상이라는 이름으로 이제까지의 기독교의 관념세계를 기반으로 하는 시민사회의 계율표를 파기함으로써 파괴적인 작용에 영향을 미치고 있었다. 전해지는 모든 가치관·이상·개념·사고형식 등 그것들을 소유하는 것은 일견 이론의 여지가 없다고 보아 그것들을 소유함으로써 사람들은 수백 년 이래 확실한 지침이 주어져온 것처럼 생각하지만 그것은 오히려 우매한 인간집단의 분별없는 선입견이며, 그들은 궁극적으로 그렇게 함으로써 자신의 범용성凡庸性을 긍정하는 것이어서 오히려 의문을 남기고 있다. 그래서 마르크스가 민주주의의 이상이라는 이름으로 혁명을 일으키려고 노력한데 대해 니체는 반대로 소수자의 지배와 자기긍정의 위에 선 현세의 생활을 마음속 깊이 즐기는 강력한 귀족형의 인간 육성을 요구한다. 이 두 사람의 위대한 근대사상가가 지시하는 방향은 전혀 상반되는 것처럼 보인다. 하지만 어떤 점에서는 그들도 일치하고 있다. 즉 그것은 기독교문화의 계통을 이어오고 여러 가치관의 모순에 찬 다양한 혼합물을 해체시키려 하는 노력이다. 오늘에 와서 근대인, 특히 청년은 어디에 기대야 할 것인가?

여러 가지 점에서 니체의 사상세계를 생각하게 하는 대시인 슈테판 게오르게의 새로운 복음은 합리주의·자본주의·사회주의라는 기계문명시대의 모든 지배 세력을 부정한다. 그것은 고귀한 혼을 가진 소수자에게 호소해서 모든 생활 태도가 고결한 것을 중시하는데 존재형식을 둔 반면에 인간의 행동에 규범이나 명백하고 새로운 실질적 목표를 세우려고 하지는 않는다. 그의 훈도薰陶의 영향은 지적·예술적인 조그만 서클 가운데서만 발휘되었을 뿐이다. 그런데 그 영향은 널리 구석구석에까지 미쳐서 사람들의 연대를 형성하는 이상, 광범위한 사회층에 걸쳐 새로운 신앙을 갖게 한 것은 사회주의뿐이었다. 낡은 신들을 저버리고 이제 새로운 사회주의나 예술가단체의 귀족주의에도 좇지 못하는 사람은 '아무 것도 없는 공간의 자유' 안에서만 살고 있는 느낌이었다. 수백 년 전부터 개개인의 생활을 지배해온 공동체의 이념, 즉 기독교, 거기에서 도출된 시민적 논리, 이상주의 철학, 도덕적으로 실행되어 온 직업관념, 학문, 국가, 국민, 가족 등등 세기의 전환기에 이르기까지는 아직도 개개인을 구속하고 제약하고 있는 모든 힘, 이런 것들은 이미 그들의 가치를 의심받고 있다. 이것은 진정 자신의 인격 형식을 찾아보겠다고 노력하는 청년 대부분에게는 당연히 서먹서먹한 상황이 아닐 수 없었다. 그들은 신으로부터 버림받은 것처럼 느끼면서도 따라야 할 어떠한 규범도 인정하지 않았다. 그리하여 부조父祖의 예지와 확실한 본능의 상속재산이 없는 곳에서는 행동의 지침이 되는 모든 기준이 얘기할 수 없을 정도로 불확실하게 되었다는 데에서 충격을 받았다. 이러한 사태 속에서 대학은 교육시설인 동시에 정신생활의 중심으로 젊은 세대에게 지식을 전해 주고 그 두뇌를 훈련하는 것만으로는 만족할 수 없고, 그 이외에도 전체적인 인격도야, 신념이나 주의의 전달, 모든 중대한 인생문제에 대한 실천적 가치판단에 의한 태도결정, 통일적 세계상의 재건, 세계관의 제창을 그 임무로 한다는 의견이 나오게 된 것이다. 하지만 그 임무를 떠맡은 것은 신학과 철학뿐만 아니라 그 이외의 문화과학계 여러 학과도 그것을 위하여 여러 가지 역할을 하게 된다. 정치적 의지형성에는 특히 사회과학과 역사학이 큰 역할을 할 것으로 보였다.

평가하는 의식과 세계관—어떤 세계관이냐 하는 문제는 물론 결정되지 않았지만—을 배경에 갖게 되면 세분된 전문지식도 다시 통일적으로 종합될 것이다. 따라서 학생은 대학교수에게서 교수하는 자를 찾을 뿐만 아니라 학생의 의지에는 목적을 또 그 인격적 발전에는 방향을 제시할 지도자를 찾지 않으면 안 된다는 것이 그 의견이었다. 이미 젊은 대학교수로서 스스로 원하지도 의식하지도 않았는데 제자들로부터 지도자로 존경을 받게 된 베버는 그와 같은 경향이 눈앞에 다가오게 되자 곧 이에 강력히 저항했다. 그 이유는 이렇다. 우수한 학자·교수가 될 수 있는 자질이 실제적인 생활지도의 영역, 특히 정치의 영역에서도 지도자다운 자격을 주는 것은 아니다. 그에게 그러한 자질이 있는가 없는가는 교단 위에 있는 입장으로 인해 증명되는 것은 결코 아니다.

"청년의 조언자라는 천직을 가졌다고 생각해서 청년의 신뢰를 얻고 있는 교수는 그들과의 인간 대 인간의 교섭에서도 그들에게 뒤져서는 안 된다. 그리고 세계관이나 정당사상 사이의 투쟁에 끼어들어야만 되겠다고 생각한다면 저널리즘에서든, 집회에서든, 혹은 클럽에서든 하여간 어디서든지 자기가 좋아하는 대로 따를 것이지만 학교 밖의 인생광장에서 그것을 해야만 한다. 그런데 거기에 열석하는 사람들, 그리고 어쩌면 의견을 달리할 것이라고 생각되는 사람들이 부득이 침묵을 지켜야 하는 장소에서 자기의 신앙고백을 하는 용기를 발휘해 보는 처사는 아무래도 너무 손쉬운 일인 것이다."

강당 안에서 세계관을 암묵적으로 사람들에게 주입시키는 것도 베버에게는 의식적인 정치적 교육과 마찬가지로 좋지 못한 처사였다. 물론 그것도 사람들이 공통의 신앙을 가졌을 때는 허용되었을 것이다. 그러나 우리 시대의 본질은 통일된 방향으로 지향케 하는 응집력이 결여되어 있는 바로 그런 상황에 있는 것이다. 개개인의 주관적인 교설을 억지로 주입시키면 청년의 일반적인 내적 동요는 더욱 심해질 뿐이다. 있을 수 있는 모든 종류의 예언 가운데 이런 뜻에서 개인적으로 착색된 교단에서의 예언Professoren Prophetie이야말로 오직 참고 볼 수 없는 하나의 속물인 것이다.

교단에서 교수는 예언자가 되어서는 안 된다

이상의 사실은 우선 경험과학 영역에 속하는 전문가에게 해당하는 얘기다. (신학자·미학자·법률학자 등은 모두 여기에 해당하지 않는다.) 가치나 평가는 그에게 있어서는 복음의 자료는 아니다. 그것은 더 말할 나위 없이 인식 및 학설의 대상이다. 전문학자는 인식자나 행위자를 가치가 있는 바로 옆까지 이끌어 갈 수 있으며 어떤 선택의 결과로써 생겨오는 사태를 엿보게 해줄 수도 있다. 하지만 거기에도 한계가 있다. 여러 가치에 대해서 가질 수 있는 가치의 판단, 아니면 인간의 생활 형태를 어떻게 결정하느냐 하는 기준으로써 여러 가치 가운데에서 어떤 것을 선택할까 하는 선택 그 자체, 그런 까닭에 어떤 가치를 실현할 것인가 하는데 대한 결정은 개개인에게 맡겨져 있는 것이다.

"학문적 논증이 가치의 영역에서는 어느 사람에게나 결정을 강제하는 것은 아니다."

이와 같은 결정은 오성 이외의 수단을 갖고 행해지는 것으로써 누구나 이 결정권을 빼앗기지는 않는다. 이처럼 베버는 도그마적 학문에 대하여 경험과학의 사명을 한정했다. 하지만 그렇다고 할 때 그는 철학의 사명을 어떻게 본 것인

가? 철학은 강단에서 복음을 전파해도 좋단 말인가? 베버는 이 문제에 대해서는
판단을 포기하고 있다. "거기에 대해서 나는 아무것도 모른다"고. 내심 그는 학
문적인 철학과 학문적 테두리 밖의 철학을 구별했다. 논리학·인식론 및 여러
가지 평가의 의미를 분명히 하는 가치론은 전자에 속한다. 인간존재의 초경험적
인 의미를 해석해서 통일된 대상의 세계상을 제공하는 시도로써의 형이상학적
사변은 후자의 측면에 선다. 사실상 승인되고 있는 여러 가지의 가치, 시대를
초월한 객관적 타당성도 우리에게는 이해될 수가 없으며 다만 믿을 수만 있을
뿐이다. 학문적 진리의 가치, 예술의 가치, 국민감정의 가치, 또는 종교의 가치
를 부정하려는 것은 타인의 어떤 논리적 수단을 써도 승복될 수 있는 것은 아니
다. 그리고 실천적 행동을 위하여 보편적 구속력을 가진 지시와 같은 것은 더욱
있을 수가 없다. 문화적 가치와 윤리적 명령과의 일치 같은 것이 불가능하기 때
문에 그러한 사실만으로도 그런 사례가 있을 수 없다는 점을 입증한다. 사변철
학이라는 것은 학문으로 향하는 방도이긴 하지만 학문에 의하여 파악되는 대상
은 갖고 있지 않다. 그것은 실증 불가능한 지식을 매개하는 것이다.

종교와 경험과학

우리는 여기서 이른바 조그만 틈바구니를 통해서 베버의 논리적 세계관을
들여다 볼 수 있는 지점에 이르렀다. 그는 있을 수 있는 모든 이상이 극도의
긴장관계에 있는 두 가지의 서로 마주보는 것으로 나뉘는 것을 본다. 예컨대
그것이 어느 정도 윤리와 철저하게 모순이 되더라도 문화가치는 문화가치로서

정립 될 수 있다. 그리고 또 반대로 모든 문화가치를 부정하는 논리―예컨대 톨스토이의 그것―도 어떤 내적 모순 없이 성립할 수 있다. 윤리적으로 책임을 자신의 몸에 짊어질 수 있는 사람이 아니면 그 가치를 실현시킬 수 없는 그러한 가치권도 존재할 것이다. 하지만 그것뿐만이 아니다. 규범적인 윤리도 또한 그 고유의 영역 안에서 그 자신의 내부로부터는 해결하기 어려운 문제, 진정 어떤 윤리 외적인 가치와 대조해서 비교해 보기 전에는 그 해결이 불가능한 문제에 직면하는 것이다. 그런 까닭에 규범적 윤리는 예컨대 윤리적 행위의 고유성, 즉 순수한 의지 내지 심정만이 그 행동을 올바른 것이라고 판단하는데 충분하다고 할 것이다. 그렇지 않으면 그 행동을 예견할 수 있는 결과에 대한 책임도 고려하지 않으면 안 될 것인가 하는 문제를 해결할 수는 없다. 또 악은 악으로 대하지 말라는 가르침이나 오른뺨을 때리거든 왼뺨을 내밀라는 계명과 같은 산상수훈의 윤리에 대해 감히 학문적으로 반박할 사람이 있을 것인가? 하지만 그렇다고 해도 세속적으로 본다면 그것은 위엄을 잃는 일을 권하고 있음이 분명하다. 즉 인간은 이와 같은 윤리가 일깨워 주는 종교적 위엄과 그것과는 전혀 별개의 사실을 말하는―"악에는 대항하라. 그렇지 않으면 너는 악의 승리에 대해 책임을 지지 않으면 안 된다."―남성으로서의 위엄이라는 둘 중 어느 쪽을 택하지 않으면 안 된다. 각자 최후의 태도 결정에 따라서 한쪽은 악마가 되고 다른 편은 신이 되기도 하는데, 개개인은 자신에게 있어 무엇이 신이고 무엇이 악마인가를 결정해야만 된다.

"그런 까닭에 가치상호의 관계는 궁극적으로는 어떤 경우에도 항상 양자택일이 아니라 악마와 신 사이의 그것과 같은 절대로 타협이 없는 사투인 것이다."

이 경우 베버가 특히 어떤 생각을 했느냐 하는 점은 종교사회학논문집에 삽

입된 1장인 '중간적 고찰'을 보면 분명히 알 수가 있다. 이 장에서는 광범위한 역사적 전망에 근거해서 다음과 같은 사실을 보여주고 있다. 즉 한편으로는 종교적이고 다른 한편으로는 세속적인 방향에서 배태되어 온 여러 가지 다양한 이상이나 인생관이 시종일관 그 논리를 관철시켜 의식적으로 인생의 방침에 따르게 하는 한 합리적 사고에 의하여 순화된 여러 가지의 종교적 세계의 해석 (그것들은 지금까지는 모두 구제종교였던 것이지만)은 어떻게 해서 독립 발전하는 모든 내세속적인 가치권과 불가피하게 점차 대립해야만 되며 또 사실상 대립하고 있는 것인가 하는 점이다.

이상의 사실은 물론 흔히 볼 수 있는 일은 아니다. 왜냐하면 대체로 인간에게는 그처럼 사정을 단순히 인지하는 것조차도 견딜 수 없으며 한편 그들은 자기 자신의 눈에도 결정적으로 모순이 된다고 보이는 것을 동시에 준봉遵奉하는 것과 같은 일도 재주 좋게 해치울 수도 있기 때문이다. 일상생활이 갖는 천박화작용이라는 것은 일상생활만으로 달게 감수하고 사는 인간이 이처럼 절대로 배척해 마지않는 여러 가치가 혼재해 있는데도 그것을 의식하지 못하고, 그리고 그가, 더욱 신과 악마 둘 중 어느 쪽을 택할 것인가 하는 선택을 피해서 더욱 상반하는 여러 가치 가운데 어느 쪽이 신에 의해 지배되고 또 어느 쪽이 악마에 의하여 지배되는지에 대해서 자기 자신만의 결정적 판단을 피하려 한다는 사실을 의식하지 않는다는 데서 이루어지는 것이다. 행동하는 인간의 이와 같은 태도, 항상 타협과 상대화에 휘말리기 쉬운 이 태도는 불가피하다고 해도 좋다. 하지만 자기가 만들어낸 것에 대해서도 그 밑바닥까지 투시할 수 있는 사고는 행동하는 인간이 감내하지 못한다는 사실을 인지하지 않으려고 가려 놓은 베일을 젖혀 버려야 하는 것이다.

이처럼 베버는 예컨대 대체로 근대기독교도가 보려고 하지 않은 것을 용서 없이 밝혀갔다. 모든 구제종교의 핵심을 이루고 있는 윤리적 요청은 인류의 연대성이라는 사심 없는 헌신공동체의 힘인 동포애에 지나지 않는다. 그런데 이것은 점점 풍성하게 팽창해 가는 문화재를 지향하는 모든 합리적인 목표를 가진 인간행동에 대해 점차 격렬하게 대항하게 된다. 하지만 또 그것을 초월해서 모든 비합리적인 세속적 세력, 즉 경제·정치적 질서, 예술, 에고이즘 등에도 대항하게 된다. 왜냐하면 이러한 것들은 필연적으로 동포애와는 관련이 없는 행동에, 또 숨겨진 사랑의 결여에, 그리고 어떤 의미에 있어서도 윤리적으로는 처리가 안 되는 인간관계에, 끝으로 신의 종복이라는 것을 부정하는 데에로 이끌어 가기 때문이다. 하지만 가장 근본적이고 의식적인 대항관계는 종교 그 자체가 항상 주지주의와 새로운 관련을 맺음에도 불구하고 구제종교와 사고적 인식의 세계 사이에서 생겨난다. 즉 진행하고 있는 경험적 인식은 세계가 신의 창조이며, 그러한 까닭에 윤리적 의미를 갖고 질서가 잡혀진 코스모스라고 하는 종교의 결정적인 요구와 모순되기 때문이다. 경험적 인식은 세계를 인과율적인 기제로 변하게 함으로써 결정적으로 세계를 마술로부터 해방시킬 수 있었다. 이렇게 해서 한편으로는 종교에 의한 최후의 세계상 형성과 또 다른 한편으로는 경험과학이 각각 양대극에 섰다. 종교는 존재자, 또는 규범적으로 타당한 것에 대해 최종적인 지적 인식을 요구하는 것이 아니라 세계의 의미를 포착함으로써 세계에 대한 최종적인 태도를 결정할 것을 요구한다. 이것은 오성에 의해서가 아니라 계시에 의해 실현되는 것이다. 여기에 대해 과학은 지금 말한 바와 같은 궁극적인 의미, 그리고 그 의미를 파악하는 태도 결정을 논리적으로 증명 가능한 것이 되게 하고자 하는 철학 및 신학의 모든 기도 속에서 지성의 고유의 법칙을 피하려 하는 지성 자체의 노력 이외에는 어떤 무엇도 보지 못하게 될 것이다. 그리고 최후에 가서 구제종교는 단순히 내세속적인 문화의 개개 가치권에 대항할 뿐더러 이 세계를 전체로 거부하는 것이다. 올바른 균형을 찾는 윤리적 요구는 도저히 만족시키지 못하며, 사람들은 부당한 고난과 무의미한 죽음으로 정해져 있을뿐더러 창조될 때부터 분명 죄인이 될 수밖에는 없는 이 세계, 바로 그것을 부정하는 것이다. 진정 가장 귀중한 문화재야말로 모두 그 본성에서부터 죄를 짓고 있다. 왜냐하면 그러한 문화재는 모든 동포애의 요구와는 일치할 수 없는 존재형식을 전제하고 있기 때문이다. 이러한 사실을 간파하게 되면 이 세계의 윤리적 가치의 저하는 더욱 궁극적인 것이 될 수밖에 없다. 중대한 종교적 죄상은 모든 문화도 문화세계에 있어서의 모든 인간행위, 아울러 모든 인위적으로 가공된 생활에 대해 결코 사라져 버릴 수 없는 구성요소인 것처럼 보이고 있다. 베버가 특히 명언한 바와 같이 이상과 같은 설명은 철학을 말하는 것이 아니라 숨겨진 사실을 드러내서 일관된 논리를 가지고 마지막까지 생각해서 파헤쳐낸 의미연관을 열어 보이려는 것이다.

"여러 가지 생활 질서 사이의 갈등이 관념적으로 구성된 유형이라는 것이 갖는 의미는 단순히 이 개소個所에 있어서는 이 갈등은 내면적으로 가능하며 적절한 것이라는 사실이라고 보는 것이다. 그것이 지양되었다고 간주할 수 있는 관점은 하나도 없다는 뜻은 전혀 아닌 것이다."

이것은 말하자면 다음과 같은 것을 뜻한다. 경험적 인식의 관점에서 본다면 확실히 여러 가지의 가치권이 더욱 증대되는 충돌을 어떤 원인에 따라 결과를 가져오고 이것은 통일적인 세계상이라는 것과는 양립하지 않는다. 하지만 사변이나 신앙이 별개의―물론 증명 불가능한―해석으로 이 다원적인 분열을 감싸

덮어 주는 것을 방해할 요건은 전혀 없다. 베버 자신이 이와 같은 가능성에 어떻게 접근했는가는 아마도 1919년 2월 9일의 다음과 같은 편지에서 분명히 하고 있는 것 같다.

"나는 분명 종교적인 의미에서는 전혀 음치여서 종교적 성격이 있는 어떤 영적 건축물을 나의 내부에 세울 욕구나 태세도 갖고 있지 않다. 하지만 정밀하게 자기검토를 해 볼 때 나는 반종교적도 아니고 비종교적도 아니다."

그렇다고 하더라도 베버에게는 위에서 말한 바와 같은 사태의 냉정한 경험적 관찰은 거기에 적합한 유일한 형이상학으로써 다신론을 인정하는 데로 이끌고 간다는 사실에는 변함이 없다.

"그것은 신들이나 마신魔神들의 주력呪力으로부터 해방되지 않는 고대세계에서와 마찬가지로 보이지만 다만 그 의미는 다르다. 고대 그리스인은 아프로디테에게, 그리고 뒤에는 아폴로에게 희생을 바쳤다. 특히 각 시민은 자기의 도시 신에게 희생을 바쳤다. 마술로부터 해방되고 종교적 태도의 신화적인 그러면서도 내면적 진실성을 가진 형태성을 빼앗기기는 했어도 현대인도 마찬가지로 같은 일을 하고 있는 것이다. 그리하여 이 신들을, 또 신들 사이의 투쟁을 지배하는 것은 운명이다. 이것은 학문이 아니라는 점은 너무나도 명백하다."

종교사회학적 탐구

이미 말한 바와 같이 문화논리학적 문제성은 다만 베버의 새로운 창조의 한 가지로써 전개한데 지나지 않는다. 그는 1903년, 그리고 그 후반에 로셔 및 크니스에 대한 논문의 제1부를 탈고한 직후 오늘날까지도 가장 유명한 논문인 『프로테스탄티즘의 윤리와 자본주의의 정신』의 집필에 착수했다. 제1부는 이미 미국 여행 전인 1904년 초여름에 집필을 끝마쳤고, 제2부는 그보다 1년 후에 출판되었다. 여기에는 그가 미국에서 체험한 새로운 인상의 침전이 엿보인다. 이들 인상이 베버의 마음을 그토록 강렬하게 움직인 것은 적어도 그가 미국의 곳곳에서 근대자본주의 정신의 기원이 살아남아있는 흔적뿐만 아니라 그 정신 자체가 이상형적인 순수성을 갖고 있음을 관찰할 수 있었기 때문이다. 그보다 훨씬 전, 즉 병에서 회복되기 시작할 무렵부터 그는 이 일에 대한 착상을 갖고 있었다. 이를 위한 예비연구는 특히 로마 체재 중 중세수도원 및 교단의 역사와 제도에 대한 강렬한 연구 의욕에서 비롯됐을 것이다. 이 노작은 대극적으로 대치된 현상, 즉 종교적 의식내용과 경제적 일상생활을 하나의 같은 장소에 놓고 다시 그것을 넘어서 사회생활의 모든 중요한 구조형식과 종교적인 것과의 관계를 철저하게 추구한 일련의 대규모로 이루어진 세계사적 연구의 첫 출발이라고 할 수 있다. 논문 전체는 ≪사회과학 아르히프≫에 발표되었다. 베버는 공동편집자로서 무엇보다도 먼저 이 잡지에 쉴 새 없이 원고를 공급해야 하는 의무를 절감하고 있었다. 더군다나 그는 이 일에 항상 쫓기고 있었다. 그러므로 이처럼 별로 거추장스럽지 않은 발표의 방식이 그에게는 오히려 좋은 기회라 생각되었을 것이다. 이러한 사정이었으므로 그의 제2국면의 시기에 집필한 논문들은 그의 생존 중에는 하나도 단행본의 형태로 발간되지 않았다. 그러했기 때문에 그가 번쩍인 새로운 빛은 처음에는 극히 한정된 학자들 세계에서만 비추어졌을 뿐이다. 물론 여러 가지 논쟁을 불어 일으킨 이 최초의 종교사회학상의 논문은 ≪아르히프≫ 독자들의 범위 안에서는 대단한 열광이었다. 게

재된 호의 발행부수는 곧 다 팔려버렸는데 그러나 베버는 단행본으로 출판할 생각이 없어서 논문은 10년 이상이나 입수 불가능한 상태였다. 그가 서거하기 1년 전에 그는 드디어 사람들의 간절한 소원에 따라 자신의 성과 일부를 수확할 생각이 들었다. 그때 그에게는 종교사회학논집 제1권에 수록된 모든 논문에 다시 손을 가할 여유 밖에는 없었다. 그러나 그는 논집 제1권 간행을 보지 못했다.

물론 이 문제 영역이 그의 마음을 사로잡는 유일한 것은 아니었다. 베버의 창조력은 여러 가지 일을 한꺼번에 진행시킬 수 있어 때로는 다른 사람의 요구나 외적인 자극에 의하여 딴 길로 들어서는 일도 많았다. 실제 그는 모든 일에 흥미를 느껴 그의 인식욕은 한계를 모를 정도였다. 논리적인 논문에 대해서는 이미 얘기한 바와 같다. 그런 그는 그것만으로 만족할 수는 없었다. 베버는 이제까지 하던 학문 연구를 망각한 것은 아니다. 국민정책, 특히 농업정책에 관한 이전의 관심이 언제 다시 되살아날는지도 모른다. 1903년 가을 그가 다른 두 개의 일에 착수했을 무렵에 신탁유증재산信託遺贈財産의 확대와 신설을 용이하게 하려는 법률안이 상정되었다. 토지귀족을 원조함으로써 귀족적 전통과 사상을 유지하는 것이 그 근본 사상이었다. 이것이 이 투사에게 물질 내지 정치적인 계급 이해를 그 배후에 숨기고 있는 보수적 낭만주의와의 투쟁을 재촉하게 했다. 베버는 자신이 베를린과 프라이부르크 시대에 작성해 두었던 농업통계 자료를 다시 서랍에서 꺼냈다. 용의주도한 학문적 입증과 신랄한 비판으로 짜인 이 논문으로 그는 이 법안을 무자비하게 공격했다. 펜이 다시 창이 된 것이다. 이 법률안은 소수의 사람들의 손에 토지와 자본이 집중되도록 방조할 것이며, 지방에서는 사회적 여러 모순을 격화시키고 불가피하게 자유농민을 몰아내고 슬라브계의 외국인을 끌어 들이게 될 것이라는 점을 논증했다. 그리하여 그는 그 근본적인 사상 속에 숨어있는 진정한 동기는 국가권력에 순종하는 영주 및 조종대신계급의 확대에 의하여 황실 및 지배자 층이 얻게 되는 이익 때문이라고 폭로했다. 그들은 이 법률로써 허영심을, 즉 자기의 이득의 귀족화와 '나으리'와 같은 생활형식을 누리고자 하는 시민적 자본소유자의 열망을 충족시킴으로써 자기들 자신의 지배권을 강화하려 한 것이다. 베버의 설명은 대단히 격분을 샀지만 그러나 효과는 있었다. 법안 심의가 연기되었다가 무산되었으며 결국 발효되지 못하고 만 것이다.

제1차 러시아 혁명

1905년에 최초의 러시아 혁명이 일어났을 때 그의 정치적 관심은 다시 격렬해지기 시작했다. 그는 급속히 러시아어를 마스터해서 러시아신문을 매일 읽고 사태의 추이를 지켜보았다. 또 혁명 준비의 일익을 담당했던 입헌민주당의 정신적 지도자의 한 사람으로 당시 하이델베르크에 망명해 있던 러시아 국법학교수 키스티아코프스키와 활발한 의견 교환을 했다. 해방동맹의 입헌민주적인 헌법 초안의 얘기를 듣고 그는 여기에 대해 제2, 제3의 고찰을 《아르히프》에 쓸 생각이었다. 그러나 이 고찰은 다시 급속하게 발전해서 2권의 방대한 소활자로 인쇄된 별책이 되어 러시아 해방투쟁의 편년기적인 일지가 되었다.

베버는 러시아민족의 심정과 문화에 정통하여 몇 개월에 걸쳐 숨도 안쉴 정도로 열심히 러시아의 비극을 관찰했다. 그런데 실제로 이 거대한 동방국가를 서구세계의 발전궤도에 올려놓으려는 일은 근본적으로 자유주의적인 문화 건설의 최후의 기회의 하나가 될 것이다. 아마 "경제와 정신의 혁명이라든가 대단한 비난을 받았던 생산의 아나키와 마찬가지로 비난당한 주관주의라는 것이 그대로 병존하고 있는" 지금 그것에 의하여, 또 그것에 의하여서만 자주성을 획득한 광범위한 대중의 개성이 양도할 수 없는 인격권을 획득할 시기가 도래했는지도 모른다. 세계가 경제적으로 만족하고 지적으로 포만하게 되면 그와 같은 권리는 대중에게는 영원히 주어지지 못하고 말 것이다. 베버의 마음을 가장 강렬하게 움직인 것은 독일의 발전은 러시아에서의 사건에 대해 일반적으로 어떤 영향을 줄 것인가 하는 문제였다. 이미 그 물질적 존재만으로도 서방의 이웃나라에 무거운 짐이 되고 있는 이 동방의 거대국은 그 왕조의 권력욕이 이 이상 더 차리즘(tsarism, 차르를 중심으로 한 제정러시아의 전제정치체제—편집자)에 의존할 수 없게 될 정도로까지 서구 자유주의 이념의 각인을 받게 될 것인가? 거기에 이르러 러시아 지식계급의 순교정신에 의하여 자국의 자유주의 풍조를 조장할 수 있는 헌법이 실현될 것인가? 베버는 곧 전제정치에 대항하여 획득한 여러 형식은 자유의 외관을 갖다 주기는 하나 자유 그 자체를 가져다주지는 못한다는 사실을 알았다. 순수하게 아시아적인 음울성으로 특징지어지는 이 경찰국가는 스스로 정한 한계를 벗어났다. 그리고 여러 가지의 풀기 어려운 문제를 해결할 수 있는 능력을 가진 정치가들은 더 이상 그 직에 머물러 있을 수가 없었다.

"러시아의 현상은 분명 유능한 정치가를 구하고 있다. 그렇지만 친정親政을 행하려는 황실의 야심은 예컨대 우리나라에서도 그렇지만 다른 어떤 나라의 경우와 마찬가지로 러시아에서도 위대한 개혁자가 등장할 여지를 주지 않았다."

혁명은 좌절로 끝나고 새로운 화가 원인이 되어 결과를 초래될 것은 필지의 사실이었다.

역사 및 사회학적 저작

그 후 그는 두서너 편의 논리학적 논문을 썼다. 하지만 1908년 가을에는 국가학 중사전中辭典을 위해서 대규모의 역사적·사회학적 노작인 『고대농업사정』에 전념하게 되었다. 이미 그 분량—폴리오판(filio, 전지를 반으로 접어 4쪽으로 한 판형-편집자) 2단 소책자로 135페이지—만으로도 이 공동노작의 예정분량을 초과하고 있어서 중사전이라는 겸손한 이 책의 표제는 내용의 일부만을 겨우 나타냈다. 이 노작은 일종의 고대사회학이라고도 할 만한 것이어서, 즉 고대의 사회생활의 모든 중요한 구조형식의 역사분석과 개념통찰을 제공하고 있다. 막대한 역사적 소재가 여기서는 아주 간결하고 아주 엄밀한 형식으로 압축되어 있다. 서설은 고대국가세계의 경제이론을 서술한 것이다. 고대국가의 여러 조직단계는 이상형에 따라 각기 그 특성을 포착할 수가 있으며, 그리하여 베버는 발전은 어느 정도로 지리적인 조건, 즉 물과 육지의 비율에 의해 결정되는가 하는 점과 중세 및 근세의 내륙문화와는 반대로 고대문화의 특성은 그것이 해안문화 및 하안문화라는데 근거를 두고 있다는 사실을 설명하고 있는 것이다. 고대 오리엔트·메소포타미아·이집트·고대 이스라엘의 여러 구조형식의 요점을 개관한 뒤에 이어서 서구고대, 즉 그리스·헬레니즘 세계·로마·로마 제정시대에 대해서 상세한 분석을 한다. 그 중에도 중요한 사회현상은 상호 관계로써 또 중세나 근세의 그것과 비교해서 대조시키며, 하나의 사실은 다른 사실에 의해 설명하고 유형적인 것과 개체적인 것을 분별하고 또 동일의 약칭을 가진 것과 비교하여 상이한 점을 제시하였고, 그리고 또 역사가가 근대의 현상을 과거에 적용해서 해석할 경우 오류에 빠질 만한 곳에 이르러서는 엄밀한 이상형을 원용하여 구체적으로 설명하고 있다. 이 시기, 즉 1908년부터 9년에 걸쳐서 베버는 자신의 보다 한정된 전문영역으로 돌아가 집중적인 연구를 했다. 그 계기가 된 것은 바로 사회정책협회를 위해서 계획되었고 주로 전공을 같이하는 동생 알프레드 베버의 노력으로 이루어진 '도태와 적응에 대한 조사', 즉 대공업노동자의 직업선택과 직업성과에 대한 조사였다.

문제 제기의 주안점은 근대 대공업이 어떤 인간을 만들어내며 그리고 직업이나 기타의 점에서 어떤 운명을 그들에게 짊어지워주는가 하는 사실이었다. 바꾸어 말해서 근대인의 태반이 불가피하게 거기에 묶여 있는 기술적 장치란 것은 그들의 성격적 특성과 생활양식에 어떤 영향을 주는가, 또 어떤 정신물리적인 특성이 여러 종류의 공업과정에 의하여 조장되는가 하는 점이었다. 도태·적응이라는 이 논제에서 이용되고 있는 개념은 자연과학적인 방법이나 인식을 이용하는 것이 아주 유효하다는 알프레드 베버의 생각을 그대로 나타내고 있다. 막스 베버는 그러한 까닭에 근대자본주의의 정신에 대해 새로운 통찰을 가져다줄지도 모를 대상뿐만 아니라 특히 방법의 문제에도 관심을 보이고 있다.

베버는 자연과학적 연구방법이 자신이 계획한 노작에 적용될 수 있는가 없는가를 검토하고 스스로 그 실례로써 하나의 특수연구를 하게 되었다. 그 성과는 '공업노동의 정신물리' 라는 표제 아래 ≪사회과학 아르히프≫에 실린 일련의 논문에 나타나 있다. 구체적 연구 자료를 그에게 제공한 것은 그밖에도 여러 가지 관찰의 대상이 되었던 외어링하우젠의 직물공업이었다. 1908년 그는 몇 주일 동안 친척집에 머무르면서 공장의 임금장부나 타임레코더를 세밀히 조사해서 직공의 시간당·일당·주당 생산량을 커브로 그려 계산하고 생산량 변동의 정신물리적인 원인을 규명하려 하였다. 그러나 이 힘든 조사는 그 자체가 목적이 아니라 학문적 처리의 실례 제시의 의미를 갖는데 지나지 않을 뿐이다. 그의 제1의 관점은 그러한 까닭에 방법론적 문제, 특히 한편으로는 자연과학적 유전학설, 또는 정신물리학적 실험이 사회과학적 분석에 도움이 될 수 있을까 하는 점을 해명하자는데 있었다. 베버는 그런 까닭에 가장 중요한 정신물리학적 문헌을 철저히 연구했고, 특히 클레페린과 그 문하의 노작을 상세히 읽어 그 방법이나 개념을 분석했고 그 결과 다음과 같은 결론에 도달했다. 자연과학과 사회과학의 노력은 어디까지나 원칙적으로 가능한 것이며, 그 정신물리학적 개념은 계획 중의 조사에 적용 가능하지만 또 한편으로 대중현상의 사회과학적 분석에는 실험실의 정밀한 실험 방법은 문제가 될 수 없으며, 애매한 유전학설의 성과도 문제가 될 수 없다고. 이런 것들이 모두 명백하게 된 연후에 베버는 그의 보편사회학 연구로 되돌아갔다. 뿐만 아니라 그는 이중의 관점에서 그것을 해냈다. 그는 종교사회학 논술을 계속할 생각이었으며, 그와 동시에 그의 출판업자인 파울 지벡의 종용에 의하여 방대한 합동저작, 사회경제학 강요綱要의 준비에 착수했다. 그는 복안을 세워 협력자들을 모았고 자기 자신은 조직의 일 외에도 가장 중요한 여러 가지 부분을 맡았다. 종교사회학의 논문 일부는 이 새로운 일과 정신으로부터 생겨났고 이와 병행하여 진행되었다. 여기서 잠깐 이들 논문을 보기로 한다.

세계종교의 경제윤리

베버 자신의 말에 의하면 이들 종교사회학 논문은 근대 서구인의 성격학과 그 성장과정 및 문화의 인식에 기여할 수 있어야 한다는 것이다. 맨 처음 그는 종교개혁으로부터 거슬러 올라가서 중세 및 초기의 기독교세계와 사회경제적 존재 형태의 관계를 분석할 것을 계획했다. 하지만 에른스트 트뢸치가 기독교 사회의 사회이론에 관한 연구를 시작하였지만 이제 와서 그는 연구영역이 너무나 접근되어 있다고 생각되어 우선 별개의 일을 시작했다. 그 후(대체로 1911년 경) 종교사회학적 연구에 다시 손을 대기 시작했을 때 그는 동방, 다시 말해서 중국, 일본, 인도 그리고 다시 유태교와 이슬람교에 이끌렸다. 그래서 이제는 5대 세계종교와 경제이론의 관계를 철저히 추구해 보고자 하였다. 초기 기독교의 분석으로써 이들을 끼워 매는 고리는 끝날 줄 알았다. 그런데 자본주의의 정신에 대한 최초의 논문에서는 경제적 일상생활이 종교적 의식내용으로부터 받는 영향이라는 하나의 인과계열만을 분명히 하려 했으나 이번에는 그는 한층 광범위한 과제를 자신에게 부과하였다.

또 하나의 계열, 즉 형이하학적인 경제적·지리적 생활조건이 종교적·윤리적 관념에 미치는 영향을 조사하려 한 것이다. 그는 이 일련의 논문을 세계종교의 '경제윤리'라는 이름을 붙여 앞서의 논문에서와 마찬가지로 '경제윤리'라는 말을 가지고 윤리적·신학적 이론에서가 아니라 종교에 바탕을 둔 행동에의 실천적 동인動因이라고 해명했다.

아시아 세계를 취급한 이들 논문은 어떤 방향에서 확정적인 인식을 제공하려는 것은 아니었다. 왜냐하면 베버는 중국·인도·일본에 대해서는 번역된 자료를 빌렸으며, 유태교에 대해서는 전부 소화할 수 없을 정도로 많은 문헌이 있었기 때문이다. 이제까지 정밀한 자료 규명을 통해서 모든 전문연구를 수행해낸 그는 그런 까닭에 이들 논문에 대해서는 아주 겸손하게 생각했다. 하지만 그럼에도 불구하고 그는 자기의 설문에 의하여 이미 알려진 여러 사실이 새로운 모습을 갖출 것을 기대했고, 그래서 모든 종교사적 개별연구를 특징짓고 있는 종교적·윤리적 가치판단을 분석에서 제외함으로써 보다 명석한 통찰의 기초가 될 것이라고 기대하였던 것이다. 종교와 경제가 복잡하게 얽혀 있는 상호의존관계를 세부적으로 검토한다는 것은 불가능하기 때문에 당해종교의 실천도덕에 강한 영향을 미치고 경제적으로 중요한 특색을 나타내는 사회계층의 생활모습 가운데 그때그때의 경우에 따라 방향을 결정하는 여러 요소를 이끌어내어 엿보여준 것이다. 예컨대 중국에서는 문학적 교양이 있는 국가로부터의 봉록자 계층의 생활 및 사고와 유교의 관련성, 인도에서는 오래된 힌두교와 바라문이라는 문학적 교양이 있는 사람들의 세습적인 카스트의 관련성, 편력의 탁발승을 통해서 본 고대불교와 관련성, 세계를 정복하는 군사를 통해 본 옛날 이슬람과 관련성, 시민적 파리아를 통해 본 바빌론 유수 후의 유태교와 관련성, 또 편력직인과 도시시민계급을 통해 본 기독교와 관련성 등등이다. 하지만 베버는 이러한 관련 속에서 종교적 내용의 신봉자 층의 물질적 이해의 반영, 혹은 또 그 사회적 입장의 함수라고 하는 것과 같은 오해에는 분명히 반대하였다. 경제적·정치적 조건으로부터 오는 사회적 영향이 그 정도로 종교윤리에 깊이 작용한다 하더라도 무엇보다도 우선 종교윤리는 역시 종교적 원천, 즉 그 고백과 약속의 내용, 그 귀의자의 종교적 욕구의 각인을 받는 것이다. 인과계열은 양방향으로 움직여 간다.

"이념이 아니라 (물질적 및 관념적인) 이해가 직접 인간의 행동을 지배한다. 하지만 이념에 의하여 창출된 세계상은 아주 흔히 전철기(轉轍機, 선로 바꿈틀—편집자)로써 이해의 역학이 행동을 추진시켜 가는 궤도를 결정하는 것이다."

옛날에는 도처에서 마술적·종교적인 힘과 그들 힘에 대한 신앙에 지나친 의무관념 등이 생활태도를 형성해 가는 가장 중요한 힘이었다. 그리고 도처에서 같은 과정이 완료되었다. 원시적인 정령 및 마령魔靈신앙의 구제종교, 즉 현재 있는 대로의 세계를 부정하는 고해苦海와 죄로부터 차안此岸 또는 피안彼岸에 도달하는 해방을 얻고자 하는 종교성에의 점차적인 승화라는 과정인 것이다. 인간은 나날의 삶을 초월하는 데로 생각이 달려가건 말건 세계의 형식은 유의미의 질서를 가진 코스모스이며, 그렇지 않다고 해도 그렇게 될 수 있다는 식으로 생각하려고 하는 욕구가 그의 마음속에서 용솟음칠 것이다. 그는 행복과 선행의 관계를 물어 고통스러움, 죄, 죽음에 대하여 이성을 만족시킬 수 있을 법한 정당성을 찾아서 변신론辯神論을 만들어 낼 것이다. 바꾸어 말해서 종교적인 감정이나 경험은 사고에 의하여 개정되어서 합리화과정은 마술적 관념을 해소시키고 점점 세계를 비마술화하여 비신성화해 가는 것이다. 종교는 마술로부터 교의로 전화해 간다. 그리고 원시적인 세계상의 붕괴 이후 두 가지의 경향이 나타난다. 하나는 세계의 합리적인 통어에의 경향, 다른 또 하나는 신비적 경험에의 경향이다. 하지만 여러 종교는 단순히 그 각인을 점점 발전시켜 가는 사고로부터 받는 것만은 아니다. 합리화과정은 여러 가지의 궤도를 밟아 나아가 그 고유법칙성은 경제·국가·법률·학문·예술 등 일체의 문화형상을 포함한다.

합리주의와 서구문화

서양문화는 그 모든 형식이 최초의 그리스 정신 가운데에서 발전했고, 종교개혁기에는 특정 목적을 지향한 생활태도 방법을 도입했고, 방법적인 사고방식에 의하여 결정적으로 규정된다. 이론적 합리주의와 실천적인 그것이 이러한 융합을 이루어 근대문화와 고대문화의 차이를 낳게 했고, 이 양자의 특색은 근대서양문화와 아시아문화의 차이를 낳게 했다. 물론 동양에서도 합리화의 여러 과정은 관철되었지만 그러나 학문·국가·경제·예술의 모든 것에서 합리화과정은 서구에만 있는 특유의 어떤 궤도를 경과하지는 못했다.

베버에게 있어서 서구의 합리주의의 특수성과 서양문화에 있어서의 그것이 연출하는 역할에 대한 이 인식은 그가 행한 가장 중요한 발견의 하나라고 생각된다.

그 결과로써 종교와 경제의 관계에 대한 그의 설문은 지금에 와서 가장 광범위한 서양문화 전체의 특성에 대한 설문으로 확대되었다. 그러면 왜 서구에만 증명 가능한 진리를 낳은 합리적 과학이 존재하는가? 왜 서구에만 합리적인 화성음악, 합리적인 구성을 갖는 건축 및 조형예술이 존재하는가? 왜 서구에만 의회제국가, 전문적 훈련을 받은 관료조직, 전문가집단, 의회, 정당제, 요컨대 합리적으로 제정된 헌법과 마찬가지로 합리적으로 제정된 법률을 가진 정치기관으로서의 국가가 존재하는가? 어째서 서구에만 근대생활의 가장 숙명적인 힘, 즉 근대자본주의라는 것이 존재하는 것일까? 이런 것들이 모두 서양에만 있는 것은 왜 그런가? 이러한 의문은 이때부터 여러 가지 형태로 부단히 그의 마음을 사로잡아 그는 자신의 전공을, 아니면 모든 전문적 학문의 테두리를 넘어서 세계포괄적인 현실인식에 방향을 두게 되었다.

그가 확인한 것은 대체로 다음과 같다. 서구교회(로마교회)와 마찬가지로 근대서구국가의 탄생도 법리가의 사업이었다. 즉 로마인의 특수한 업적은 법리적

합리주의였다는 사실, 근대시민의 경영자본주의는 그 기술적 여러 인자의 계측 가능성이나 엄밀한 계산 등을 가능하게 한 서양과학의 특질에 의하여 강력하게 규정되어 있다는 사실, 그리고 서양의 예술, 적어도 건축예술, 조형예술, 음악의 특질을 형성하는데 큰 힘이 된 것이 과학이라는 사실은 가장 놀랄 만한 것 중의 하나이다. 시대풍조는 합리주의를 도외시하고 특히 많은 예술가들이 합리주의를 스스로의 창조력에 대한 억압이라고 단정했다. 그렇기 때문에 이 발견은 베버를 의외로 앙분시킨 것이었다. 거기서 그는 예술사회학에 뜻을 갖고 그것에 대한 최초의 시도로써 음악을 합리적·사회학적 기초에서 검토하기로 했다. 그는 1910년경에 다른 여러 가지 일에 얽매여 있었으나 그럼에도 불구하고 이 일에 착수한 것이다. 이 검토는 그로 하여금 아주 인연이 먼 민족학 분야에까지 섭렵하게 해서 음의 산술이나 상징학이라는 접근하기 어려운 연구에까지 이끌려 들어가게 했다.

그러나 연구의 이 부분이 일단락되자 다시 그는 자신을 억제하고 이미 약속에 의해 착수했던 논문작성으로 되돌아갔다. 세계종교의 경제윤리에 관한 새로운 일련의 논문의 주요부분은 대체로 1913년경에 완성되었다. 하지만 발표는 1915년에야 비로소 시작되었다. 베버는 다시 학문적 자료를 모아서 2, 3 부분을 보충하려고 생각했었다. 그러나 그것은 세계대전에 그가 응소하게 되어 중단하게 되었다. 결국 그는 유교와 도교에 관한 부분에서부터 발표하기로 했으며 그에 앞서 역사철학적인 서론을 펴냈던 것이다. 1915년 가을에 군무를 면하게 되자 그는 다시 연구를 계속했다. 중국에 관한 부분은 1919년의 재판再版을 위하여 다시 한 번 철저하게 그의 손을 거쳤다.

최초의 종교사회학적 논문의 재론

다시 더 자세하게 최초의 종교사회학 논문에 대하여 언급한다면, 이 논문은 베버가 신경성 장애로 고통스러워하며 능동적인 활동을 체념해야 했던 시기를 막 넘긴 후 그의 명석함이 다시 빛을 발하기 시작했을 때 가장 먼저 나온 것이다. 이 논문은 그의 인격의 가장 깊은 근저와 밀접한 관련을 갖고 있는데, 분명히 이렇다고 말할 수는 없지만 그의 인격에 새겨져 있다. 방법이라는 점에서도 이 논문은 전범이라고 할 만하다. 그 후의 연구에 의하여 밝혀진 바에 따르면, 이 논문의 성과 중의 하나는 유물론적 역사관을 결정적으로 극복했다는 사실이다. 베버는 마르크스의 천재적인 구성에 대해 찬탄을 표시했고, 현상의 경제적·기술적 원인을 캐내 지극히 풍성한 성과를 거둔 하나의 원리, 혹은 지금까지 전혀 빛을 보지 못한 여러 분야를 인간의 인식욕 앞에 열어준 독자적인 새로움을 간직한 원리를 색출했다고 보았다.

그러나 베버는 이 구성을 세계관에까지 끌어 올렸을 뿐만 아니라 물질적 여러 계기의 인과적 설명을 공통분모로 절대시하는 것은 거부했다. 왜냐하면 선입견에 좌우되지 않는 연구를 통해 일찍부터 문화생활의 모든 현상은 경제적으로도 규정되지만 경제적으로만 규정되는 것은 하나도 없다는 사실을 터득해온 까닭이다. 이미 소장학자로서 그는 1892, 3년에 동독농민의 농촌 이탈 이유를 조사했을 때, 그것은 '나이프와 포크의 문제'(호구지책의 문제)와 마찬가지로 이데올로기적인 동인도 결정적이라는 인식이 강력히 부상했다. 신학자 겔레와 공동으로 제2회 농업노동자 조사를 했을 때에는 농촌주민의 경제 상태와 함께 윤리적 종교 상태는 물론, 또 여러 인자의 상호작용을 규명하는 것이 당초부터 의도

되어 있었다. 여러 관념의 힘이 세계형성적 의미를 추구하는 것에 대해서는 아주 일찍부터 분명히 그의 흥미를 끌어 왔다. 아마도 이런 방향으로의 그의 인식욕의 지향—즉 종교적인 것과 부단한 대결이라는 방향—은 그의 모계 일족의 순수한 종교성이 그의 내부에 남아 계속해서 생동하고 있는 형식이었을 것이다.

물론 그는 유물적 역사구성 대신 유심적 역사구성을 시도하고자 한 것은 전혀 아니고—양자는 다 같이 가능한 것이지만 그러나 양자가 다 같이 진리에 도달하기 전에는 아무런 역할도 못한다—모든 중요한 현상에서 존재를 형성하는 다종다양한 힘이 항상 변화하는 상호작용을 해명하려고 하였다.

방법론적으로 이 논문이 특히 흥미를 끄는 것은 다음과 같은 이유 때문이기도 하다. 베버는 처음으로 그 무렵의 논리적 저술에서 분석하고 있는 문화과학적 사회학의 진리 탐구 방법론을 의식적으로 적용하고 있다. 따라서 독자는 여기서 자본주의의 정신, 혹은 거기에 대립하는 전통주의와 같은 중심적인 이상형 개념의 구축과정을 실제로 보게 된다. 이들 개념은 정의된 것이 아니라 조립된, 다시 말해서 연역된 것이 아니라 현실로부터 이끌어내 온 개념의 여러 특징이 역사적 검토 속에서 서서히 떠오르게 되는 것이다. 그리고 처음에는 우리에게 추상적인 개념으로 비춰지던 것이 저술이 진행됨에 따라 점점 풍성하고 구체적으로 눈에 보이는 내용으로 변하게 된다. 또 베버는 직관적으로 이해된 여러 관련된 면밀한 인과귀속因果歸屬을 시도하려고 노력하고 있다. 그는 실제로 멋대로 끌어당긴 견해가 아니라 가능한 한 증명된 진리를 제시하고자 하는, 그러한 까닭에 천재적인 착상에 엄격한 논리적 처리를 가미한 것이었다. 이 논문의 기발한 형식, 사고를 진작시키는 점에서의 이분성二分性—주문主文과 주註—은 분명 본질적으로 이상과 같은 사실에서 온다. 그런 사실은 어느 정도까지는 잡지의 지면을 절약하기 위한 것이기도 했다. 독자는 상단에서는 극도로 사람의 의표를 찌르는 종합판단을 터득하게 되고, 하단에서는 극도로 세심한 학문적 입증을 읽게 된다. 각각의 테제에는 자료에 대한 보고가 갖추어져 있고, 근대 직업개념의 성립에 대한 문헌학적 논문을 포함한 가장 중요한 항목은 작은 활자의 주註로 표시했다. 개정판에서는 다른 점은 변경되지 않았지만 이 '발의 혹'(막대한 각주를 이름) 만은 비판자들의 반론을 염두에 두었기에 눈에 띄게 늘어났다. 모든 학문적 준비나 자료를 낱낱이 드러내는 것이 진정 이 논문에서는 무엇보다도 긴요한 사실인데, 논점이 너무나도 사람의 의표를 찌르는 것이었으며, 이들 논점이 절대적인 것은 아니라는 신중한 태도가 우선 상대방에게 이해되지 않기 때문에 일어나는 여러 논쟁이 이를 증명하고 있다는 점이다.

그리고 마지막으로 역사적 기술의 테두리 안에서는 인식과 평가를 분리시키는 것이 가능하다는 점을 베버의 논증에 의해서도 납득하지 못하는 사람도 그 분리를 의식적으로 한 논문을 완미함으로써 다소 그것을 이해할 수가 있게 하였다. 베버는 그 자신이 분석한 여러 가지 윤리적·종교적 형상에 대한 가치판단을 절대로 하지 않았고, 직접적으로든 간접적으로든 신들 사이의 위계를 정하는 일은 어떤 경우에도 하지 않았다. 그래서 결말 부분에서 장래의 발전 가능성에 역점이 주어지는 경우에는 그것이 증명 가능한 과학의 영역으로부터 이탈할 수 있음을 주지시켰다. 여러 가지로 형태를 바꿔서 나타나는 가톨리시즘의 경우나 프로테스탄티즘의 의미(마찬가지로 또 후에 가서는 아시아의 여러 종교도)는 그들 종교 내용의 어떤 것으로부터도 제약을 받지 않는 진리 추구라는 절대 변치 않는 공정성을 가지고 다루어진다. 그는 복음서와 진정한 기독교적 종교성에 대해 깊은 경외심을 항상 잃지 않았다. 예수가 행한 비유의 말, 산상수훈,

그리고 바울의 서간과 구약성서에서는 특히 예언서와 욥기는 그에게 종교적 감격과 깊이에서 유례를 볼 수 없는 기록이었다.

하지만 그는 성숙기에 도달한 이래 실질적인 구속으로부터 초월했고, 그런 까닭에 사상가로서 모든 종교체계에 동등한 흥미를 갖고 대했다. 이 '초월적 입장'에도 불구하고—혹은 진정한 그러한 까닭에—그의 담담하고 격정에 사로잡히지 않은 사고의 진행방향이나 그 후에 쓰인 것의 대부분의 서술부분이 사람의 마음을 사로잡게 된다. 하지만 그렇게 마음을 사로잡게 된 것은 이 최초의 종교사회학 논문이 구체적 내용에 의해서 그럴뿐더러 거기에 숨겨져 있는 사상가의 개성 때문이기도 한 것이다. 그는 "가슴에 파도처럼 밀려오는" 인류의 운명의 흐름에 대해 그의 깊은 감동, 특히 이념이라는 것은 이 세상에서 작용하고 있을 때는 항상 어느 곳에서든 최초의 의미와는 배치되는 결과를 빚으며 그런 까닭에 스스로를 파괴한다는 점에서 놀라움을 금치 못했다. 그리고 또 베버는 우리의 앞에 제시된 드높은 청교도주의의 위대한 인물상 가운데에는 그 자신에게 갖추어진 몇몇 특징이 있다고 생각한 모양이다.

이상의 이유로 해서 여기에 이 논문의 두서넛 논점을 다루어 보기로 한다.

논문의 요점

소유욕, 금전욕, 주저하지 않는 영리 활동은 항상 어디에든 있을 수가 있다. 모든 규범에 종속되는 것을 배제하며, 생활하기 위해 필요 이상의 재화를 취득하는 것, 즉 투기자본주의·약탈자본주의·식민자본주의, 기타 이와 동류의 것들은 화폐를 사용하는 모든 경제 구조 속에서 보면 고유한 것이다. 하지만 모험으로써가 아니라 부단한 도덕적 의무로써 영리를 위한 영리의 긍정은 일정 시대 이후에 성립한 것이다. 그리고 특정 계층에서만 있었는데, 특히 서구에만 존재하는 것이다. 이런 사태가 생기기 위해서는 서양의 인간, 특수하게는 서양의 시민계급이 특정의 생활태도를 체득하고, 합리적인 방법에 의한 노동을 도덕적 의무로 받아들이는 것을 배우지 않으면 안 된다. 어떻게 해서 이러한 생활태도는 생겨난 것인가? 그리고 그것은 어떻게 작용하는가? 이것이 설문의 목표이며, 서서히 드러나기는 하나 대담하고 신중한 사고로써 그 목표가 연구의 전체를 감싸게 하고, 결국 거기에 이르게 한 모든 과정을 분명히 해주는 것이다. 우리는 여기서 우선 손쉽게 그 목표에 돌진하기로 하지만 베버가 도달한 정신세계는 넓고 풍요하므로 그 극히 일부만을 볼 수 있을 뿐이다. 그는 손에 가까이 미칠 수 있는 것, 현대에 속하는 것에 빛을 비춘다. 어떤 문하생이 조사한 신앙조사 통계에 근거해서 독일의 가톨릭계 주민은 프로테스탄트계 주민에 비해 아주 근소한 정도만이 자본주의 영업에 종사한다는 사실, 그리고 그것을 결정하는 것은 외적인 조건이 아니라 내적인 심적 조건이라는 사실을 보여준다. 종교 환경에 의하여 형성된 정신적 특색, 그리고 무엇보다도 그들에게 가르쳐진 여러 가지의 직업관에 따른 것이다. 칼뱅주의(Calvinism, 프랑스 종교개혁가 칼뱅에 의해 창시된 프로테스탄트의 한 교파로 모든 것은 신의 의지에 의해 결정된다는 사상-편집자) 및 뱁티즘(Baptism, 자각적인 신앙고백에 기초한 침례를 시행한다는 프로테스탄트의 한 교파-편집자)의 각인을 받은 프로테스탄트들의 강력한 경건성과 크게 발전한 유효한 상업정신과의 독특한 결합은 옛날부터 이루고 있었음은 이미 잘 알려져진 일이다. 이러한 기묘한 현상 사이의 인과적 연결 사슬을 발견하기 위하여 탐구자는 현재의 사태나 이미 알려진 사태로부터 한 걸음 한 걸음 과거로 거슬러 올라가서 최후에는 종교개혁시대와 중세의 종교적 사상세계에 이르는 것이다.

베버는 자본주의 정신의 특징을 보여주는 문서로 한 젊은 상인에 대한 벤자민 프랭클린의 가르침을 분석한다. 쉴 새도 없고 검약하고 향락을 단념하며 자신의 재산을 확대하는 것을 의무라고 보며, 자기가 획득한 부는 그 인간의 유능함을 나타내는 지표라고 평가하는 믿을 만한 신사의 사상이 여기에 있다. 고대나 중세에는 전적으로 저열한 근성이라고 경멸했을 이러한 종교와는 전혀 관계없는 관념이 프랭클린의 고국에서는 자본주의가 존재하기 훨씬 오래 전부터 생산형식으로 널리 찬동을 얻어 왔다. 이런 관념은 오늘날에도 노동을 도덕의무, 상행위를 자기목적이라고 보는 근대적 기업가의 내부에 계속 살아 있다.

이 순수하고 윤리적이며 또 세속적인 지향성을 가진 타입의 인간의 배후에는 선조로서 종교개혁시대에 오직 신만을 생각하는 마음에서부터 경건하고 숭고하기까지 한 엄한 인간의 모습이 나타나게 된다. 루터·칼뱅·번연·백스터·크롬웰 등 모두 그들 자신과 신과의 관계, 자신의 영혼의 구원, 피안에 있어서 자기의 운명을 진정 중요시하는 사람들이었다. 그리고 그들 배후에 칼뱅의 '숨겨진 신Deus absconditus'이 서 있다. 인간에게는 그 이름이 알려지지 않은 이 신은 이제 복음서에서 보는 자상한 아버지가 아니라 스스로 자기의 영광 이외에 아무 것도 바라지 않는 미지의 숨겨진 신일 것이다.

이와 같은 사람들은 배금주의를 낳게 한 자본주의 정신과 어떤 관계에 있는가? 현세 부정의 정신, 지상의 영광을 부정하는 정신을 이 악마와 같은 것으로 논한다는 것은 너무나 대담한 것이 아닐까? 하지만 논증은 하나하나 순서를 밟아 차근차근 진행되며, 결국 우리는 영원히 적대하는 모든 힘이 그들 자신의 고유법칙에 따라 서로 연결되는 지점이 있음을 보게 된다.

이익을 목적으로 하는 활동을 의무적인 직업이라고 보는 견해가 지금까지도 근대적인 기업가의 삶에 윤리적인 존엄성을 부여함을 우리는 본다. 이러한 견해는 어디서부터 오는 것일까? 고대나 중세는 이와 같은 의미의 말을 알지 못했다. 베버의 문헌학적 분석에 따르면, 그것은 원문의 정신에서가 아니라 그 자신의 정신으로부터 창출해낸 것이다. 이 종교개혁자는 존엄함을 표현하려고 생각했다. 이 말은 세속적인 매일 매일의 노동을 도덕실천의 최고의 내용으로 신성화한다. 이것은 루터의 업적 가운데에서도 가장 중대한 영향을 남긴 것의 하나이다. 왜냐하면 모든 프로테스탄티즘 신도단은 그가 새롭게 창출한 의미를 계승하여 행한 때문이다. 그러므로 그러한 사실에도 불구하고 루터주의는 자본주의적 정신을 낳지는 못했다. 이 정신을 잉태한 것은 그 본래의 의미로 볼 때 모든 지상의 사업에 가장 강력히 저항하는, 즉 칼뱅의 놀랄 만한 예정설 및 그로부터 도출되는 결론이다. 마음을 측량하기 어려운 신은 어떤 사람에게는 영원의 생명을, 다른 사람에게는 영원의 죽음을 결정해 준다. 공덕·죄과·비적秘蹟·선행 등 이런 것 모두는 명백히 결정된 운명을 변하게 하지는 않으며, 이 운명의 의미는 풀기 어려운 수수께끼다. 이처럼 믿고 있는 사람들은 모두 선택받은 사람 속에 끼여 있는 것인가, 그렇지 않으면 영원히 벌 받을 사람들에 속하고 있는 것인가를 공포와 전율을 갖고 묻는다. 신은 이미 선택을 끝냈다. 어느 누구를 막론하고 거기에 대해서는 아무런 영향을 미칠 수가 없다. 사람들은 다만 자기가 어느 쪽에 속하는가를 추측할 뿐이다. 그리고 자기가 은총을 받았다는 사실을 유일하게 확신하는 방법은 실증, 그것도 직업을 통한 실증, 그러니까 신의 영광을 위하여 쉬지 않고 유효한 노동을 하는 길뿐이다.

이것이 아주 새로운 종교적 타입, 청교도나 퀘이커 및 메너나이트나 뱁티스트 등의 타입을 형성한 기본사상이다. 고독 속에서 자기 자신만을 믿을 수밖에 없었으며, 모든 마술적 구제력을 빼앗긴 자신을 본다. 어떤 교회나 성직자, 혹은 비적秘蹟도 그의 생애의 결정적인 순간에 이르러서는 아무 도움이 되지 못했다. 그런 까닭에 그는 이 세상의 어떤 권위에도 복종하지 않았으며, 다른 사람 앞에서도 용의주도하게 마음을 털어 놓지 않았으며 자신을 폐쇄했다. 깊은 내적 고독 속에서 그는 자신이 알지 못하는 놀랄 정도의 거리에 있다고 느끼는 신에게로 향한다. 그는 신을 마음속에 간직하는 것이 아니라 신의 도구이며 신이 그에게 요구하는 것은 감정이나 기분이 아니라 행동일 뿐이다.

신은 자기의 명령에 따라서 현세를 합리적으로 형성해 나갈 것을 요구한다. 청교도는 모든 감각적인 문화와 기쁨을 피한다. 피안에만 눈을 돌려서 그는 자기의 혼의 구제에 대해서는 불안 속에 잠겨 있으면서도 자기의 지상 사업은 신에게 봉사하는 근면이라고 생각한다. 그리고 그는 인간과 인간 사이의 모든 강력한 감정적 교섭은 피조물의 신화로써는 의심스러운 것이므로 사람과 사람의 연대를 낮게 하는 그의 힘은 한층 더 일에 경주하게 한다. 즉 그는 열심히, 또 솜씨 좋게 현세생활을 조직화한다. 그 기율이 엄정하고 소박한 향락에 등을 돌린 생활태도, 단순히 신을 원하는 것만이 아니라 신에게로 움직여 가는 인간의 행장은 선택된 사람의 성화聖化를 보여주는 것임에 틀림이 없다. 가톨릭에서 평범한 인간의 결함은 교회의 성총(聖寵 풍성한 은총―편집자) 수단에 의해 속죄할 수가 있다. 루터도 본능적인 행동과 소박한 감정생활의 자연스러움을 그대로 인정했지만 칼뱅주의자들은 그렇지가 않다. 그에게 있어서는 신의 의사이거나 인간의 공허성이거나 그 둘 중 하나만을 택하는 길밖에 없다. 그는 장차 복에 이르는 확신을 오직 비합리적인 본능의 극복을 위하여 질서가 확립된 자기통제, 방법적인 생활태도, 세속적 금욕에 의해서만 얻을 수 있다고 봤다. 이것이 청교도적인 성자의 결정적인 이상이다. 수도사와는 반대로 그는 이 속세 속에 살지만 그러나 또 수도사와 마찬가지로 그는 이 세상의 것이 아니다. 루터는 둔세遁世적 금욕을 비성서적이고 위선적이라고 부정했다. 그런 까닭에 그 시대에 타오르는 듯이 진지한, 신에 관한 일 밖에 마음에 두지 않는 사람들은 그들의 금욕 이상을 이 세상에서 실현하는 이외에 달리 방도가 없다고 생각하였다. 그래서 실증이 필요하다는 이상이 금욕에의 적극적인 유도 원인이 된다. 이 사상은 신앙과 도덕을 맺어주며, 그것에 의하여 일상생활에서 결정적인 의미를 갖게 된다. 신의 의지인가, 인간의 공허인가의 양자택일만을 알게 되어 현세에서는 쉴 새 없는 노동으로 자신의 전력을 발휘할 수밖에 없는 새로운 인간을 이 사상이 창조해 낸 것이다.

그렇지만 이것만으로는 도덕적 의무로써의 직업노동, 세속적 금욕에 의한 은총의 상태를 실증한다는 관념이 근대자본주의와 어떻게 결부되어 있는가는 아직 알 길이 없다. 이런 점에서 역설적인 사태가 가장 강렬하게 나타난다. 청교도주의의 종교심에서 부는 위험한 것이며 부의 추구는 무의미할 뿐이다. 하지만 부는 방법적인 경영과 향락 포기의 피할 수 없는 성과이며, 그러한 것으로써 실증의 표징이며 오히려 은총 상태의 표징이다. 비난해야 할 것은 부의 소유 속에서 안일하게 사는 생활태도이다. 행동만이 신의 영광을 받드는 길이며, 가장 중요한 죄는 시간을 낭비하는 것이어서 비행동적인 명상도 직업을 희생시켜 가면서 할 때에는 가치가 없다. "자기의 직업 속에서 묵묵히 일하라"고 백스터는 신도들에게 명한다. 그리고 "육체의 즐거움을 위해서가 아니라 신의 영광을 위할 때에만 비로소 그대들은 노동해서 부해질 것을 허락받는다"라고. 이것에 의해서 결국 모든 관련성이 완결된다. 삶에서 가장 중요한 내용은 쉬지 않고 노동을 하고, 그 대신 향락적 안식을 금하고 있는 자에게는 자기가 얻은 것 대부분을 항상 새로운 영리를 위해서 사용하는 이외에는 다른 도리가 없다. 그는 자본주의적 기업가가 될 수밖에 없다. 자기가 일하고 은덕을 신에게 감사하는 근직謹直한 시민적 자수성가형 인간이 여기에서 출현하게 되는 것이다.

이익추구에 대한 속박은 풀리고 재화획득은 전통주의의 쇠사슬로부터 해방된다. 그 결과는 전적으로 검약의 강제에 의한 자본형성, 부의 축적 밖에는 다른 길이 없다. 신 자신이 자기를 떠받드는 성자들의 행동을 축복한다. 그러나 이 신은 인간의 손에 맡겨진 돈의 1페니히 1페니히에 이르기까지 확실히 계산할 것을 요구한다.

"자기의 소유에 대한 인간의 책무라는 생각이 아주 무거운 중압감을 생활 위에 얹어준다."

따라서 이와 함께 이념의 비극이 시작된다. 획득된 부의 유혹에는 중세의 수도사단체와 마찬가지로 청교도라고 해도 거역할 수가 없다. 고매한 종교적인 삶의 양식은 그 자신의 결과에 의하여 파괴된다. 그리고 종교적인 뿌리가 마르기 시작했을 때 비로소 직업사상과 금욕 교육은 그 본래의 효과를 발휘한다. 프랭클린이 설정한 시민적 정직함과 단단한 나무에 새겨진 근대적 경제인이 이상과 같은 인간상의 계열의 최후에 서 있는 것이다. 종교적인 열광이 아니라 직업적인 절조, 신의 나라 탐구가 아니라 세속성이 그의 마음속에 충만 되어 있는 것이다. 종교적 과거의 계승자로서 그는 시민계급 특유의 직업윤리를 가지고 돈을 버는 경우에도 안정된 양심을 갖는다. 노동의 금욕을 가르쳐 준 교육 덕분에 신중하고 정직한 양심적 노동자가 그에게 제공되며, 그들의 순종성을 이용하는 데에 합법성이 부여된다.

기독교의 금욕정신도 또 그것에 의해 건설에 도움을 받았던 근대 경제 질서의 코스모스는 오늘날 모든 개인의 생활양식을 빠짐없이 규정하고 있다.

"청교도는 직업인이 되고자 했으나 우리는 직업인이 될 수 없다."

이 세상의 재화에 대한 관심은 어디까지나 벗어버릴 수 있는 얇은 외투와 같은 것일 때만 이 성자들의 어깨에 걸쳐있어야 한다. 하지만 숙명은 외투가 철과 같이 단단한 껍질이 되어버리는 것을 막아내지는 못했다. 오늘의 종교적 정신은 본질적 껍질에서 탈락되고 말았다. 그것은 결정적인 것인가, 누가 그것을 알 것인가?

마지막으로 베버는 이 어처구니없는 발전의 미래를 덮고 있는 베일에 잠시 손대 보려고 했으나, 그는 감히 베일을 제치고 미래의 실상을 보여 주는 일은 하지 않았다.

Chapter 6

국면의 확장 및 사회적 투쟁

베버와 대학의 관계

우리의 서술은 베버의 미국으로부터 귀국에서 일단 중단되었으나 여기서 다시 베버의 인생행로를 추적해 보기로 하자. 베버의 건강은 이 대규모 여행에 의해서도 완전한 회복을 얻지 못했다.

"우리는 둘 다 신경의 평형상태를 여전히 완전하게 되찾지 못했습니다. 오히려 미국은 진정한 휴양을 가져다주지 못한 것이 분명합니다. 어쨌든 그는 또 수면이 불규칙적이 되었고 일할 능력이 결여되었다고 불평을 늘어놓았지요."

그러나 드물기는 하나 지금은 이 병든 사자도 밤이 되면 동굴에서 나오듯이 여러 강연에 참석했다. 특히 다이스만이 새로 만든 종교학 간담회—거기에는 빈델반트 · 옐리넥 · 고타인 · 트뢸치 · 노이만 · 도마스쳅스키 · A.디트리히 · 라트겐 · 폰 돈 등의 유명 학자들이 모이는 소서클—에서 강연을 맡아 했다. 그리고 『자본주의의 정신』에 대한 논문은 이제야 속도를 내서 완성에 이르고 있었다. 3월이 끝날 무렵 3개월도 안 되는 노고 끝에 제2부가 탈고되었다.

그 해 후반기에는 러시아혁명이 베버를 사로잡고 있었다. 그는 학문적인 일을 중단하고 짧은 기간이나마 아침 일찍 침대에서 신문을 해독할 수 있을 정도의 러시아어를 공부하여 극도의 관심을 갖고 있는 이 사건을 추적했다. 그때 그의 관심을 가장 깊이 끈 문제는 러시아인의 해방투쟁이 그 자신의 나라의 민중에 어떤 영향을 미칠 것인가 하는 점이었다. 『러시아에 있어서 부르주아 민주주의의 현상에 대하여』라는 최초의 책은 1905년 말에 완성되었는데, 그 해 말 3개월간에 그의 건강이 특히 좋았던 덕분에 가능했다. 베버는 다른 사람이 보기에 놀랄 정도의 다산성에도 불구하고 늘 변함없는 불안정 속에 살았으며, 그래서 기한이 정해진 약속은 피했다. 전공이 같은 나이 많은 권위자들은 그에게 유명 대학의 교수자격을 얻도록 촉구했지만 모두가 헛수고에 그쳤다. 특히 L.브렌타노의 이런 제안 편지에 대해 베버는 다음과 같이 회답했다.

"친절하게도 뮌헨으로 옮기라는 말씀 감사합니다. 나는 현재 아무 일도 할 수가 없습니다. 베를린 대학에 관해서도 슈몰러가 같은 얘기를 해왔지만 거절했습니다. 정상적으로 일한다는 것은 아직도 전혀 불가능합니다. 어느 정도의 힘든 정신노동은 견뎌낼 수 있지만 지껄이는 말의 심리적인 조작은 나로 하여금 수면을 취하지 못하게 만들며, 그 때문에 얼마 안가서 다시 일을 할 수 없게 되고 맙니다." (1906년 2월 18일)

이처럼 단념할 수밖에 없었음에도 불구하고 베버의 대학에 대한 관심은 옛날과 다름없이 활발했다. 동료나 여러 대학의 학부 교수들이 인사문제를 갖고 가끔 그를 찾아 조언을 구했고, 젊은 강사들은 그를 직책상 이익의 대변자로 삼았다. 이럴 때에는 그는 남의 일을 자기 일처럼 생각하여 노력이나 시간을 아끼지 않았으며, 남의 입장을 대변하는데 훌륭한 외교적 재능을 발휘했다.

그러나 편협심이나 허영심으로 타당한 해결을 곤란케 하는 동료에게는 창을 빼들고 돌진하는 기세로 맞섰고, 모든 반대를 윤리적 일격으로 분쇄했으므로, 그들에게는 아주 불유쾌한 존재로 생각되었다. 베버는 이런 사람들에게서 교수적 허영심이라는 특수 직업병이 나타나 있음을 보아온 것이다. 이와 마찬가지로 특히 게오르크 지멜과 같은 뛰어난 지성을 정당한 활동영역에서 소외시켜 버리는 반유태주의도 그가 증오하는 것 중의 하나였다. 이 철학자를 빈델반트의 후임으로 하이델베르크에 초빙하려 했으나 성공하지 못하자 그는 관계자에게 분노를 품고 있었다. 또 그는 사회민주주의 경향의 학자들을 받아들이지 않는 정치적 자유의 부재와 소심증에도 증오를 표시했다. 오랫동안 그의 가슴에서 사라지지 않은 특별한 예로서는, 전도유망한 젊은 사회학자 로베르트 미헬스가 그와 같은 이유로 독일 대학에서 배척당했던 일이 있었다. 베버의 생각으로는 가치와 관련 있는 모든 학문분야, 즉 철학·역사학·국가학 분야에서는 여러 경향의 대표자가 될 수 있는 사람들이 함께 모여 있어야 한다는 것이 그의 지론이었다. 그가 생각하는 대학이라는 것은 교회나 종파, 혹은 국가를 유지하는 기관이 아니라 정신적 자유와 투쟁의 장소가 되어야만 한다는 것이었다.

다시 남방여행 길에 오르다

1906년 가을, 그는 어머니와 아내를 동반하고 시칠리아 여행길에 올랐다. 이곳은 굉장한 미지의 세계이며 이탈리아에 비해서도 새로운 인상을 주는 곳이었다. 그는 이곳에서 긴 휴양을 마쳤건만 오랜 휴양에도 불구하고 그 해 겨울과 1907년 봄에 다시 건강은 암운에 덮였다. 베버는 보다 큰일을 시작하면 힘이 부쳤고 자신의 창조력이 결여됨을 느꼈으며, 이 수년 이래 이처럼 어려운 고비의 시기는 없었다고 생각했다.

"오늘 이후 또 다시 음울한 겨울을 독일에서 보내야 한다고 생각하니 감내하기 어렵습니다. 이제부터 남은 인생의 가을일망정 남국에서 일광을 마음껏 즐기고 싶습니다."

그 무렵 불유쾌하고 험악한 정치적 사건이 일어나서 그를 한층 흥분하게 했다.

3월에 다시 그들 부부는 이탈리아로 떠났다. 이번에는 코모 호반으로 갔다. 호반의 낙원과도 같은 호화스런 정원에는 석류와 철쭉이 피었고 호수는 호반의 하얀 거리를 비추고 있었다. 그러나 그 고약한 반려, 즉 병마는 여전히 그에게서 떠나지 않았다. 5월이 되어서 베버의 건강상태는 극도로 악화되었는데, 그의 아내는 오랜 노고 끝에 자제력을 잃고 또 다시 의사를 찾게 되었다.

여름에는 여러 가지 중요한 변화가 밀어 닥쳤다. 베버와 전공이 같은 동생 알프레드 베버가 여태까지 봉직하던 프라하 대학을 떠나 하이델베르크 대학에 초빙되어 온 것이다. 또 하나의 사건은 외어링하우젠의 대학장이며 아마포회사의 창립자였던 칼 베버가 천수를 다하고 서거한 것이다. 노목이 쓰러지면 젊은 나무가 가지를 펴고 태양을 향해 한껏 기지개를 켜는 법이다. 이렇게 해서 퇴직교수 베버는 돈 걱정에서 완전히 해방되었다. 베버 부부는 오래 전부터 적나라한 인생의 다채로운 생활에 침잠하고 싶은 욕망을 갖고 있었다. 베버는 자신이 집 밖으로 끌려 나가는 일은 대단히 드물었지만 자극을 받는 방문은 몹시 좋아했다. 그의 아내가 말했다.

"매일 누군가가 찾아와 주었습니다. 학자들 중에는 트뢸치 · 옐리넥 · 고타인 · 포슬러 등이 있었고, 학문과 예술의 중간영역에서는 아페 부부와 A.F.슈미트, 그리고 구루레, M.도부라 등도 끼어 있었습니다. 그들은 대체로 오후나 때로는 저녁에도 찾아왔습니다."

이곳에서 새로운 그룹이 서서히 형성되었는데, 젊은 후진 중에는 리케르트의 제자인 에밀 라스크가 이 그룹에 참가하고 있었다. 그는 성실하게 베버 부부와 아주 가까운 친교를 맺었다. 그는 여류음악가인 미나 드브라를 대동하고 왔다. 뿐만 아니라 다방면에 재능이 넘쳐흘렀던 A.F.슈미트·넬과 클레너와 슈미트·롬 베르크 부부가 있었다. 원래 여배우였던 그녀는 학계와는 별세계의 공기를 발산했다. 그 후에 다시 프리드리히 군돌프·아르투어 잘츠, 그리고 특히 칼 및 게르트루데 야스퍼스와 우정을 맺었다. 더욱이 전공이 같은 베르너 좀바르트나 로베르트 미헬스, 그리고 엘랑겐 대학의 철학교수의 지위에 있던 파울 헨젤, 또 특히 기지 넘치는 화술을 가졌을 뿐만 아니라 관용, 온후함, 그리고 진정한 인간성으로 사람의 마음을 열어갔던 게오르크 지멜과도 교류했다.

사회적 활동과 투쟁

1908년 여름과 가을, 베버의 건강은 대단히 좋아졌다. 그때부터 그의 투쟁은 또 다시 시작되었다. 그는 프랑크푸르트 신문에 'X사건'에 대한 고등교육정책상의 문제에 대한 논문과 한 정치잡지의 유명 편집자가 그것에 대해 회답한 것을 반론했다.

사건은 다음과 같다. 프로이센 내각은 어떤 젊은 경제학자를 베를린 대학의 학부장에 앉혔다. 정치상으로 자기네들 구미에 맞는 일을 할 줄로 기대한 것이다. 베버는 여기에 대해 여러 각도에서 비난을 가했다. 정부에게 학부교수단을 무시하고 대학 내의 젊은 사람들을 상인 타입으로 육성하려든다는 것, 바꾸어 말하면 국가를 위해 일한 공적을 학계에서 커리어로 인정하려는 유혹에 젊은이를 빠뜨리려 한다고 비난했다. 한편 이 유혹에 양심을 구부린 그 강사도 비판했다. 결국 이러한 비평에 의해 당사자는 사표를 내고 사람을 통해 자기의 잘못을 깨달았다고 베버에게 전했다.

1908년 여름이 끝날 무렵 국제철학자회의라는 흥미 있는 정신연무장이 열렸다. 베버는 각계각층의 외국학자들과 회합했다. 얼른 친해지기 어려운 사회학자인 F.퇴니스가 회기 중에 그의 집에 묵었다.

1908년 가을에 베버 부부는 장기간 외어링하우젠에서 쾌적한 가정생활을 즐겼다. 베버는 그곳에서 공업노동의 심리물리학에 관한 연구를 계속했다.

정치적 격동

이 얘기의 줄거리를 이 해에 일어났던 다른 사건으로 옮기기로 하자.

1905년 이래 정계의 하늘에는 위험한 암운이 드리우기 시작했다. 모로코 문제였다. 자국의 통상정책 때문에 문호개방정책을 지지한 독일은 이 지방에서 프랑스의 정책과 충돌했다. 황제의 탕지르에의 여행과 모로코 수장首長에 대한 그의 담화는 전쟁의 위험을 완화해 주었다. 다시 아루헤시라스회의에 의하여 이 위험은 일소되었다. 독일은 성공을 거두어 자기 입장을 고수했다.

그러나 얼마나 큰 대가를 치러야 했던가. 프랑스는 이 간섭에 신경을 곤두세우고 이탈리아를 자기편으로 끌어들였다. 영국은 무엇보다도 독일의 부단한 함대 증강이 자기네 제해권에 대항하는 방책이라고 보았다. 독일은 그 이후 제국주의적인 호전성을 띠게 되면서 헤이그회의에서의 군축문제에 관한 협의를 거부했고, 점차 이 인상을 짙게 했다.

영국왕 에드워드의 포위정책은 성공했다. 영국·프랑스·러시아는 협조했고, 이탈리아와 오스트리아는 긴장상태에 들어갔다. 1906년 말 독일의회에서 황제의 개인지배의 위험과 험악한 정세에 대하여 논의하였다. 그 후 황제는 다시 공식연설에서 "나는 일을 할 수 없는 비관론자에 대해 참고 있지만 않을 것이다. 이 나라를 떠나서 보다 좋은 나라로 가면 되지 않느냐"라고 말하여 정치적 경고자들의 주장을 묵살했다. 수상은 군주가 표명한 이 말은 헌법이 정한 권리라고 변호했다.

독일은 의회주의 정치체제는 아니다. 독일인민은 명목만의 황제를 원치 않았다. 1907년 모로코에 새로운 소란이 일어났을 때 독일은 또 프랑스 정책과 충돌했다. 그런데 프랑스는 영국 및 이탈리아의 양해를 얻었으므로 독일의 외교적 패배는 분명했다. 그런데도 일시적으로 긴장완화가 계속되었다. 에드워드 왕과 빌헬름 황제는 서로 상호 방문을 거듭했으며, 독일 황제와 러시아 황제는 회견하기로 약속했다. 그런데 한편으로 영국과 러시아는 아시아에서의 이해관계에 대해 의견일치를 보았다. 그리고 그 후 발칸반도의 드라마가 개막되었을 때 독일과 영국은 또 다시 대립하기에 이르렀다. 중유럽의 여러 나라는 러시아 및 영국에 대한 터키의 독립성을 지지하려고 노력했다. 다시 전쟁의 위험이 절박해졌는데 이번에는 터키혁명이 일어나서 정세는 완화되었다.

그러나 곧이어 오스트리아 발칸에서의 권리주장은 새로운 중대한 분쟁의 씨가 되었다. 러시아와 합병하기를 바란 세르비아는 슬라브 민족의 연대 감정에 호소했다. 독일과 오스트리아는 고립되고 있었다. 이렇게 해서 독일이라는 배는 대양의 황량한 파도 속에 던져지고 만 것이다.

1906년 말 이래 국내정치도 중대한 위기에 빠져들었다. 중앙당은 남서아프리카 토민봉기의 진압 요구를 거부하였는데, 그때 사회민주당의 지원을 얻었지만 이것이 의회를 해산시키게 한 안성맞춤의 호기회가 되었다. 이 사건에 대한 베버의 입장은 격분에 사로잡힌 프리드리히 나우만에게 보낸 편지에 잘 나타나 있다.

"황제에 대한 인민의 대표의회는 실제 권력이 아니라 개인이 차지해야 할 구슬만을 황제의 손에서 빼앗아 오는데 급급한 정당, 사이비 입헌주의의 정당인 중앙당에 반대하며, 의회에 의한 강력하고 명쾌한 행정감독에 찬성합니다. 이와 같은 감독이 행해지면 더러운 제2정권도 그것이 숨을 장소를 잃어버릴 것입니다. 또 황제에 대한 신임투표도 단호히 거부합니다. 국민자유당 가운데 반대자와 사회민주당 가운데 노동조합 지지에 의해 사이비 입헌군주적 중앙당에 반대할 뿐만 아니라 황제의 국내정치에서의 권력 갈망 및 냉철한 이해타산을 대신한 황제의 대외적 호언장담 정책에도 반대합니다."

식민지 문제가 쟁점이 되어 벌어진 선거전의 결과는 무엇보다도 우선 사회민주당의 쓰디쓴 패배였다. 부르주아는 개가를 올렸으나, 베버는 여기에 대해 L.브렌타노에 반대하며 이렇게 말했다.

"제국회의 선거의 참담한 결과! 농업당의 우파 강화, 국민자유당과 전 좌파를 따돌리고 중앙당과 짠 반동파가 다수를 점할 가능성. 유일한 광명은 나우만과 장래 사회민주당이 그 호언장담 버릇을 버리고 실천적인 정책을 행할 가능성이다. 하지만 어떻게 해서 그렇게 될 수가 있을까?"

개혁 시도의 실패

1908년 말, 새롭고 중대한 위기가 국내정치를 진동시켰다. 보수당과 중앙당은 국가재정 개혁과 프로이센의 선거법 문제에 관하여 제휴했고, 보수와 자유의 대연합은 붕괴되고 말았다. 뷜로(Bernhard Bülow, 1849~1929)를 대신해서 철학자 망토를 입은 재상 베트만 홀베크(Bethmann Hollweg, 1856~1921)가 등장했다. 자유민주주의적인 개혁 안건 제기가 실패로 끝나고 말았다. 보수주의 지주인 융커들의 호전적인 지도자는 보통선거권에 대하여 선전포고를 하기에까지 이르렀다. 좌파자유주의자는 진보인민당과 합당을 노렸다. 나우만은 '바서만으로부터 베베르에 이르기까지' 라는 표어를 내세웠다. 하지만 사회민주당은 응하지 않았다. 프로이센 헌법은 변함없이 단순히 프로이센뿐만 아니라 여전히 제국 전체의 농업당·보수당 지배의 방패가 되고 있었다.

그런데 황제는 이미 자기 변설의 성공이 쇼크로부터 다시 일어났다. 그는 어떤 공개 담화석상에서 자기의 황제권은 신으로부터 물려받은 것이라고 말했다. 베버는 이미 오래전부터 이 군주의 완미(頑迷)함을 잘 알고 있었던 터라 이제는 의회의 권리를 확대해서 황제의 권능을 제한하는 것만이 더 이상의 화를 저지하는 수밖에 없다고 보아 여기에 기대를 걸 수밖에 없었다.

이렇게 극도로 흥분했던 때 베버는 다시 한 번 한 정치집회에 가담할 생각이었다. 그런데 그는 자신을 내세우는 것이나 개인적 성공에 대해서는 전혀 관심이 없었다. 그렇기 때문에 그는 강렬한 감명을 주기는 했으나 실제 정치과정에는 어떤 변화도 가져올 수 없는 즉석연설로 아직 완전하지 못한 체력만 낭비하는 꼴이 되어 별로 마음 내켜 하지 않았다. 그리고 베버의 신경은 의회나 정당의 부단한 활동 요구를 분명히 이겨내지 못하게 되어 있었다. 그런 까닭에 그는 격동의 시대에는 대체로 나우만의 끊임없는 조언자로서 또 그 자신이 속하는 그룹의 정치적 판단에 영향을 주는 일만 함으로써 백척간두에 서있는 국민에게 봉사할 수밖에는 달리 방도가 없었다. 그리고 아무리 영향을 주려고 해도 그러한 기대를 갖지 못하는 것이 보통 있는 일이다.

독일은 강력한 군비를 가진 힘센 제국이며 경제적으로도 번영하고 있었다. 정신적 지도자들은 영향력을 미치지 못한다고 해도 그들이 가진 문화적 의의는 정당하게 인정되었는데 그들은 거기에 만족하고 있었다. 그들은 안정을 바라고 있는 자기들의 우월한 입장이 위협 받는다고 생각하지 않는 한 사회주의에 대한 우려 정도와 현 정부에 대한 비판 정도가 서로 비슷하다. 정치 방향에 대한 베버의 간단없는 비판은 그의 병과도 무관하지 않은 것 같다. 베버는 황제의 극한 탈선을 중대 위기로 생각하여 국민의 정신적 지도자를 떨쳐 일어나게 하고 방관자 입장을 한 번에 내던지지 못하게 됨에 분통을 터뜨렸다. 그래서 당시 그가 원한 것은 명망 있는 대학교수가 결속해서 공동으로 공개항의를 벌이는 일이라고 보았다. 그러나 동료들 가운데 융통성 없어 보이는 한 국가학 교수가 쓴 프라이부르크 의회주의에 의한 통치를 반대한다는 내용의 논문을 리카드를 통해 보게 되자 격앙한 끝에 그에게 항의편지를 쓴 일이 있었다.

그가 동료교수의 정치적 태도에 대해 어떻게 생각했고 얼마나 고민했는가는 수년 후 다른 기회에서 밝혀졌다. 프라이부르크 대학 개교식 축하연(1911년 가을) 석상에서 이 대학의 학장대리가 평화주의를 공격한 일로 인해 빚어진 사건을 들 수가 있다. 프랑크푸르트 신문이 그의 발언에 대해 논평하자 이 대학의 교수들이 성명을 내어 "무조건 그리고 솔직히 조국의 이상에 믿음을 공표하는 것이 대학교수의 훌륭한 권리이며 숭고한 의무"라고 했다. 프랑크푸르트 신문의 발행자로부터 개인적인 논평을 부탁받은 베버는 이렇게 말했다.

"…자랑스럽게 표명된 대학교수의 솔직성을 이용하는 것은 좋은 인상을 주지는 못합니다. 그리고 축하연 연설에 대한 비판에 의해 도덕적인 힘이 마비될 것이라고 하는 예언 등은 진정 바람직하지 못한 소도시적 편협성이라고 느껴집니다. 프랑크푸르트 신문은 뛰어난 유머를 그 전통 속에 간직하고 있으므로 나의 소견으로는 이런 경우의 표현들을 그다지 중대시할 것이 못된다고 봅니다."

빈의 사회정책학회, 정치의 관료주의화 반대

얘기는 다시 1909년으로 돌아간다. 그 해 가을 베버의 건강 상태는 매우 좋았다. 빈에서 사회정책학회가 열렸다. 베버는 도나우 강 제국(오스트리아)과 문화적으로 결합하고, 오스트리아 학자들과 공동으로 노력하는 모습을 직접 자기 눈으로 보고 싶었다. 그리하여 베버 부부는 여기에 참가했다.

근대사회 문제를 사상적 실천적으로 극복하기 위해 벌이는 구체적인 노력은 통절한 한 편의 드라마였다. 세 세대에 속하는 학자들이 회의에서 만난 것이다. 강단사회주의의 노대가인 바그너와 슈몰러를 비롯해서 크나프, 브렌타노도 이곳에 왔다. 그들의 제자인 헬크너 · 라도겐 · 피라포비치 · 좀발트 · 슈르체 게바니츠 · 오이렌부르크 · 막스 및 알프레드 베버 형제, 그리고 이밖에 이미 제3의 세대도 여기에 등장했다.

이번 회의는 사회정책적인 것으로, 국가권력의 강화, 국가 및 지방자치단체

경제활동의 확장을 통한 평준화와 사적 자본의 지배를 제한하는 것이 올바른 길인가, 혹은 모든 제도·기업·의회의 민주화가 올바른 길인가 하는 문제였다.

열렬한 노투사 아돌프 바그너가 국가사회주의를 지향했음에 반하여 다른 사람들 특히 베버 형제는 개인을 기관에 종속시키는 새로운 수단이 이러한 국가사회주의 속에 숨어 있음을 간파하였다. 그들에게 있어 사회개혁의 궁극적 기준은 어떤 인간유형이 그로 인하여 조장되는가 하는 점이었다. 즉 자유롭고 자주적 책임을 갖는 인간인가, 그렇지 않으면 표면적 안정을 위해 권위나 상전에게 굴종하는 정치적 및 정신적으로도 종속적인 인간이 되는 것인가. 경제에 대한 국가 간섭의 증대는 관료적 기관의 증대를 초래하고 자신의 보잘 것 없는 지위를 지키기 위하여 자주적인 정치판단을 포기하지 않으면 안 되는 관리나 공복의 무리들을 더욱 증대시키는 결과가 된다는 것을 알프레드 베버는 분명하게 논증했다. 관료적 기관은 특정 과제의 기술적 해결을 위해서는 필요한 것이나 이것을 국가형이상학적으로 찬미하는 것은 노예적 발상에 다름없다. 막스 베버도 이와 마찬가지 입장으로 거기에 정치적 관점을 첨가했고, 여기서는 불안하고 음산하게 동요하고 있는 독일국가라는 선박에 대한 깊은 노여움을 나타냈던 것이다.

"이 세상에 어떤 정밀한 기계도 이 인간기계(뷰로크라시)처럼 정밀한 것은 없다. 기술적 객관성의 견지에 선다면 이것을 능가할 만한 것이 없다. 그렇지만 기술과는 별개의 기준도 있다. 행정이나 정치의 영역에서는 이것이 어떤 결과를 가져올 것인가? 여기에 적응하는 자는 모두가 기계 가운데 하나인 작은 톱니바퀴에 불과하다. 그것은 대기업에 있어서도 꼭 마찬가지다. 그리고 내면적으로는 자기를 그와 같은 톱니바퀴라고 생각하게 되고, 작은 톱니바퀴에서 어떻게 하면 큰 톱니바퀴가 될 것인가 하는 것이 그 생각의 전부였다. 이 뷰로크라

시화에 대한 열정을 경청하고 있노라면 절망감을 느낄 정도다. 정치에 있어서
도 우물 안의 개구리들만이 키를 잡도록 허용된다. 문제는 남아 있는 인간성을
이렇게 정신이 분단된 상태로부터, 그리고 관료적 생활 이상의 독점적 지배로
부터 지키기 위해서 우리는 이 기계장치에 어떻게 대처해야 할 것인가 하는 점
이다.…나는 뷰로크라시의 무비판적인 찬미에 반대할 뿐이다. 이 찬미의 본질
적이고 직접적인 원인은 순수한 도학자적 입장의 감수 태도, 진정한 독일관료
계급의 높은 도덕적 수준에 대한 신념인 것이다.

　그러나 나는 이런 종류의 문제를 일국의 국제적 세력관계에서의 위치와 문
화발전이라는 관점에서 관찰한다. 그렇게 되면 이 기계장치의 질적인 윤리가
연출하는 역할은 오늘날에는 결정적으로 감소해간다고 보아야 한다. 분명 그것
이 기계 기능의 정확성을 촉진시키는 한 윤리도 메커니즘에 대해 가치를 가질
것이다.…그러나 프랑스의 저 부패한 관료층, 미국의 저 부패한 관료층, 그처럼
멸시되어온 영국의 야경정부, 아니면 이들 국가는 이런 형편에서 실상 어떻게
일을 해 가는가? 대외정치 영역에서는 어떤가? 그렇다면 이 영역에서 진보한
것은 우리 독일인인가, 아니면 누구인가? 민주적 정체를 가진 나라는 부분적으
로는 분명 부패한 관료를 가지고 있으면서도 우리나라의 높은 도덕을 가진 뷰
로크라시보다도 훨씬 많은 성공을 세계에서 거두고 있는 실정이다.

　또 모든 국민이 자기의 힘을 세계에서 인정하게 하는 것이 궁극의 목적이라
고 한다면―물론 우리들 가운데 많은 사람들이 그것이야말로 최후의 결정적인
길이라는 견해를 가지고 있는 것이나―그렇다면 나는 묻는다. 즉 부패를 초래하
기 쉬운 순수한 비즈니스 관료계급을 갖춘 사적 자본주의의 신장과 높은 도덕성
을 갖추고 후광이 깃든 권위를 가진 독일 관료에 의한 국가지도 둘 중 어느 조

직이 오늘날보다 더 큰 통솔력을 갖고 있는가 하는 점 말이다. 그렇게 되면 나는 독일 뷰로크라시의 윤리적으로 하등의 틈바구니도 없이 작동하는 메커니즘에 대해서 경의를 표한다.

또 도덕적으로는 우리나라에 비해 훨씬 뒤져 있고 신성한 후광도 잃어버린 외국의 관료계급과 우리들 중 많은 사람들이 더 말할 나위 없이 악랄하다고 생각하는 사적 자본의 이윤추구가 결합한 것보다도 나라의 위대성에 훨씬 더 큰 기여를 하고 있다고 나는 당초부터 인정하지 않았다."

1909년에서 10년에 이르는 연말연시에 걸쳐서 겨울철이었으나 베버의 활약은 대단했다. 그는 베를린에서 정책학회의 위원회에 참가한 것을 비롯해서 수많은 사람들과 토론했고, 순수한 학문적 토론이라는 입장에서 과거의 사회정책학회에 결여되었던 점을 보완할 수 있는 사회학회 설립을 위해서 지멜이나 좀바르트 등과 분주히 협의했다.

베버는 근대사회생활 문제에 대하여 단순히 국민경제학의 전문가만이 아니라 철학자·신학자·법학자·인종이론가 등의 사람들과 사상을 교환하고 싶은 욕망을 느꼈다.

이 거대한 문제 영역을 순수하게 학문적으로, 즉 윤리적·정치적 목적 없이 커버하는 전체를 구성하고 싶었다. 베버는 여기서도 조직적 준비 작업을 맡았고 권유문을 기초하여 발송했으며, 그래서 막대한 통신활동을 벌여 자금을 모아서 공동 작업을 계획했다.

또 베버는 스스로 베를린과 라이프치히를 여러 번 왕래하면서 전공이 같은 학자들의 의견을 타진하였다.

독일사회학회 프랑크푸르트 대회

1919년 가을에 사회학회는 제1회 회의를 프랑크푸르트에서 가졌다. 이 회의에는 고타인·지멜·좀바르트·퇴니스·트뢸치·폰 슈르체 게바니츠·칸트로비츠·미헬스 등 여러 사람이 참석하였다. 쟁쟁한 사람들의 회합이었다. 사회학은 아직 전문과학이 되지는 못했고, 인식의 대상을 전체로 하였으므로 모든 학문과 접촉하고 있었다. 인간관계의 사회학, 기술과 문화, 학문과 법, 법학과 사회학, 인종과 사회 등이 회의 의제로 오른 것을 보더라도 그 성격을 알 수 있다.

막스 베버는 모든 테마의 토론에 참석했고, 사무보고라는 신중한 방식으로 한정지으려는 입장에서 이 협회의 과제를 말했다. 그것은 무엇보다도 모든 문제는 순수 학문, 즉 가치판단으로부터 자유스러워야 하는 방식으로 처리되어야 한다는 것이었다. 이런 집회에서 보이는 전반적인 흥분과 정신적인 동향이 성과보다도 중요하다고 느끼는 학문에 열의를 가진 비전문가들에게 이 회의는 나날이 축제와 같은 것이었다. 제2회 회의 후 베버는 그가 그처럼 힘을 기울였던 조직의 지도에서 손을 뗐다. 손을 떼게 된 이유에 대해 그는 다음과 같이 말했다.

"내가 이 학회의 설립에 열심히 참가한 공공연한 이유는 가치판단으로부터 자유로운 학문 작업과 토론의 장을 발견할 수 있을 것이라는 기대에서였다. … 그러나 이들은 내게는 전혀 관심사가 되지 못하는 주관적 가치로 사람을 괴롭히는 것을 중지하려 하지 않는 인사들이니 금후 자기들 멋대로 잘해 보라는 수밖에 도리가 없었다."

1911년 드레스덴에서 대학교수회의가 열렸다. 미국대학에 대한 토의에 즈음하여 베버는 다시 긴 연설을 했는데, 이 연설은 여러 가지 점에서 주목을 끌며

공개토론을 야기했다. 그는 이 때문에 광범위하게 다루는 토론에 참가해야만 했다. 그가 상과대학에 대해 발언하였을 때에 특히 반대론이 대두되었다.

이 회의에서 국가 관료와 독일대학의 한계에 대한 베버의 비판은 격렬했다. 그의 비판은 특히 최근 사망한 그 조직자를 계승한 프로이센 관청에서 볼 수 있는 일종의 관습에 집중된 것이었다. 베버는 젊은 강사 시절의 자기 경험을 빌어 알트호프 시스템의 폐해와 위험에 대해 구체적으로 설명했다.

아름다운 생활 속에서

1910년으로 돌아가 보면, 그해 봄에는 베버의 생활환경에 변화가 있었다. 아돌프 하우스라트가 작고한 이래 그의 자손들이 프리드리히 팔렌슈타인의 옛 집을 빌려 수리했고, 에른스트 트뢸치와 막스 베버가 각각 한 플로어씩 빌려서 기거하였다. 예순여섯 살의 헬레네는 평소 노스탤지어를 못 잊어하던 부모 집에 자식이 들어가게 되어 그 소원을 이룬 셈이었다. 지금 헬레네에게 있어서 이 집은 이미 타계한 사람들의 영이 충만 된 곳이었다. 이 옛집의 방이란 방은 모두 그저 아름다움이 지배한다고 하는 것이 적절한 표현이다. 특히 오래된 집 기들이 압도하고 색채가 조화로운 응접실이 더욱 그러했다. 중앙 창가에서부터 돌기둥이 늘어선 넓은 발코니를 나와 바라다보는 경치는 마치 그림에서처럼 자연과 인간이 접촉한 모습이 현실로 재현되는 듯 하며, 폐허의 옛 성에 기운 저녁노을이 적갈색 모래를 물들일 때 마치 진홍빛 생명이 불타오르는 듯했다. 이 풍광을 바라다보고 큰 감동을 받은 게오르크 지멜이 이렇게 말했다.

막스 베버 부부가 1910년부터 살았던 팔렌슈타인 베버 빌라.

"이것은 그저 아름답다고만 할 수 있을 뿐, 여기서는 인간이 살게는 안 되어 있어!"

이 옛집에서 맞은 첫 여름의 중요한 사건은 바로 슈테판 게오르게와 만남이 었었다. 이미 13년 전에 그의 찬미자인 하인리히 리케르트가 베버에게 그의 시를 소개한 적이 있었다. 당시 그의 시에는 '찬가 순례행 아르가바알' '목동의 노래' 등이 있었다. 베버는 여러 현대작품 중에서도 릴케와 게오르게를 탐독해서 그 여름에는 누이동생에게 릴케의 시집과 함께 편지를 써 보낸 일도 있다. 게오르게의 시에 관해서는 군돌프와 대담한 일도 있다.

1910년 여름에 시인 게오르게가 찾아오겠다고 예고해 왔을 때 베버는 다소 당혹스러워 했다. 자기와는 전혀 성질이 다른 사람과 어떻게 의사소통을 해야 할까 하는 걱정에서였다. 그러나 일단 얼굴을 대하고서 거장의 소박한 품성과 진실한 마음에 감동되어 그러한 거리감은 금방 사라졌다.

베버는 시인의 세계체험의 과실을 소화해서 자신의 영혼의 양식으로 삼았다. 게오르게는 학문적으로 이룬 세계인식에 대해서는 거부하는 태도를 취했다. 그런 것을 오성에 부당하게 요구하는 것은 그의 창조적인 상상력과 영적 체험의 형상화를 압살할 뿐이었다. 하지만 베버는 게오르게과 시인의 여러 견해에 대해 이의가 있었으므로 그는 즐겨 군돌프를 상대로 논의했다.

이처럼 세계관의 대극對極을 이루는 가운데 동유럽으로부터 몇몇 철학자가 그를 찾아 왔다. 그 중에도 특히 헝가리 철학자인 게오르크 폰 루가치가 끼어 있었다. 그는 베버 부부와 아주 친하게 되었다. 루가치는 장래의 체계의 일부가 될 것을 구상했고, 학자로서의 커리어를 열어 주는 미학 저술에 착수했었다. 이 젊은 철학자들은 이 세상을 초월하는 신의 어떤 새로운 사자使者에 대한 종말론적인 기대에 충동을 받았고, 동포애에 의하여 세워지는 사회주의적 사회질서 속에서 구원의 전제조건을 찾아냈다. 루가치는 세속적 문화, 특히 미적 문화의 위대성을 신에게 대항하는 것, 또 신과 루치펠(Lucifer, 악마의 우두머리–편집자)적인 경쟁자로 보았다.

이러한 사람들의 정신적 분위기는 베버에게는 그렇지 않아도 강한 관심을 갖고 있던 러시아인에 대한 인상을 더욱 새롭게 했다. 그는 훨씬 이전부터 톨스토이에 관한 책을 쓰고자 하였는데, 그것은 가장 내면적인 여러 경험의 침전을 다루고자 했던 것이다. 헬레네와 마리안네는 이 계획을 대단히 기쁘게 기대하고 있었다. 하지만 다른 일을 착수하게 되어 그는 이 일에 시간을 내지 못했다.

베버와 사상 교류를 원하는 젊은 친구들이 속속 모여 들었고, 그 중에는 새로운 얼굴이 끼어들기 시작했다. 베버는 자신의 연구시간을 지나치게 빼앗기지 않고 어떻게 하면 그들의 욕구를 만족시킬 수 있을 것인가에 고심했다. 그래서 제메스타 기간에는 일요일 오후에 집에서 젊은이들과 만남을 갖기로 했다. 젊은 친구들은 대단히 즐거워했고 곧 수많은 친구들이 몰려왔다. 이후 이 모임은 베버에게 있어서도 기쁨이 되었다. 하이델베르크 이외에서 오는 친구들이 이 일요일 모임을 더욱 뜻있게 해주는 적도 있었다. 게오르그 지멜과 그의 아내 게르트루드가 그 모임의 분위기를 지배한 것도 여러 번이었다.

1911년 오랫동안 교우권 내의 아주 중요한 사람이었던 게오르크 옐리넥이 생애를 끝마쳤다. 그 후 곧 그의 딸이 결혼식을 올리게 되자 그는 친구의 뛰어난 모습을 회상하는 장문의 글을 썼다. 그 글에는 베버 자신의 인격적 특징이 엿보인다. 왜냐하면 두 사람의 성격구조는 아주 다른 것이지만 친구가 이 세상을 초극하는 유머에서 말한 바는 베버 자신에게도 해당된다고 할 수 있기 때문이다.

여행의 인상

몇 해 동안 베버는 여행에 대한 욕구가 몹시 강했다. 아직까지 체력이 확실히 좋아지지 않았지만 그럴수록 무엇엔가 몰두하기 위해서도 정기적으로 외지에 나가 휴양할 필요가 있었다. 베버는 여전히 장래에는 이탈리아로 이주할 것이라고 말했다. 1910년과 11년에 이탈리아를 여행한 이래 베버는 1912년에 다시 프로방스를 여행했다. 1913년과 14년 봄에는 상부 이탈리아의 한 호반의 작은 한촌에서 보냈다. 이 마을에는 시민사회로부터 인연을 끊은 여러 분야의 기묘한 인물들이 숨어있었다. 무정부주의자, 자연애호가, 채식주의자, 기타 자기들의 이상을 실현함으로써 새로운 세계질서에서 핵심을 차지하려는 현대의 갖가지 종파에 속하는 인물들, 프로이트파 신봉자 및 공산주의자도 있었다. 그들은 여기에서의 생활이 가난하고 불안정하지만 완전히 자기들의 이상—특히 모든 전통적인 규범으로부터의 자유—에 따라 살아간다. 대신 정신적인 모험 및 가능한 모든 종류의 고난으로 충만 된 삶 속에서도 자기주장을 위하여 싸우는 일상생활의 테두리를 벗어날 수 있었다.

그러나 베버는 이와 같이 외국여행에 열중하였지만 자국 내 재보財寶에 대한 지식을 등한히 하려했던 것만은 아니다. 1912년 여름에는 그래도 국내에 머물러 있어야겠다고 생각했다. 부부는 친하게 지내던 여류음악가와 함께 바이로이트 음악제전에 참가해서 밤베르크와 뷰르츠부르크의 아름다움을 만끽했다.

"나는 우리들과 친하게 사귀고 있는 한 여류피아니스트와 함께 그 위대한 마술사(바그너)의 훌륭한 마술을 다시 한 번 만나고 싶다. 왜냐하면 나와 그는 아주 다르기 때문이다. 그의 기술에 대해서는 찬사를 아끼지 않지만 그 많은 불순성과 작위에 대해서는 혐오를 느끼고 있는바, 찬탄과 혐오 가운데 어느 쪽이 더 큰가를 확인하고 싶다."

바이로이트와 파르지팔은 환멸을 느끼게 했다. 극은 극대로 동떨어지는 느낌이고, 음악은 공허한 감미로움 아니면 관능성과 기독교 상징과 불순물만이 혼합되었다는 기분이었다. 바흐·베토벤·리스트 등의 걸작을 접했을 때처럼 신 앞에서 머리를 숙이는 경건한 마음이 조금도 들지 않았다. 여기에 반해서 뮌헨에서 본 트리스탄과 이졸데의 예술적 진실과 위대성은 무어라고 말할 수 없을 정도였다. 모차르트의 코시 환투테가 이틀 후 그곳 레지덴트 테아터에서 연주되었는바,

경쾌한 주제에도 불구하고 파르지팔에 비하면 순수한 미에의 침잠이었다.

1913년 가을에 베버 부부는 마지막으로 함께 이탈리아를 여행했다. 부부는 아시지·시에나·페르자를 방문했고, 오랜만에 다시 로마를 보게 된 것이다. 도중에 그들은 아돌프 하르나크를 만나 그와 함께 이곳저곳을 방문하면서 그의 원만한 성품과 정신의 우아함에 기쁨을 느꼈다. 로마는 추하게 변해버리고 말았다. 새로운 것이 조화를 깨뜨린 것이다. 특히 통일 이탈리아의 표상인 차디찬 금백색의 대리석 기념탑이 그러했다. 베를린의 개선로도 여기에 비하면 그다지 추악하지는 않았다.

세계대전 발발과 베버의 봉사

1914년 여름은 화려했다. 7월의 마지막 일요일에 베버의 집 응접실은 사람들로 가득 차 있었다. 그런데 노소를 불문하고 그들의 운명은 서로 달랐다. 그들은 서로 함께 앉아 있었으나 어느 누구도 타인을 생각하지는 않았다. 사라예보의 암살이라는 악은 또 다른 새로운 악을 낳고 있었다. 그들은 반신반의하는 가운데 공포 분위기에 휩싸였다. 왜냐하면 긴장의 폭발, 폭풍우, 모험, 질서 있는 세계의 붕괴 이런 것들이 흥분을 불러일으키고 있었으며, 모든 힘을 흩뜨려놓는 게 아닌가 하는 우려에서였다.

그날 오후 긴장한 모두가 베버를 둘러쌌다. 사람들은 세계 여러 나라의 사정에 대해 그에게 질문했고, 몇 시간이고 그에게 귀를 기울였다. 그는 가장 심각했던 유년 시대의 경험, 즉 1870년의 전쟁 발발을 똑같은 계절에 똑같은 방에서 맞았던 일을 기억했다.

이제 남아있는 문제는 행동일 뿐이다. 지금 쉰 살인 베버는 이미 오래 전에 병역의 의무를 면하였다. 한 부대의 선두에 서서 전쟁터를 누비지 못한다는 것은 그에게는 심한 고통이었다. 그리하여 그는 곧 위수사령부에 출두해서 예비 육군위원회의 감찰장교 보직을 받았고, 일손이 모자라는 하이델베르크에서 예비육군의 정비도 겸해서 맡았다.

열흘 안으로 수많은 대규모 육군병원의 정비가 끝나야만 했다. 베버는 영국이 적측에 가담한 순간부터 독일의 입장이 매우 용이하지 않다고 판단했다. 그러나 군대의 깃발이 나뮈르와 리에쥬 위에 펄럭이자 그는 유리한 결말이 나올 가능성도 있다고 생각하였다. 베버는 이전까지만 해도 단지 혼자 서재에 틀어박혀 있었지만 이제는 집중적인 집단작업의 흐름 속으로 키를 잡아 갔다. 그의 지도 아래 이 지방에 아홉 개의 병원이 생겼다. 이것들이 완성되어 업무가 시작되자 이번에는 기율을 범하면 엄벌에 처해야 하는 썩 유쾌하지 않은 임무가 그에게 맡겨졌다.

육군병원에서는 환자와 간호사 외에도 갖가지 종류의 인간과 대면해야만 했다. 의사, 적십자 명사들, 위병, 취사부 등. 최초 수개월 간 생활하면서 때로는 체력의 한계를 느끼기도 하였다. 아침에 늦잠을 자는 습관이 있었지만 베버는 지금은 사무실에 가장 먼저 나와 가장 늦게까지 남아 있어야 했기 때문이었다. 베버는 크리스마스쯤이면 몸이 고장 날 것이라고 생각했으나 생각과는 달리 군무에 익숙해지고, 불안정하던 육체가 되레 군무에 의하여 평정을 되찾는 듯 보였다. 이것은 확실히 기적이었다. 생활은 대단히 간소화해졌다. 베버는 일요일 오전에도 근무를 하였고, 오후에는 집에 있으면서 찾아오는 손님들에게 전황을 설명해 주었다.

국내근무는 그때그때 다른 임무를 띠게 되었다. 불구자 보호사업의 조직화 및 육군병원 안의 무료함은 위험한 것이므로 쾌유가 늦어지는 장기입원환자에 대한 배려에도 신경을 써야 했다. 베버는 부상자들을 위한 성인교육과정을 설치했다. 반원형 계단석으로 된 강의실에서 가진 임상강의에는 밝은 환자복을 입은 사람들로 가득 찼다. 베버 자신도 검소한 회색 군복을 입고 강단에 섰다. 그는 그들에게 화폐의 본질에 관해 설명했고, 때로는 독일과 러시아의 농지제도의 차이에 관해서도 설명했다.

두 사람의 죽음

베버의 바로 아래 누이동생의 남편인 헤르만 셰퍼는 개전 당시 타넨베르크 대회전의 전초전에서 전사했다. 그는 선량하고 지조가 있는 고결한 미술가였다. 전쟁이 터지자마자 그는 흔연히 사무실을 박차고 나와 장교로 입대했다.

1915년에는 다시 두 가지 비보를 맞았다. 오랫동안 친구였던 에밀 라스크와 동생 칼 베버가 전선에서 죽은 것이다. 성공한 대학교수였던 이 두 사람은 지원하여 군복무를 하였는데, 여러 가지 과제와 계획을 품고 있던 장년의 활동기에 전사하고 만 것이다.

철학자였던 에밀 라스크는 유태인이어서 행동하는 데에서는 이방인이었다. 그의 고향은 명상의 눈이 덮여있는 고봉에 있었다. 거기서 모든 도를 깨달은 그는 자신감을 갖고 그의 길을 나갔던 점에서 다른 사람들보다 앞선 데가 있었다. 그의 열렬한 혼은 단순히 현실을 초월했을 뿐만 아니라 구체적으로 이 세상에 속하는 현상도 사랑해서 어떤 미에도 그의 마음은 활짝 열려 있었다. 그는 조금도 주저하지 않고 조국을 위해서 몸을 희생하겠다고 결의했다. 국토가 동포의 피를 마음껏 들이마시고 있을 때에 그는 더 이상 성당 봉사에 자신의 몸을 바치려 하지 않았다. 그는 신체도 건강하지 못했고 전쟁터에서 용감무쌍함이 요구되는 일을 스스로 거부하고 있음을 잘 알고 있었다. 그는 행복도 성공도 지휘관의 지위도 기대할 수 없었다.

그래서 그는 복종하고 주어진 부서를 고수하는 보통사람처럼 한 병사로 출진하였다. 그는 눈이 나빠 사격을 할 수가 없었다. 운명은 그를 종말의 길로 끌고 갔다. 정신세계에서 보면 이것은 무의미한 희생이다. 그러나 그가 천부의 자질을 외면하면서까지 숭고한 일을 하려는 것을 어찌 막을 수 있단 말인가? 베버는 그의 유족에게 이렇게 썼다.

"이렇게 비범한 인물의 죽음, 하물며 갈라치아의 황야에서 적과 싸우다가 죽은 많은 사람 가운데 끼여 있었다는 것, 그 뜻을 바로 이해한다는 것은 대단히 어려운 일입니다. 무엇보다도 이 사실에 분격할 뿐입니다. 그러나 어떤 사람이 자기 제자들에게 가르쳐 준 옳은 일을 자신의 죽음으로 증명해 보인다면 그것은 결코 무의미한 것이 아닙니다."

칼 베버의 죽음은 그것과 좀 다른 양상을 띤다. 그는 태어날 때부터 전투적인 군인다운 피를 그 본능 속에 간직하고 있는 용사였다. 그는 생명에 대한 위협이 최고조일 때 죽음으로 돌진한 것이다. 칼과 막스 형제 사이는 젊었을 때는 서로 소원했으나 전쟁이 일어나기 1년 전에야 비로소 서로를 이해하게 되었다. 격렬한 내면적 고민을 겪던 동생은 형으로부터 위안을 얻었다. 베버의 슬픔은 대단했다.

칼 베버(1870~1915)는 문제가 많았던 청년시대가 지난 후에는 아주 선량해지고 자기희생 능력을 갖추어 누구나 신뢰할 수 있는 훌륭한 사람이 되었었다. 그는 마음속 깊이 존경해온 천재적 스승인 칼스바트에 있는 칼 셰퍼의 지도 아래 불퇴전의 수업생활을 시작했다. 스승의 뛰어난 예술적 교육적 재능은 착실한 성공을 거두었고 따라서 그는 자신의 천직에 열중하였다. 그는 정부의 건축 기사로서 일찍부터 여러 가지 큰일을 맡아 왔었지만 그 중에는 드보릴크와 올리버의 교회당 수축修築도 있었다. 단치히 대학, 그리고 이어서 하노버 대학의 교수로서 그는 많은 학생을 자신의 주변에 모았는데, 일찍이 그 자신과 친구들이 그 학과의 지도자인 셰퍼에 대했던 것처럼 그들은 감탄하는 마음을 감추지 못하면서 그를 경모했다.

1914년 말, 이제 전쟁이 무한히 계속될 것 같은 생각이 들자 예전의 체험은 먼 과거의 일처럼 되고 말았다. 베버는 사표를 제출했다. 일 때문에 피곤해서가 아니라 그의 군대 내의 동료가 현역이 되어 그의 상관노릇을 한 까닭이다. 중요한 일을 도맡아 왔던 베버로서는 이와 같은 상태가 그다지 탐탁치 못한 일의 하나가 되었다. 상급관청에서는 베버의 수완과 식견을 필요로 했기 때문에 가능한 방책을 강구했다.

베버는 그 때문에 또 9개월 동안이나 쉬지 않고 일했다. E.야페가 사회정책상의 과제를 상담하기 위해 며칠 예정으로 그에게 브뤼셀을 방문하라고 했을 때 그는 다음과 같이 대답했다.

"귀형도 아시다시피 나는 여기서 지원복무를 하는 가운데—나에게는 실제로 복무 의무가 없으므로—대위가 되어 하이델베르크 예비군병원위원회의 무관위원으로 근무하고 있습니다. 관구에는 42개의 병원이 있는데, 그 가운데 아홉 개는 내가 신설한 것이며, 군기상 혹은 경제상 내가 실질적으로 일인관리인 노릇을 하고 있습니다. 이곳에서의 근무 관계로 장기 휴가를 하지 못할 형편이고, 나는 전쟁 개시 이래 지금까지 두 번의 일요휴가를 얻었을 뿐입니다. 항상 아침 8시부터 밤 7시 내지 8시까지 사무소나 병원에서 근무하고 있습니다."

1915년 가을에는 이미 전부터 위법이 되고만 예비육군위원회는 해산되지 않을 수 없었다. 야전근무를 감당해낼 수 없는 군인이 그 기능을 인수하게 되었다. 베버는 이 소식을 듣고 퇴직을 원했다.

Chapter 7

혁명 전 시대의 정치가

병합정책에 대한 베버의 반대의견

퇴직한 베버는 우선 종교사회학 책 저술에 몰두했다. 복무하는 동안 마지막 수개월 간에도 그는 이 저술을 위하여 어떻게 하든지 매일 한 시간씩 할애하여 집필하였었다. ≪아르히프≫의 1915년 9월호부터 역사철학적인 서설과 유교에 관해 다룬 제1장 '세계종교의 경제윤리'에 관한 연속논문을 싣기 시작하였다. 이들 서술은 이미 2년 전에 써 놓은 것으로 경제와 사회를 위해 예정된 종교사회학의 체계와 동시에 발표하기로 되어 있었다. 그러나 이제 베버는 이 계획을 단념했다. 11호 잡지에는 중국에 대한 연구 결말과 중간적 입장에서의 고찰을 게재했다. 이것은 각종 구제종교가 현세에 대해 갖고 있는 태도의 유형학類型學이었다. 이 부분도 전쟁 전에 써 놓은 것이다.

베버는 이번에는 다른 아시아의 여러 종교 중에서 우선적으로 힌두교와 불교가 경제에 대해 갖는 의의를 규명하려고 생각했다. 그러기 위해서는 베를린 도서관에 있는 영국인에 의한 센서스 보고가 필요했다. 그리하여 그는 11월에 샤를로텐부르크에 가서 산더미처럼 쌓인 연구 자료에 파묻혀 지내게 되었다.

당시 독일을 에워싼 상황은 어떠했는가? 전쟁 2년차가 끝나기 시작했는데, 그 해 늦은 여름에는 사람들을 열광시킬 만한 전과를 거두었다. 러시아군에 대한 연전연승이었다. 러시아군은 리투아니아와 클루란드·폴란드 서갈리치아·헝가리로부터 구축 당했다. 터키는 영불군의 공격에 대비해서 다다넬스 해협을 확보했다. 세르비아에 대해 승리를 거둔 불가리아는 중유럽제국 측(오스트리아와 독일 측)에 가세했다. 하지만 이전의 3국동맹 참가국인 이탈리아는 오스트리아와 교전 중이었다. 서부전선의 광범위한 각 전장에서는 전진이 중지되었고 소모적인 진지전에 들어가게 되었다. 그뿐 아니라 플랑드르와 기타 몇 군데의 격렬한 쟁탈전이 벌어진 곳에서는 독일군이 후퇴했다. 설상가상으로 봉쇄당한 효과가 나타났다. 가장 중요한 식료품은 통제되지 않을 수 없었다. 그리고 마지막으로 루시타니아 호 침몰 이래의 아메리카와 긴장, 어뢰에 의하여 루시타니아 호가 격침되자 베버는 그것을 불행이라고 보았다. 명예를 존중하는 중립국은 자국민의 살상을 그대로 보고 있지만은 않을 것이기 때문이었다.

그 무렵 베버는 강화 체결에 대한 분명한 자신의 생각을 정부와 국회의원에 대한 건의서 형식으로 어떤 논문에 썼으나 이 논문은 발표되지는 않았다. 베버는 독일이 연합정책에 근거한 세계정책을 행하든가, 세계의 여러 열강을 독일의 적으로 결속시키는 유럽 안에서의 팽창정책을 계속하든가, 양자택일의 선택만이 남아 있다고 설명했다. 식민지에 관한 세계정책에서는 무엇보다도 영국과 협의가 전제조건이었다.

베버가 대단한 관심을 보인 또 하나의 고차원의 정치 문제가 오스트리아와 공동으로 행한 러시아령 폴란드의 점령에 의해 생기게 되었다. 우리나라의 동쪽 지역을 거대한 러시아의 중압에서 항구적으로 지키는 것은 그가 전부터 품어온 가장 중대한 과제였다. 그는 군대 시절부터 독일에 편입되는 폴란드의 일부에 관해서 너무나 잘 알고 있어서 프로이센의 폴란드정책에 대해서는 당초부터 준열한 비판을 가해 왔다. 그 시기에 그가 절실히 바랐던 것은 이 시점에서 스스로 폴란드인과 접촉하여 조력하고 조언을 할 수 있었으면 했다. 1915년 12월에 그는 두 편의 고급한 정치 논문을 발표하였는데, 비스마르크의 대외정책 분석에 기초해서 자기 자신의 벨기에 및 폴란드 문제에 대한 기본선을 구상했다. 후자에 관한 그 요점은 다음과 같다.

폴란드의 국가적 독립 회복을 위해서는 폴란드 정책에 대한 전면적인 방침변경을 요구한다. 현실의 힘은 독일과 폴란드 양국이 서로 협력할 것을 명한다. 러시아에 대한 방위가 양자에 있어서 사활의 문제이기 때문이다. 따라서 폴란드인을 적으로 취급해서는 안 되며 동맹자로 대해야 한다. 그러므로 편입지역에 대한 프로이센의 정책도 새로운 방향을 취해야 한다. 1915년 12월 초에 의회에서 좌파가 어떤 조건이면 독일이 평화 교섭에 응할 것인가를 묻자 수상은 독일이 평화회담을 제의해 오면 응하기는 하겠지만 스스로 제의하지는 않겠다고 대답했다. "자신의 힘을 믿고 있는 요지부동의 독일민족은 불패이다. 우리의 계산으로는 우리의 반석과 같은 자신감을 흔들어 놓을 아무런 약점이나 불확정한 요인도 없다." "독일 정부에 있어서 전쟁은 처음부터 그랬던 것처럼 독일민족의 방위전쟁임이 틀림없다." 우파의 여러 정당의 압력을 받는 수상은 전쟁 목적을 명확히 할 수가 없었다. "제국정부가 예컨대 벨기에 문제에 대하여 이제부터 어떤 보증을 요구할 것인가. 이 보증을 위해서는 어떤 실력의 기초가 필요하다고 볼 것인가에 대해서는 나는 아무 말도 할 수가 없다." 베버는 이런 분열된 애매한 태도를 배격했다. 정세는 명료한 의사표시와 확고한 진로를 요구하고 있다. 그 자신이 중요시해온 것은 프랑크푸르트 신문 편집부 앞으로 보낸 다음과 같은 문장에서 볼 수 있다.

"나는 모든 병합에 반대한다. 동부에서도 그렇다. 만일 그것이 군사적으로 강제되고 있는 것이라면 우리나라는 바르샤바 이북에, 오스트리아는 바르샤바 이남에 요새를 구축하고 점령할 권리가 있으므로 폴란드·소러시아·리투아니아·라트비아 등의 자치국민국가를 건설하는데 찬성한다. 그리고 폴란드·리투아니아·라트비아와는 관세동맹을 맺을 필요가 있으며, 기타의 점에서는 완전히 자치를 주어야 한다. 우리나라 국경 밖으로 국가에 의한 독일국민의 이민은 절대로 있어서는 안 된다. 서부에서는 군사점령, 룩셈부르크에서는 영속적으로 그리고 나뮈르와 리에지는 20년 기한으로 철병의무를 진다. 이것은 벨기에가 오스탕드와 남부 국경을 요새화하여 방위하는 것을 허락하며 거기에 대한 보장으로써 실행되어야 할 것이다. 그 이상 더 무슨 조치를 취해도 안 된다. (유럽에서는) 즉 군사상 불가결한 것을 실행에 옮길 뿐, 병합은 절대로 행해선 안 된다." (1915년 12월)

미국과 단교 위기 임박

1916년 2월에는 새로운 불상사가 일어나 다른 모든 문제를 뒤로 미루게 하였다. 이 일은 베버로 하여금 극도의 우려를 갖게 했다. 그것은 바로 잠수함 작전의 강화 결과 미국과 단교에 이르렀다는 사실이다. 루시타니아 호의 무경고 발포에 관한 교섭이 진행 중인 무렵이었다. 미합중국은 독일이 이 격침의 위법성을 분명히 인지할 것을 요구했다. 독일정부는 이를 거절하고 수상이나 외무장관도 그런 굴욕보다는 국교 단절을 택하겠다고 미국신문의 대표에게 언명했다. 그 경위에 대해 베버는 극도로 격앙해서 나우만 앞으로 이렇게 썼다.

"빌헬름 슈트라세(독일 외무성 소재지)가 미국과 이 건을 어떤 희생을 치르고라도 완전히 해결하는데 성공하지 못하면 우리의 일은 다른 모든 사업과 마찬가지로 의미가 없게 될 것입니다."

크리스마스 이후 수 주간 자택에서 학문적 일에 몰두하던 베버가 나우만의 간곡한 부탁으로 1916년 2월 베를린에 왔을 때는 미국과 지속적인 긴장에 의하여 극도로 분규가 빚어지고 있는 상황이었다. 루시타니아 호에 관해서는 양국정부가 어느 정도 타결을 보았다. 그러나 무장상선에 대한 강화된 잠수함 작전의 재개가 새로운 분규의 원인이 되었다. 폰 티르피츠 해군대장은 독일은 단순히 강화된 잠수함전이 아니라 무제한잠수함전을 택할 것이며, 중립국이건 적국이건 어느 나라 선박이든 작전해역에 나타나면 모두 격침할 것이라는 강력한 아지테이션을 시작했다. 티르피츠와 그의 지지자들은 그렇게 되면 영국이 봉쇄되어 기아에 허덕이다가 강화에 강제로 응해 올 것이라고 믿었다. 티르피츠는 그렇게 되면 미국과 일전불사를 겨루게 된다는 사실과 그 전쟁이 중대한 재앙을 초래한다는 사실을 이해하려고 하지 않았으며, 총리대신과 대립하는 대신 통수부를 자기편으로 끌어 들였다. 베버는 이 사태에 대하여 다음과 같이 쓴 일이 있다.

"미국과 관계는 실로 중대하다. 광기 어린 범도이치주의자나 제국해군의 무리들이 우리를 아메리카와 전쟁에 몰아넣지 말아 주었으면 좋으련만."

베버는 박두해오는 재앙을 저지하기 위해 그가 할 수 있는 일을 다했다. 그는 조말리와 공동으로 의견서를 꾸몄는데, 이것은 정당지도자들의 인식을 확대시켜 티르피츠에 반대하는 수상을 지지할 것을 목적으로 한 것이다. 내용은 잠수함 작전의 결정적 성공을 좌우하는 무수한 실현 불가능한 조건을 열거하면서 예리한 문장으로 엮어 나간 것이었다. 의견서는 3월 초에 외무성에 제출되었다. 같은 달 10일에 여러 정당지도자들에게도 전달되었다. 결국 무제한잠수함 작전은 연기되었고 티르피츠는 파면되었다.

그 해 5월 중순경, 집에 돌아가기 전 베버에게는 장기간이 소요되는 생각지도 않은 매력 있는 임무가 제공되었다. 중유럽위원회를 위해 빈과 부다페스트에 가서 공업가들과 관세문제를 직접 토의하는 일이었다. 베버는 거의 2년간이나 먼 나라에 가보지 못했으므로 그 여행은 큰 자극제가 되었고, 독일 운명에 대한 우려로 견디기 어려웠던 심신을 잠시나마 쉴 수 있게 했다. 그 무렵 오스트리아군은 남티롤을 통해서 이탈리아의 국토에 진출했으며, 또 1916년 6월에는 스카게라크에서 독일해군이 승리를 거두어 모든 사람들로 하여금 기쁨에 차게 했다.

그런 후 베버는 수 주일을 집에서 보내다가 다시 학문적 저술에 몰두했다. 관상적 생활에 집중할 수 있어서 작은 행복을 느꼈다. 그러나 8월에 그는 다시 단기간 계획으로 베를린으로 가게 되었다. 나우만이 중유럽문제에 관해 얘기하고 싶다는 희망을 피력해왔기 때문이다. 그동안 외부정세는 다시 악화됐다. 오스트리아군은 5월에 탈취했던 남티롤 진지를 잃어버렸고, 이제는 이탈리아군이 오스트리아 영토를 침입하였다. 동부전선도 러시아군의 공격에 의하여 후퇴하게 되었으며, 거기에다가 서부전선에서는 영국군에 의해 서서히 압박을 받기 시작했다. 8월에는 루마니아가 협상국 측에 가담했다. 러시아와 평화 교섭은 실패했다. 정세는 어두워져갔다. 사기의 저상을 막기 위해 만인으로부터 최고의 존경을 받는 힌덴부르크가 동맹군최고사령관 및 참모총장에 임명되었다. 그는 국민의 영웅이었다.

"베트만은 오래 견뎌내지 못할 것이라는 일반의 예상이 지금 아주 널리 번지고 있습니다. 러시아에 대해서는 화평교섭에서, 오스트리아에 대해서는 폴란드 문제에서 패배를 당하고 있어 결단력이 없는 탓이라고 하지요. 이 서글픈 사나이는 경륜가는 아니지요. 그러나 그가 물러나고 나면 국민을 결집할 수 있는 것은 힌덴부르크 밖에 없을 겁니다."

베를린에서 보덴 호로 간 베버는 2년여의 부단한 긴장 뒤 아내와 함께 일정 기간 자연을 즐겼다. 그 넓은 호수는 참으로 아름다웠다. 변화하는 빛은 또렷이 호안에 절묘한 매력을 안겨 주었다. 이 호반에서 베버는 18년 전 쾌유를 빌면서 그로부터 긴 고난의 길이 닥쳐오리라는 것을 예감하고 있었던 것이다.

무제한잠수함 작전의 반대

8월 말에 무제한잠수함 작전의 아지테이션이 다시 시작되었다. 국민들 사이에는 점점 분열이 뿌리 깊이 내리기 시작하였다. 정당 이외의 결사나 위원회들이 정치 의지 형성에 영향을 미치려고 노력하였다. 어떤 쪽에서는 급속히 무배상, 무병합의 강화를 위하여 운동을 벌이는 반면 승리의 확신을 들고 나오는 쪽은 수상의 실각을 노려 모든 투쟁 및 세력수단, 특히 잠수함을 용서 없이 사용하라고 요구했다. 장군들과 해군사령부가 제2정부를 형성하고 있었다. 베버는 다시 여기에 반대해서 이 문제를 공개 토론하는 것은 정치적 바보짓이라고 비난했다. 독일을 타도하기까지 전쟁은 계속될 것이라는 로이드 조지의 발언이 신문대표에게 전달되자 베버는 다시 자신과 친한 정치가들에게 호소했다. 그는 G.폰슈르체 게바니츠에게 다음과 같은 편지를 썼다.

"존경하는 친구여, 적어도 귀하의 당 내에서는 로이드 조지가 지껄인 소리에 현혹당할 자가 한 사람도 없기를 바라오. 그는 광신자요. 그러나 충분히 계산에 넣은 발언입니다. 즉 끝까지 싸워 이길 수 없는 사람들의 잠수함 히스테리 (그것은 진정 히스테리입니다)가 이와 같은 비상식의 협박에 의해 점점 앙분되어서 우리나라가 잠수함 작전이라는 우를 범하고, 이렇게 해서 결국 미국과 중립국을 우리의 적으로 만들게 하자는 속셈입니다."

이 해 연말에 독일군은 다시 불가능을 가능하게 했다. 서부전선은 그런대로 유지되고 있었고, 동부전선에서는 힌덴부르크가 다시 진격해서 특히 루마니아를 무찌르고 군대 및 국민을 위한 새로운 식량원을 타개했다. 평화의 손길을 내밀 절호의 기회가 겨우 눈앞에 다가온 듯 했다. 12월 중순 적측에 강화의 의향이 전달되었다. 크리스마스와 함께 밝은 희망이 비추어졌다. 그러나 정부 측은 승리자인 체할 수 있는 절호의 기회라고 생각하였다. 통첩은 무적의 힘과 중유럽 측의 거대한 성과를 과시하고 있었다. 이제 역시 사람들은 동부와 서부에서 영토 할양과 배상을 얻어낼 수 있다고 믿었다. 그러나 협상 측은 오히려 냉소적인 적의가 가득한 대답을 해 왔다. 로이드 조지는 영국 측 조건으로 점령지역의 완전한 반환과 보상을 들었다. 이렇게 해서 정부는 육군 최고사령부와 해군사령부의 강요에 굴복했다. 무제한잠수함 작전은 1921년 2월 1일에 채택되었다. 이 극단적인 모험 이외에는 어떤 타개책도 남아 있는 것 같지 않아 보였다. 미국이 중립을 유지할 것이라는 희망은 아직도 버리지 않고 있었다. 베버는 미국을 향한 통첩—모든 외교문서와 마찬가지로—은 아주 졸렬하기 짝이 없는 것이라 생각하였다.

그렇기는 하지만 이 결정이 일단 내려졌을 때에는 베버도 정부를 지지했다. 그것은 정치적 기율에서 그랬던 것이며, 또 다른 사람들이 옳고 자기의 생각이 틀렸을지도 모른다는 희망도 있었기 때문이었다. 1917년 봄 최후의 카드-무제한잠수함 작전-가 던져졌을 때 국민의 모든 힘은 최고도로 발휘되었다. 분열은 자취를 감추고 동포국민은 결속했다. 황제는 부활절 칙령에서 프로이센의 3계급 차별선거법을 곧 폐지할 것을 약속했다. 국가제도의 민주화의 길이 열리기 시작한 것이다. 최초의 잠수함 작전의 성과는 그 모험의 타당성을 시인하게 하는 것처럼 보였다. 사람들은 격침된 적 선박의 막대한 톤수를 보고 도취해 버렸다.

그런 후에 또 하나의 기적이 일어났고 중유럽 측을 호전시키기까지 했다. 러시아제정의 붕괴, 즉 러시아혁명이 바로 그것이었다. 혁명정부는 러시아의 전쟁목적이 민족자결권에 기초한 무병합·무배상의 강화에 있다고 언명했다. 그러나 새로운 내각은 분열했다. 제국주의적인 밀류코프가 치하이젠과 케렌스키와 대립한 것이다. 베버는 그러므로 당면문제에 아주 신중한 태도를 취할 것을 충고했고 다시 나우만에게 구체적인 제안을 했다.

"그러므로 어떤 일이 있어도 다음과 같이 언명하는 것이 현명하다고 봅니다. 즉 ①우리는 러시아와 무병합·무배상, 모든 서로 상대를 위협하는 군사적 수단의 배제에 의한 상호보증과 중재재판 협정의 기초 위에 강화조약을 맺을 용의가 있다는 사실 ②러시아정부가 그럴 의향이 없다고 성명을 낸 것과 같이 우리 측에서도 폴란드를 예속시킬 생각이 없다는 사실 ③서방의 여러 나라가 논의의 여지없이 러시아정부의 언명과 양립할 수 없는 전쟁목적을 주장하고 있는 한 우리는 서구의 여러 나라에 대해 그 이상의 단호한 성명을 발표하지 않을 것 등입니다."

황제측근자들에 대한 비판

베버는 끊임없이 정치적인 앙분에 사로잡혔기 때문에 학문적인 저술에만 전념할 수가 없었다. 군무에 종사할 기회도, 실천적인 일에 종사할 기회도 없었으므로 그는 다시 책상에서 물러서서 정치교육자로 활동하려 한 것이다. 1917년 초부터 그는 자주 프랑크푸르트 신문 지상에 대외정책에 대한 자신의 입장을 천명했다. 그리고 초여름에는 그는 헌법문제에 대하여 일련의 중요한 논설을 쓰기 시작했다. 국내의 신질서—그것 자체만으로는 베버에게 2차적인 문제에 지나지 않았지만—는 전쟁이 끝없이 오래 끌면 끌수록 점점 더 중요해졌다. 왜냐하면 분명한 설명도 없이 자기들에게는 멀기만 한 목적을 위해 계속 피를 흘려야 하는 국민에게는 이와 같은 조건만이 기대를 걸 수 있을 것 같았다. 즉 만인의 국가 의지 형성에는 적어도 형식적으로나마 동등한 영향력이 주어져서 관헌官憲국가가 인민국가로 개조되어야 한다는 조건인 것이다. 이것은 정치에 있어서의 관료지배의 청산, 프로이센의 제3계급 선거법 청산, 정치체제의 의회주의화와 모든 국가제도의 민주화를 요구한 것이다.

이 논문은 물론 논쟁적인 성격을 띠었다. 빌헬름 황제 치세의 누적된 정치적 과실에 대한 비판을 가한 것이기는 하나 한편 책임 있는 인물 한 사람 한 사람보다도 시스템, 즉 국가와 정부구조 쪽에 죄가 있다고 비판했다.

베버는 군주제 국가형태가 가장 적당하다고 생각하였다. 왜냐하면 이것은 정권의 최상부를 정치경쟁의 권외에 두고 어느 정도까지 진로의 연속성과 정당으로부터의 독립을 보증하는 것이기 때문이다. 또 그는 독일의 단일왕통의 존속이 문화 정책적 이유로 보아 바람직하다고 보았다. 물론 국민과 세계에 있어 그 미래는 모든 국가형태 문제 등과는 비교가 안 될 정도로 고차원의 지위에 있다. 그래서 이 국민은 수십 년 이래 처음으로 정치지도자에 의하여 도박대에 올려진 것이었다.

"만약 이 전쟁이 국민적 전쟁이 아니고 국가 형태에 관한 것이라면, 즉 만일 무능한 군주의 비정치적 관료층을 유지하기 위한 전쟁이라면 나는 한 발의 총도 발사하지 않을 것이고 1페니히의 국채도 사지 않을 것이다. 빌헬름 2세나 그 동류처럼 서투른 재주를 부리는 둔마가 아니라 정치가만이 나라를 지배한다고 하면 국가형태는 나에게는 아무래도 좋다. 이제 나는 이들의 세력을 몰아내기 위해서는 무엇보다도 철저한 민주화 이외에는 다른 방책이 생각나지 않는다. 관리는 의회에 복종해야만 된다. 완전히 모든 점에서 그러해야 한다. 그들은 기술자이다. 그리고 그들의 권력은 순수한 의회주의의 국가 안에서든 그 이외의 국가에서든 거의 같은 정도의 것이지만 단 그들은 응분의 영역을 벗어나는 일이 없어야 한다. 우리나라에서는 불손하게도 그들이 정치를 넘겨다보고 있다. 하지만 그 결과는 이미 누구나가 보아온 바와 같지 않은가! 거기에다가 그 위에서 황제의 관을 쓰고 앉은 딜레탕트에 비하면 그 얼마나 무신경한 모습인가. 국가형태는 나에게는 모든 다른 기구와 마찬가지로 기술에 지나지 않는다. 가령 군주가 진정한 정치가라고 한다면, 또 그러한 가능성이 있기라도 한다면, 나는 이와 마찬가지로 의회를 공격하고 군주를 지지하는 논설을 펼 것이다."

이것은 편지의 일부이지만 먼저 말한 여러 논문의 중심주제인 국가 정책적 문제를 간결한 문장으로 집약한 것이다. 대외정책의 명인이었던 비스마르크는 국내 정치상의 유산으로 모든 정치교육과 정치의지를 결여한 국민, 위대한 경세가 스스로를 위한 정치에 길들여진 국민을 남겨 놓았다. 그는 강력한 정당을 파괴하고 독립적인 정치적 기골이 있는 인간을 허용하지 않았다. 그의 강대한 위엄이 만든 좋지 못한 결과인 정신적 수준이 아주 낮은 무력한 의회만 남겨 놓은 것이다. 그 결과가 관료층의 배타적인 지배를 낳게 했다. 정치에서 이것은 무엇을 뜻하는가. 이것은 정치가의 지도정신 영역을 관료정신이 지배함을 뜻한다. 이 두 정신은 대단히 다른 것이며, 또한 달라야만 한다. 관리는 상부의 명령이 설사 잘못된 것이라 할지라도 의욕을 억제하고 여기에 복종해야 한다. 관리는 정당을 초월해야만 한다. 명확히 규정된 임무의 충실한 수행이라는 점에서는 독일 관료는 훌륭한 성적을 거둘 수 있었으나 정치적 문제에 휘말려 들어갈 때에는 아무 쓸모도 없어지고 만다.

베버는 정밀하고 보다 뛰어난 지도자 선택을 가능하게 하는 헌법 개정을 위한 건의서를 썼다. 그리고 정치생활의 모든 부문에서 그 효과를 구체적으로 설명했다. 그는 무엇보다도 정치지도자가 동시에 의원이 되고 정부각료가 되는 것을 반대했다. 따라서 인민대표자가 국가의 중추기관에 참여하는 것을 저해하는 법률적 장해를 제거할 것을 요구했다. 물론 이것만으로 올바른 지도자의 선택을 보증할 수는 없다. 정치가는 충분한 전문지식을 몸에 갖추도록 배려되어야만 한다. 의회는 또 그 이상의 비전문가적 우행만 범하는 운명이 지워져서는 안된다. 그런 까닭에 의회가 효과 있는 그리고 중단 없는 행정감사를 행할 권리를 갖는 것이 중요하다. 이 방법은 여러 가지 사실과 행정에 대해 알 수 있도록 하는 조사권Enquetrecht이다. 현실에 대한 이런 종류의 훈련에 의해서만 이루어지는 단순한 선동이 아니라 정치적 지식이 있는 직업정치가의 도태의 장으로써 강력하게 기능하는 의회가 성립하게 된다. 이 제안의 모범으로는 영국 의회의 위원회 제도를 들 수 있다.

베버에게 있어서 국가는 국민생활의 테두리 안에서만 가치가 있을 뿐이다. 만약 국가의 구조를 위해 국민 대부분이 국가에의 귀속감정을 잃게 된다면 국가를 변하게 할 자유를 갖지 않으면 안 된다. 그리고 종래의 모든 국가형이상학은 베버에게 있어서는 특권 계층이 스스로의 지배권역에 포위당하는 것으로부터 몸을 지키기 위한 일종의 보호색이 아니었나 하는 생각이 들게 되었다.

제어할 수 없는 무책임한 영향을 제거하기 보다는 올바른 대외정책 보장을 위한 의회주의화, 불가피한 전쟁의 귀결로써 평화유지를 위한 민주화-결코 절대 규범으로서가 아니고-는 시급하게 요구되는 일이기도 하다. 왜냐하면 근대 국가가 시민 한 사람 한 사람에게 어느 정도까지 운명의 동일성을 부여하고 특히 전장에서 죽음을 명하게 된다면 국가는 또한 시민에게 보통선거법에 의하여 그와 같은 최소한의 정치적 영향력을 발휘할 수 있는 권한을 부여하여야 할 의무가 있기 때문이다. 베버의 견해에 따르면, 파괴될 위험이 있는 광범위한 정치적 전통을 가진 독일 귀족계급이라는 것은 존재하지 않는다. 마찬가지로 고귀한 사회적 형태라는 것도 존재하지 않는다. 왜냐하면 지도층과 관료계급의 후계자의 전형적이고 사회적인 교육-독일학생조합-은 전 국민을 자신감이 있는 지배적 민족에 올려놓는데 적합하지 못하기 때문이다. 사교계 입문의 첫 관문이 되는 독일 특유의 결투에 의한 명예회복 관념은 민주화를 받아들일 수 없게 하며, 오히려 형식적인 하나의 카스트적 인습을 형성하게 하는 것인데, 이 인습은 실질적으로 귀족적인 것이 아니라 평민적인 성격의 것이다.

"독일인민은 평민민족이다. 다른 듣기 좋은 말로 표현하면 노동하는 시민민족이다. 그리하여 이 지반 위에서만 우리나라의 시민적·사회경제적 구조에 어울리고 그런 까닭에 진정하고 고유한 독일의 독특한 형식이 탄생할 수 있는 것이다."

정치 민주화와 귀족계급

베버의 정치 논문은 새롭고 중대한 긴장 시대에 선보였으며, 이것은 또한 센세이션을 일으켰다. 그는 찬성하는 편지도 반대하는 편지도 받았다. 그의 헌법에 대한 건의는 좌파정당의 문제점이 되었다. 논문에서 그가 황제의 정치적 실책을 정치지도자들이 허용하고 있는 사실에 대해 책임을 물은 점 때문에 군 당국이 프랑크푸르트 신문에 대해 검열을 하였다. 독일은 이 무렵 다시 많은 진영으로 분열되었다. 예기했던 바와 같이 잠수함 작전에 의해 늦어도 여름까지는 평화가 오리라던 기대는 사라지고 말았다. 미국 군대가 상륙한 것이다. 러시아와 개별강화는 실패했다. 사회주의적인 좌파는 무병합·무배상의 화해의 평화, 우파는 힘의 평화, 중도파는 유럽에서는 무병합, 단 식민지는 회복한다는 입장에서 독일의 평화를 부르짖었다. 좌우양파가 모두 전쟁 목적의 명확한 규정과 국내정책에서의 결단을 수상에게 요구했다. 하지만 수상은 아직도 정복계획을 취할 것인가, 포기계획을 취할 것인가를 결정하지 않고 부활절 칙령의 이행을 연기했다. 미미한 개혁이 달성되었을 뿐이고 의회주의제도는 다수의 찬성을 얻지 못했다.

국회의원 에르츠베커가 잠수함 활동에 관한 예측이 틀렸음을 폭로하고, 1914년 8월 4일의 정책을 기초로 해서 평화 통고를 요구했을 때 긴장은 전례 없이 국내 위기에까지 몰고 왔다. 우파는 전력을 기울여 여기에 반대했다. 중간파와 우파는 6월에 병합을 단념한 평화결의를 강행했다. 좌파는 동시에 의회제도의 즉각 실시를 요구했다. 프로이센에서는 국왕이 국회의원선거를 위한 법안작성을 명했다. 전쟁 목적에 대하여 국민을 일치시키는 일이나, 교묘한 외교정책을 수행하는 일, 그리고 대규모의 헌법 개정에 의하여 사람의 마음을 유화시키는 일을 성공시키지 못하여 수상은 실각했다. 베버는 콘라트 하우스만으로부터 이 위기는 자신의 논문이 많은 영향을 주었다는 것을 알게 되었다. 그런데 이번에도 여러 정당의 협력 없이 임명된 새로운 수상은 곧 정치적으로 무능했음이 증명되었다. 파란에 가득 찼던 베를린 활동과 그 자신의 정치적 양분에도 불구하고 베버는 1916년 이래 힌두교와 불교에 대한 논문 작성에 착수했고, 1916년 가을에는 고대유태교에 몰두했다. 그의 히브리어 지식은 원전을 읽는데 충분했다.

"막스는 지금 완전히 피골이 상접해 있습니다. 그렇지만 한편으로는 대단히 근면해서 전반적으로는 활기가 넘치고 있습니다. 구약성서를 연구해서 예언자들의 글이나 시편 및 욥기를 분석하고 밤에는 아주 최근에 쓴 글을 나에게 읽어 줍니다."

평화주의자와 대결

베버는 1917년 여름에 점점 증대하는 불안을 잠시 벗어버리고 숨 돌릴 시간을 얻었다. 베버는 오랫동안 외어링하우젠의 조용한 조화로운 세계에 몸을 파묻었다. 다시 초여름과 가을에는 라벤슈타인 성에서 정신적 교류와 투쟁으로 매우 충실한 나날을 보냈다. 튀링겐의 울창한 수림 사이의 한 민둥산 정상에 자리잡은 이 성은 그 회색 석벽이 하늘을 찌르는 듯 솟아 있었다. 오랫동안 빈한한 가족이 살고 있다가 어느 호사가가 사들여 성을 본래의 양식에 따라 복원하고는 요리점으로 개방했다. 거기에서 예나의 출판업자인 오이겐 디디리히스는 학자·예술가·정치평론가(실무가) 및 자유독일청년연합회의 인사 등 잡다한 일단을 모아 현대의 의미와 과제에 대한 사상교류 회합을 가졌다. 유명한 학자들 가운데 마이네케·아페·좀바르트·퇴니스·베버를 비롯해서 예술가로는 R. 데멜·W.폰 모로, 그리고 정치평론가로는 T.호이스를 비롯해 청년층에서 도틀러 등이 참석했다. 토론의 기본 테마는 문화와 정치 문제의 결합이라는 것이었다. 하지만 주최자는 그 이상을 원했다. 즉 깊은 종교성을 가진 새로운 독일정신의 형성을 위하여 이 집회가 큰 힘이 되어줄 것을 바란 것이다.

라벤슈타인의 회의 결과로 1917년에서 18년에 이르는 겨울에는 사회주의나 평화주의를 부르짖는 많은 학생들이 베버의 일요회합에 모여들었다. 그들은 전쟁을 체험함으로써 뿌리부터 흔들리고 있었다. 에른스트 도틀러도 거기에 참가하고 있었다. 베버는 여기서 이렇게 말했다. 즉 독일인으로서 평화주의의 프로퍼갠더를 퍼뜨릴 시기는 아직 오지 않았다는 점과, 국민으로서 자기 의지는 아직 좌절되지 않았다는 점, 그리고 국외에서 싸우는 전사들에게 그 곤란한 의무에 대한 혐오의 정을 불어 일으켜서는 안 된다는 점을 강조했다. 한편 베버의 지도와 찬성을 받아 무엇보다도 이 세상을 에로스의 지배하에 둘 것과 빈곤한 자의 봉기를 요구하는 격문을 뿌릴 것을 바라는 그룹이 조직되었다. 베버는 이 프로그램이 착란의 성격을 띠고 있으며 현실감각을 결여하고 있는데 놀랐으며, 이들 젊은이들과 토론하고자 하였으나 이들 청년들이 거부했다. 도틀러는 제네스트를 선동하다가 검거되었다.

1918년 늦가을 혁명 발발 직전, 베버는 프랑크푸르트의 어느 작은 서클에서 평화주의에 관해서 논하고 있었다. 그때 그는 자기들의 이상을 진지하게 생각하지 않고 모든 기독교 동포애 윤리의 계율을 따른다면 자기는 그들의 적이라고 공언했다. 오른뺨을 때리거든 왼뺨을 대라는 산상수훈의 원리를 사생활에서와 마찬가지로 공적인 생활에서도 관철한다는 것, 즉 모든 형식의 폭력을 포기할 것인가 또는 그러한 계명에 따라 이룩되지 않은 세계에서 전쟁이 여러 투쟁 형식의 하나이며 적어도 가장 비속한 형태는 아니라는 점을 명석하게 인식할 것인가에서 양자택일 하라고 촉구했다. 그러나 젊은이들은 불만이었다. 왜냐하면 그들은 혁명을 원하고 있었기 때문이다.

애기는 다시 거슬러 올라가서, 1917년 늦가을, 베버는 다시 빈으로 갔다. 이번에는 개인적 용무 때문이었다. 빈 대학은 그를 교수로 맞아들이길 바랐다. 전쟁이 끝나면 그는 확실한 수입원을 구해야만 했다. 우수 교원이 부족했던 빈 대학은 교수로서 일의 범위나 모든 것을 그의 희망대로 해준다고 말했다. 그는 오기만 하면 된다는 것이었다.

이에 베버는 감격해서 우선 1918년 여름에 정교수로서 제메스타만을 맡기로 하였다. 하지만 그는 처음부터 어떻든 독일로부터는 완전히 떠날 수 없다고 생각하여 직무를 전면적으로 맡을 수는 없다고 생각하였다. 거의 19년 동안의 공백이 있은 뒤 처음 강의를 맡자니 대단한 노력이 필요했다. 그는 '유물사관의 적극적 비판'이라는 제목으로 자신의 종교사회학적 연구 및 국가사회학에 대해 강의했다. 그는 자기의 강의 성적을 중 정도는 된다고 생각했다. 그러나 수강하는 학생 수가 늘면서 교수로서 그의 카리스마가 아직도 빛을 바래지 않았음을 증명하게 되었다. 얼마 후 그는 다시 가장 큰 강당에서 콩나물시루와 같은 청강생석을 향하여 강의해야만 했다. 청강자의 3분의 1은 정치가·관리·강사 등 성숙한 사람들이었다. 그의 강의는 하나의 사건이었다.

성령강림제전聖靈降臨祭典 후 감동한 그의 아내도 청강생 속에 섞여 있어서 그는 긴장했다. 그는 대체로 2시간 반 가량 아름답게 장식한 교실에서 어둠이 깃들 때까지 종교사회학 테마에 관하여 강의했다. 그는 종교사회학논집 제1권의 결언에서 쓴 바와 같이 인류 운명의 발자취는 파도가 부서지듯 그의 가슴에 고동쳐 온다고 했다. 집중적인 지식과 상상력을 요구하는 이런 고도의 자유강의는 매회 그의 체력을 소모하게 했다. 아내의 감격에는 불안이 혼재해 있었다. 베버는 실제 이런 장시간에 걸친 강의로 인해서 몹시 피로했다. 낭하에서도 그를 기다리다가 질문해 오는 사람에게 열심히 설명을 해주었다. 그는 결국 불면증이 재발하여 그 고통에 시달리게 되었다. 그러나 결의에는 변함이 없었다. 베버는 제메스타의 반을 넘긴 뒤 사표를 제출했다. 하지만 앞으로의 제메스타에는 매일 자유로운 입장에서 빈에 가르치러 오기로 약속했다. 그는 이렇게 해서 정신적인 무거운 부담으로부터 해방되었다. 그런데 그는 이곳저곳에서 빈번하게 초청을 받았다. 그리고 중요한 정치적인 얘기를 해야 하는 모임의 초청에도 응했다. 장교들을 위해서는 사회주의에 대한 강연도 해주었다.

여름이 되어가면서부터 빈을 싸고도는 공기는 차차 견디기 어려워져만 갔다. 오스트리아 국경의 전황은 좋지 않았고, 이탈리아에 대한 공세는 실패로 돌아갔다. 국외의 전선이나 국내에서도 사람들은 굶주리고 있었다. 많은 교수들의 가족도 굶주림에 고생하는 사람들 중의 한 무리였다. 사람들은 공동취사를 했고 낡은 옷을 입고 다녔다. 영양 부족에 시달리는 관리들은 책상 앞에서 졸았다. 베버는 한동안 상당히 피로에 지쳤지만 예상한 바와 같이 쇠약해지지는 않았다. 9월에 이들 부부는 다시 외어링하우젠으로 여행길에 올랐다.

Chapter 8

혁명 후 시대의 정치가

러시아와 강화 교섭

여기서 서술은 다시 정치적인 경과를 돌이켜서 앞의 일로 돌아간다.

1917년 말 잠수함에 걸었던 희망은 완전히 사라지고 말았고, 육군은 아직도 적국에 주둔하고 있었으나 수세에 몰리고 있었다. 국내의 대립은 다시 첨예화하였다. 문제되고 있는 것은 여전했으나 특히 강화 체결과 헌법 개정이 문제였다. 사회민주당으로부터 급진적인 평화주의와 혁명주의의 일익인 독립파가 분열했다. 그 반대의 목표를 추구한 것은 1917년 가을에 설립된 조국당이었으며, 티르피츠와 카프 등이 이 당에 범독일주의적 보수 요소를 결집했다. 이 당은 화평 결의와 내정 개혁에 반대하여 벨기에 및 기타의 점령지역을 장기간 온전하게 잘 지켜나갈 것을 요구했으며, 무배상·무병합의 강화 및 정부에 반대하는 군대의 힘을 확대시키려 하였다. 그 전술은 특히 다른 모든 사람에게 대하여 자기의 애국주의가 특히 우월하다는 점을 과시함으로써 국내정쟁에 유해한 영향을 미쳤다. 이 정당에 대하여 정당과는 다른 조직으로 대립한 것이 무배상·무병합의 강화와 모든 국가제도를 즉시 자유주의적으로 개조할 것을 요구하

막스 베버가 라우엔슈타인 성의 학술회의에서 이야기를 나누고 있다.(1917년)

는 자유와 조국을 위한 인민동맹이었다. 12월 말에 발표된 격문에는 브렌타노·G.호이머·H.텔브뤼크·나우만·온켄·트뢸치, 그밖에 막스 베버도 서명하였다. 개전 때에는 모든 사람을 결속하고 앙양시켰던 단결력은 지금 철저히 파괴되었다. 똑같이 위협을 받고 있는 국민동지가 서로 미워하고 논란을 벌일 것이다.

예컨대 1917년 12월에 베버가 인민동맹 집회에서 조국당의 아지테이션 형식, 특히 그가 심히 우려하던 군대의 정치화를 비판하면서 빈 회의에서 브류하가 내놓은 경구를 차용했는데, 청중 한 사람의 머릿속에서는 그 말이 반대의 의미로 역전하고 말았다. 급진우파의 반대자들은 그 말을 좋은 선전 자료로 삼았다. 베버는 다음과 같은 성명으로 이를 반박했다.

"검이 망친 것을 펜이 회복한다는 격언을 내입으로부터 분명히 들은 것처럼 말하는 시민이 하이델베르크에 있다는 것은 소위 나는 원래 조국당의 지성을 높이 평가하지 않듯 너무나 기대에 어긋난 일이었다."

이 무렵 독일은 실제로 큰 기적이 일어나 외부로부터 구원의 손길이 뻗쳤다. 이미 봄부터 그 기미를 보이고 있던 혁명 러시아의 전선 이탈이 사실이 되고 만 것이다. 볼셰비즘의 국가는 12월 중순에 정전을 희망했고, 특히 주변 여러 민족을 포함하는 민족자결권을 기초로 하는 무배상·무병합의 강화를 제의했다. 독일은 원칙적으로는 이 방식을 그대로 수용할 생각이었으나 발트해 연안의 여러 지방을 전반적인 강화 체결 이전에 볼셰비즘에 인도하는 것은 거부했다. 그 밖의 점에서는 교섭에 임한 장군이 승리자인 것처럼 하는 태도를 보여서 교섭은 중단되고 말았다. 러시아 측은 혁명의 불꽃이 독일에 튈 것을 기대했다. 이러한 사태의 결과 우크라이나와는 개별 강화를 맺었고 교전은 멈추었으나 강화를 맺지 않은 러시아와는 미결 상태로 두었다. 독일군 부대는 또 다시 동방으로 진격했다. 베버는 여기에 대해 다음과 같이 말했다.

"브레스트 리트후스크의 한 사건은 나에게 좋은 인상을 주지는 않는다. 이 쓸모없고 가혹한 태도가 어떤 결과를 낳을지는 충분히 판명되리라 믿지만 나는 트로츠키가 우리 측 대표보다 머리가 좋았다고 믿고 있다."

조국당의 출현 때문에 독일의 급진좌파는 위협적인 반응을 보였다. 그들은 베를린이나 기타 대도시에서 독일 최초의 정치 스트라이크인 군수공업 노동자의 여러 날에 걸친 파업을 조직했다. 이것은 세계평화와 아직까지도 여전히 미루고 있는 민주화를 강행하기 위한 것이었다. 제국정부는 이번에도 역시 지배자의 입장에 서서 스트라이크 지도자들과의 협상을 거부했다. 그렇지만 역시 중대한 불상사는 피할 수가 있었다. 노동조합 측에서는 반대했지만 다수파인

사회당 지도자들이 노동자를 다시 손안에 넣고 있었기 때문이다.

이러한 사태의 연속에도 불구하고 새로운 희망을 품을 만한 이유도 있었다. 가장 위험한 적이었던 러시아는 전투능력을 상실했고, 2월 말에는 국토의 상당 부분을 독일의 세력 하에 두는 강제적 강화를 수락하지 않으면 안 되었다. 영양도 좋았고 최선의 전투장비를 가진 미군 부대가 서부에 증강되어 오지만 않았더라면 수락할 만한 조건이어서 강화도 확실했었다. 봄 정세는 놀랄 만한 성과를 가져왔다. 독일군 부대는 프랑스 국내로 깊숙이 진출했고, 파리는 장거리포의 포격을 받았으며, 이미 젊은 장교들은 파리로 입성할 것이라는 희망에 부풀어 있었다. 그러나 7월 중순경에 서부에서는 대반격이 개시되었고, 8월부터는 적의 우세한 병력이 독일군을 모든 전선에서 퇴각시키고 말았다. 병사와 식량, 그리고 특히 비축한 군수물자가 동나서 오스트리아군은 거의 궤멸상태에 놓이고 말았다. 작전본부에서는 적의 전쟁의지를 군사적으로 좌절시킬 힘이 없다는 것을 확인했다. 이제는 독일 측으로부터 강력한 평화공세가 시작되었다. 그러나 전진하는 적은 교섭에 응할 생각이 없었다. 정치가들은 대서양을 사이에 두고 의견을 교환했으며, 독일은 항상 같은 요구를 되풀이해서 들을 뿐이었다. 즉 벨기에는 부활되지 않으면 안 된다. 모든 점령지역을 포기해야만 한다. 모든 손해는 배상되어야만 한다. 알사스 로렌과 폴란드에는 바다에 자유로운 통로가 주어져야 한다. 이러한 요구는 곧 윌슨의 세계평화계획, 이른바 그의 14개조에 의하여 표명된 것이다. 그는 유럽 운명의 결정권을 손에 쥐고 있었다. 사람들은 이제 그에게 희망을 걸었다. 독일에서는 힘의 강화를 부르짖는 당파와 무배상·무병합의 강화를 부르짖는 당파가 지금까지도 이전투구의 양상을 벌이고 있었다. 그러나 동부에서나 서부에서도 영토를 할양하는 것이 불가능하다는 데는 의견이 일치하고 있었다. 정부는 공세가 좌절됐음을 시인했다. 정세는 중대하다. 그러나 우리가 벌벌 떨 이유는 없다. 다수당은 이제 의회 주의화를 강경하게 요구하고 나섰다. 전임자들과 마찬가지로 군부의 정치적 영향을 받고 있던 수상(폰 헤르틀링)은 반대 입장을 천명하고 사직했다. 헌법 개정의 길은 열렸다.

그러나 독일은 최대의 위기에 처했다. 이제 누가 키를 잡을 것인가? 그의 정치논문을 읽고 그가 말하는 것을 들은 많은 사람들은 막스 베버라면 이 소임을 담당할 수 있을 것이라고 믿었다. 베를린시대의 한 죽마지우가 1918년 10월 2일 헬레네 베버 앞으로 편지를 보내어 작센의 사회민주당 지도자들과 얘기하던 중 신임 수상인 막스 폰 바덴이 전혀 그들에게 환영받지 못한다는 얘기를 듣고 막스 베버라면 바로 그 적임자다, 아마 우리들이 필요로 하는 유일한 인물이라고 말했다는 내용을 적어 보냈던 것이다.

붕괴 직전의 독일

정당 활동 밖에서 정당의 고유한 추진력을 모르는 사람들은 당시 그렇게 생각했었다. 그러나 직업정치가들에게는 현실 정치나 정당 활동과 무관한 사람은 문제가 되지 않았다. 그래서 명문의 대귀족인 막스 폰 바덴 공의 온화하고 사려 깊은 태도가 보수파에서도 승인될 것이라고 보았다. 그리하여 그는 수상이 되었으며, 다수당의 프로그램을 채용할 것을 결정했다. 즉 대외적으로는 무배상·무병합의 강화, 내정상으로는 의회주의 제도와 프로이센 민주화에 찬성한 것이다. 이리하여 위기에 처해 허덕이던 국가는 인민과 정부의 새로운 일치된 협력에 의하여 이성의 길로 되돌아온 듯 했다. 좌파의 대표자가 내각에 입각했다. 민주주의는 독일을 구할 수 있을 것이라며 사람들은 이제 희망을 갖게 되었다. 사실 전선은 아직까지도 허물어지지 않았고 독일군은 아직도 적국의 영내에 머무르고 있었다. 이러한 신항로가 열렸을 때에 군의 최고통수부—루덴도르프—는 즉시 강화를 제의했고 윌슨에 대하여 정전교섭을 할 것을 요구하고 나섰다. 수상이 여기에 반대했지만 소용이 없었다. 장군들이 고집을 부렸던 것이다. 독일의 낭패는 이만저만이 아니었다. 외국에서는 이것은 이미 다가올 붕괴의 징후라고 보았다.

막스 베버는 금후에 일어날 사태를 예견했다. 10월 12일에 그는 친한 정치가 G.폰슐체 게바니츠·H.델브뤼크·나우만에게 편지를 띄워 황제가 즉시 자발적으로 퇴위하는 것만이 아마도 군주제와 황실을 구할 수 있을 것이라고 지적했다. 그러나 퇴위의 기미조차 전혀 보이지 않자 베버는 다시 몇 통의 과격한 편지를 썼다.

"황제의 퇴위가 의연 핵심 문제입니다. 이제 모든 문제가 점점 곤란해지고 있다고 보며, 퇴위가 이루어지지 않으면 안 됩니다. 지금 모든 것이 더욱 곤란해지고 있다는 것은 나도 인정합니다. 그러나 퇴위는 꼭 해야 합니다. 도덕적 책임—그의 책임이든 우리의 책임이든—의 인지라는 것은 거기에 포함되어 있지 않습니다. 그러나 가장 중대한 정치적 실책을 저지른 것은 그도 자기의 책임이라고 인정하지 않으면 안 됩니다. 그 자신이나 국민이 다 같이 품위를 잃지 않고 살아가기 위해서 말입니다."

결단은 내려지지 않았으며 뒤에 이르러서는 중개를 간청 받았던 윌슨마저 그것을 요구했던 탓으로 한층 곤란하게 되었다.

"미합중국은 독일의 군사지배자들이나 군주주의 귀족과 교섭하는 것을 원치 않습니다. 미합중국은 그들에게 평화교섭이 아니라 항복하는 것을 요구하게 될 것입니다."

이렇게 되니 군 지휘관들은 최후까지 항전을 계속할 것을 결심하게 되었다. 많은 사람이 다 그런 각오를 했다. 그러나 그들의 요구는 국회 안에서 다수의 찬성을 얻지 못했다. 대중의 피폐가 그들이 반대하게 하였을 뿐만 아니라 다른 문제도 있었다. 제국이 와해할 위험이 눈에 보이는 듯했다.

그리하여 이제는 군부세력도 국회에 복종하게 되었고, 루덴도르프도 통수부로부터 물러났다. 거기에 반하여 힌덴부르크는 어디까지나 자기의 지위를 고집했고, 또 그가 이 시대에 한 일은 모두 그에 대한 일반의 경외심을 더하게 했다. 황제는 작전부로 들어가 피신했다. 좌파는 그의 퇴위를 요구했다. 윌슨은 세계의 운명을 손안에 넣고 있었다. 이 무렵 베버는 프랑크푸르트 신문의 짤막한 투고에서 윌슨을 향하여 그 조건을 너무 엄하게 하지 말라고 경고했다.

그러나 재앙은 이미 가까워 오기 시작했다. 11월 3일에는 킬 항에 정박 중이던 함대의 수병들이 폭동을 일으켰다. 11월 4일에 베버는 진보인민당의 권유에 응하여 뮌헨에서 정치 강연을 했다. 뮌헨에서는 그 무렵 급진좌파의 집회나 가두행진이 끊임없이 꼬리를 물고 있었다. 그의 강연 주제는 '독일의 새로운 정치질서' 였다. 이것은 그의 가장 정열적인 강연 주제의 하나였다. 그는 적에 대한 의연한 자기주장 욕구와 제국 유지에의 의지를 호소했다.

"프로이센으로부터 분리를 주장하는 소리는 우발적 범죄행위이다."

세계의 기묘한 운명은 실질적인 제1의 세계지배자(윌슨)가 교수 출신이라는 점에 있었다. 그러나 그가 어떤 교수였는가는 그가 저지른 어리석은 행동, 즉 정전 조건을 보면 잘 알 수 있다. 독일이 무력행사 없이 평화 교섭에 응하는 것을 방해당하지 않는다면 그의 지배도 끝장이다. 평화에의 길은 두 가지다. 정치가의 길과 산상수훈의 길이다. 정치가는 모든 관계자가 성실히 거기에 따르도록 강화를 맺어야만 한다. 또 하나의 길은 어떤 일이 있든 평화를 하라고 명령하는 길이다. 이 요구를 제출하는 사람들에 대해서는 만약 그가 다른 일에 대해서도 산상수훈의 윤리를 실현하려는 마음가짐이 있다면 최대의 경의를 표시할 수 있게 될 것이다. 받아들이기 어려운 조건을 강요당하였기 때문에 국민 방위의 전투를 재개해야 하는가 혹은 받아야 하는가의 여부를 결정하는 것은 전선의 병사가 결정할 일이다. 혁명은 평화로 이끌어가지는 않는다. 볼셰비즘은 어떤 군사독재에도 뒤지지 않는 군사독재이다. 따라서 다른 모든 군사독재와 마찬가지로 붕괴될 것이 분명하다. 그리고 시민사회가 혁명에 의하여 사회주의적 미래국가로 이행하는 것 같은 사례는 있을 수가 없다. 그것이 가져올 결과는 적의 진주와 그 후의 반동뿐이다.

청중의 일부는 시민적 지식인과 자유독일청년연합 사람들이었으며, 일부는 급진좌파였다. 코뮤니스트와 아나키스트, 기타 러시아의 볼셰비스트인 M.레비엔도 있었고, 또 전형적인 슈바빙의 보헤미안으로 알려진 에밀리 뮤잠도 있었다. 베버가 어떤 희생을 치르고라도 혁명을 해야 한다는 생각과 혁명 자체에는 반대한다고 표명했을 때 레비엔은 그의 연설을 야유하며 방해했고, 그 역시 신랄하게 여기에 응수했다. 강연이 진행되는 동안 흥분은 고조에 달해 적의에 찬 공기가 강단을 휩싸고 돌았다. 이들은 베버의 말을 이해하려고 하지도 않았거니와 이해할 수도 없었다. 그들이 코뮤니즘의 슬로건을 갖고 의논에 돌입하자 베버의 논지는 허물어지고 말았다. 시민계급은 침묵을 지켰다. 적대적인 군중의 본능이 그에게 쏠린 것이고, 그도 이를 압도하지 못한 것은 처음 있는 일이었다. 데마고그적인 활동은 추악한, 또 불길한 전조를 내포하는 것으로써 그에게 깊은 충격을 안겨 주었다. 그로부터 며칠 후 뮌헨의 경제장관 관저를 습격한 지도자 E.카첸슈타인의 집에서 베버는 청중의 일단과 만났다.

뮌헨혁명의 발발

베버가 뮌헨으로부터 돌아오자마자 뮌헨에서 혁명이 발발했다. 바이에른은 공화국임을 선포하고 러시아를 본떠서 노병평의회勞兵評議會의 인민정부가 성립되었다. 베를린정부는 국내 움직임을 장악할 것이라고 희망적인 기대를 가지고 있었다. 황제는 군을 통솔하여 국내질서를 회복할 수 있으리라 믿었고, 제국의 수상은 황제 퇴위에 의한 나라 전체의 전복을 저지할 것이라고 희망적으로 생각하고 있었다.

그러나 때는 이미 늦었다. 황제가 퇴위하는 날에 베를린에서도 독일공화국이 선포되었다. 지체 없이 코뮤니스트들은 볼셰비키의 본을 따서 자유사회공화국을 포고한 것이다. 그 다음날 속절없이 가혹한 정전 조건이 수락되었다. 많은 사람은 그 절망을 열광적인 혁명 행동 속에서 숨죽이고 있었다. 평화와 여러 민족의 유화와 공동사회와 인간적 연대가 지배하는 나라로 향하는 길이 열려진 것처럼 보이기도 했다.

한편 구제도의 지지자들은 혁명이 이처럼 광범위한 국민적 재앙을 낳게 한 것이라고 했다. 그들은 비수의 일격이라는 전설을 지어내고, 최후의 결사의 투쟁에 분기하지 못하는 불충한 인민을 매도했다. 베버는 이러한 판단을 전해들을 때마다 분개했다. 특히 안전이 보장된 교단에서 자기의 동료들이 그러한 판단을 내렸을 때는 더욱 그러했다. 그러나 이와 마찬가지로 격렬하게 그는 혁명과 거기에 걸고 있는 희망도 부정했다. 그는 뮌헨사태의 추이와 젊은 햇병아리 청년들이 귀향한 장교들의 견장을 쥐어뜯고 있는 슬픈 장면을 보고 충격을 받았다. 그는 이것을 혁명이라는 명예로운 이름 아래 저질러지는 피에 젖은 카니발이라고 불렀다. 동시에 그는 그 시점에서 혁명적 전복은 독일의 평화적 전망을 감살하며, 재정적 붕괴를 초래하게 될 것이라고 했고, 그렇다고 해도 사회주의제도가 지속성을 가질 수는 없을 것이라고 예견했다. 인간다운 생활을 요구하는 프롤레타리아의 투쟁에 대해 그는 수십 년 전부터 강렬한 동정을 가졌으며, 자신도 당에 소속하는 사회주의자로서 전면적인 전열에 가담해야 할 것이 아닌가 하고 생각한 바 있었을 정도였다.

그러나 결론은 부정적이었다. 무산자와 똑같은 생활형식을 받아들이고, 무산자의 노동 위에 구축된 문화생활을 단념할 각오가 없는 한 성실한 사회주의자가 될 수는 없다. 왜냐하면 발병 이래 베버에게는 그것이 불가능했고 학자로서의 활동은 어떻든 금리에 의존하고 있었기 때문이다. 뿐더러 그의 성격은 본질적으로 어디까지나 개인주의자였다.

베버는 그 수 주일 동안 국민을 위하여 무슨 노력이라도 할 작정이었고, 더구나 청년 지도에 앞장설 생각이었다. 그러나 그를 따르려는 사람은 하나도 없었다. 자기들이 생각한대로 세계를 전환할 수 있다고 믿는 젊은 평화주의자들이나 코뮤니스트에 대하여 그의 국민적인 에토스가 아무런 호소력이 없었다는 것은 결국 괴이한 일은 아니다. 하지만 같은 일이 전통적인 지향성을 가진 청넌들에게도 일어나고 있었다는 것은 전쟁에 의한 완전한 도덕적 허탈의 징후로써 이는 확실히 놀라게 하지 않을 수 없는 일이었다.

노동운동지도자에 대한 예찬

그러나 베버는 절망에만 빠지지는 않았다. 또 다시 사람들을 위해서 힘을 쏟기로 했다. 그리하여 항상 성실한 선의를 발견했을 때에는 기뻤다. 특히 자기들이 바라지 않았던 혁명을 볼셰비키들에 항거하여 장악하려는 다수파 사회당원들의 사려 깊은 책임감을 보고 그들의 유능함을 기쁘게 생각했다. 그들의 의뢰에 응하여 잠시 동안 그는 하이델베르크의 노병평의회에 가담한 바 있었다. 지식을 통하여 평의회에 도움이 될 수 있을까 해서였다. 그는 노동운동의 지도자들과 뜻이 맞았다. 진정 부조리는 이 혜택을 받는 바덴이란 나라에는 통하지 않는 것이라고 보았다. 그리하여 독일인들의 독일에 대한 신뢰는 항상 새로운 격려가 되었다.

프랑크푸르트 신문 편집국의 희망에 따라 조언을 하기 위하여 베버는 11월 말에 프랑크푸르트로 갔다. 그 곳에서 그는 신헌법 준비를 위하여 새로운 국가 형태란 논문을 썼다. 12월 2일에 그는 패하지 않은 군대의 귀환을 보았다. 이것이 그를 깊이 감동시켰다. 집집마다 꽃다발로 장식했고, 창에는 창대로 지붕에는 지붕대로 사람들의 얼굴로 꽉 들어찼다. 하늘을 찌르는 환호로 이 초인적인 일을 해내고 감내해온 병사들을 맞은 것이다. 헬멧과 총신마다 작은 꽃이 꽂혀 있었다.

국내 정세는 나날이 악화돼 갔다. 광신적인 공산주의자인 리프크네히트와 로자 룩셈부르크는 사회주의자로부터 무혈혁명의 지도권을 빼앗아 민주주의공화정체제가 아니라 사회주의공화정체제 즉 평의회 조직을 가진 프롤레타리아 독재를 선포하려고 하였다. 12월 초 베를린과 뮌헨에서 최초로 폭동이 일어났고, 적군이 진주할 위험마저 다가왔다. 베버는 일을 있는 그대로 보았다. 그렇지만 그는 자신도 일원인 이 독일민족에게서 파괴될 수 없는 힘과 아름다운 자질을 감득하고 있었다. 어떤 외적 운명, 아무리 견디기 어려운 압력도 이 정신의 본질을 파괴할 수는 없다는 의미에서 그는 자기 자신을 믿는 것과 마찬가지로 국민을 믿었다.

12월이 끝날 무렵 스파르타쿠스단의 폭동이 일어나 점점 위협적인 사태에 이르자, 그는 또 다시 클루지우스에게 편지를 썼다.

"이러다가 내란과 적의 침입이 뒤따르지 않을까 나는 의구심을 느낍니다. 그렇게 되면 어떤 고통이나 두려운 일일지라도 우리는 그것을 이겨 나가야 할 것입니다. 나는 이 독일이 파괴될 수 없는 힘을 가지고 있다고 믿습니다."

새로운 국가 형태에 대한 베버의 제안

베버는 11월에 프랑크푸르트 신문에 새로운 국가 형태에 관한 논문을 발표하면서 독일의 정치적 재건을 위해 일하는 사람들의 대열에 참가했다. 그 근본 사상을 간략하게 여기에 적어본다.

비스마르크가 만들어 놓은 것은 전부 소실되고 말았다. 이제부터 무엇을 만들어갈 것인가? 의회주의적 군주정체제인가, 아니면 공화정체제인가? 아직도 역시 전자를 취하여야 할 것이다. 왜냐하면 그것이 기술적으로 가장 적응능력이 있으며, 또 그런 점에서 가장 강력한 국가 형태인 까닭이다. 철저한 사회적 민주주의화는 이것에 의해 필연적으로 저지되지 않을 것임은 물론이다. 그런데 최근의 여러 사건은 의회주의적 군주정체제의 지지를 불가능하게 하고 있다. 단순히 정치 현상에서 만이 아니라 영속적인 의미를 가진 여러 이유로 해서도 공화정체제가 낫다고 할 수 있다.

베버는 공화정체제의 테두리 안에서 가능한 각종 헌법 형식을 논평했다. 독일제국은 다원적인 연방국가이다. 그런 까닭에 우선 단일구조로 할 것인가, 아니면 연합구조로 할 것인가, 하는 문제가 생긴다. 경제에서 사회주의적인 체제를 취하게 되면 통일국가로 향할 것이다. 하지만 부흥을 위하여 외국으로부터 차관을 필요로 하는 궁박한 실정의 이 나라에서는 그것이 불가능하다. 베버는 그 자체로서는 단일국가가 되는 것이 바람직하다고 생각했지만 당면문제로는 그것이 달성 불가능하다고 보았다. 그렇다면 현 상황에서의 명제인 연합국가는 어떤 외형을 갖추어야 하는가? 종래의 프로이센을 맹주로 하는 구조, 특히 제국 내의 각분방주各分邦主와 프로이센의 국가원수와 결합이라는 형태는 붕괴돼 버렸다. 그렇다면 의회와 함께 구성構成국가가 임명 파견하는 대표에 의하여 구성되는 종래의 연방참의원Bundesrat 같은 기능을 할 기관을 종속시켜야 하는가 아니면 연방의회Bundeshaus 즉 구성국가의 의회에 의하여 선출된 대표기관이 될 것인가 하는 문제가 생긴다. 베버는 원칙적으로 연방의회 쪽이 민주주의 제도로 좋다고 보았지만 그럼에도 불구하고 국가대표기관 쪽을 권했다.

아주 중요한 것은 지도자 선출방법이었다. 군주제가 허물어진 이제 최고수장, 즉 독일국 대통령은 인민선거에 의하여 직접 선출되고, 그렇게 함으로써

의회로부터 독립된 권위를 부여받을 것을 요구했다. 베버의 헌법학상 논문이 발표된 거의 같은 시기에 내무대신 H.프로이스 박사가 제국헌법의 기초를 맡았다. 그는 전문가 소그룹을 초청하였는데, 그 중에 베버도 들어 있었다.

베버가 실천적인 정치가로서 수완을 발휘할 것인가에 대해 많은 사람들이 그럴 것으로 크게 기대했고 실제로 한동안 그런 것처럼 보였다. 11월 중순쯤에는 알프레드 베버의 발의에 의하여 독일민주당이 결성되었다. 이 당은 일찍이 나우만의 국민사회당과 마찬가지로 사회민주당과 부르주아 정당 사이에 위치하는 각 계층으로 구성된 중간적인 성격을 목표로 했다. 지식인 지도층 출신의 많은 인사들이 여기에 가담하였다. 베버는 결성 취지서에는 서명하지 않았다. 사실 그는 바로 얼마 전까지만 해도 의회주의적 군주정체제의 유지를 부르짖어 왔는데 하룻밤 사이에 공화주의자로 전향할 수가 없었기 때문이었다. 물론 이제는 공화정체제의 원리에 찬동하는 시대가 되었다. 11월 말, 12월 초 그리고 다음 1월에 그는 이 당을 위해 남독일의 여러 도시에서 대대적인 정치 강연을 가졌다. 그는 이제는 전보다도 더 좌파에 대해 비판의 필봉을 가했다.

12월 1일에는 프랑크푸르트 암 마인에서 민주당을 위한 강연을 했다. 강연 후 그곳 당의 동지들은 그의 이름을 헤세 나사우 선거구후보자명부의 맨 앞에 기재하기를 요망했다. 사정이 이러했으므로 베버도 입후보를 결심했었다. 그런데 크리스마스 이후 입후보자명부 제출 수 일 전에 제19선거구 베츨러지구의 비공개회의에서 프랑크푸르트의 한 지방 명사의 이름이 맨 앞에 올랐고 베버의 이름은 훨씬 뒤로 밀려난 사실이 하이델베르크에까지 전해졌다.

이제 여러 대학에서 베버를 교수로 맞아들이려고 경합을 했다. 그는 그토록 정신적 격동이 심했음에도 불구하고 반년 전 빈에 있을 때보다는 신경이 훨씬 안정되어 있었다. 파괴된 세계에서 새로운 세계가 건설되려고 하는 이때에 문필에만 종사할 수는 없었다. 그는 직접적으로 인간에게 자극을 주는 어떤 형식을 필요로 했고, 또 힘을 얻을 수 있는 지반이 필요하기도 했다. 프로이센 정부의 전문위원이며 일찍이 하이델베르크 대학에서 동료로 있었던 베커의 제안은 특히 관대한 호조건이었다. 베커는 이 대학에서 2시간 정도의 강의를 하고 높은 급료를 받을 수 있게 했으며, 그를 위해 특별히 생각해낸 국가학 및 사회학의 교수지위를 베버에게 제공하기로 한 것이다. 그 지위는 그의 체력으로 감당할 수 있었고, 더욱이 그의 저술 진행과 양립할 수가 있었다. 하지만 그 전부터 그와 친한 뮌헨 대학 교수인 동료 L.브렌타노나 로츠와 얘기가 오갔던 문제가 아직도 미정인 채로 남아 있었다. 유명한 브렌타노의 강좌에 후계자가 필요했던 것이다. 오래 전부터 친숙해져 온 이 장엄한 도시와 친밀한 우인들이 그의 마음을 끌었다. 그런데 베버는 다시 경제학과 재정학을 담당할 기분이 안났다. 그는 이 두 전문영역에서 나와 버린 것이다. 결단을 내리기가 어려웠다. 학부와 당국이 그가 주로 사회학 강의를 맡는다는데 동의했을 때 그의 마음은 뮌헨 쪽으로 기울었다. 베버는 여름 제메스타에서는 강의 1시간과 제미나르만을 맡기를 원했다. 본격적인 교수활동은 겨울부터 하기를 바랐다. 강화가 체결될 때까지는 역시 정치에서 완전히 손을 뗄 수 없었기 때문이다.

1월에 그는 전쟁 책임 문제에 대한 논문을 발표했으며, 그 논술에서 장래의 전시국제법에 관한 국제연맹규약에 대한 구상을 표명했다. 그는 이 가운데서 독일평화주의자들의 죄와 고백, 즉 현실에 직면해 이겨내지 못하고 그런 까닭에 패전이 어떤 죄의 귀결이어야만 된다는 의미의 세계질서를 다시 세워야 한다는 것은 근본적으로 품위를 완전히 상실한 태도라 하여 이를 배척했다. 전쟁의 승패는 신의 재정이 아니며, 결과는 전적으로 어느 쪽에 정의가 있었음을 표시하는 것이 아니라는 것은 역사상 무수한 시산혈해屍山血海의 전장이 말해주고 있다. 그 중에서도 가장 숙명적인 것이 티르피츠에 의하여 추진된 건함정책이었다. 영국은 독일의 건함 규모에 위협을 느끼지 않을 수 없었다. 그러나 결정적인 책임은 러시아의 제국주의가 어떤 일이 있어도 자기 자신을 위해 전쟁을 원했고, 또 그 정치적 목적에 따르면 전쟁을 원하지 않을 수 없었던 체제로서의 차르의 전제정권에 있었던 것이다.

강화회의대표단에 참가

그 무렵 공직에서 은퇴한 막스 폰 바텐 대공이 베버와 친교를 맺게 되었다. 막스 공의 권고에 따라 베버는 베른슈도르프 백작 주재 하에 열린 평화 교섭을 위한 위원회 회합에 초청되어 대표단과 함께 베르사유에 가도록 요청을 받았다.

정치상의 동지들의 강력한 권고도 있었는데, 어쨌든 베버는 강화대표단과 함께 베르사유에 가기로 결정했다. 어차피 또 다시 베를린을 경유해야 했다. 그러는 동안 협상국 측이 실상 군사령관과 정치가 및 황제를 인도해줄 것을 강화조건으로 한다는 사실을 알게 되었다. 베버는 거의 자아를 잃어버릴 정도로 격앙했다. 위대한 국민의 명예를 파괴하려 하는 하나의 극도의 악랄한 의도를 그는 거기에서 읽은 것이다.

이 최악의 굴욕을 면할 길이 없단 말인가? 그렇다. 그는 자기가 책임 있는 지도자의 지위에 있었다고 하면 어떻게 할 것인가는 이미 잘 알고 있었다. 이제 곧 스스로 라인 강을 넘어 미군 당국에 투항해서 국제법정의 심문을 받는 것이다. 그렇게 되면 이와 같은 숭고한 윤리적 자기주장의 행위가 실천에 옮겨질 것이며, 아마 국민을 전대미문의 부당한 요구로부터 해방시킬 수 있을 것이며, 외국에 대해서는 도덕적 감명을 주고 또 국내서는 전쟁의 결과에 대한 책임을 지는 사람들의 신망을 다시 회복할 수 있게 할 것이다.

붕괴 후 곧 루덴도르프에 대한 탄핵이 시작되자마자 베버는 루덴도르프를 변호하는 논문을 쓸 계획을 세웠다. 10월 초의 하이델베르크 대학에서 행한 정치 강연에서도 그는 루덴도르프를 정당하게 평가한 바 있다. 이 위대한 지도자의 에토스는 그 인간에 적합한 척도 이외의 척도로 측정되어서는 안 된다. 독일은 새로운 해결 곤란한 난제에 직면해 있으므로 협상 측의 수치스러운 요구에 대해 장군은 스스로 일신을 인도함으로써 거기에 응대하고, 그럼으로써 자신의 겸직을 보여주어 국민의 명예를 건지고 적측을 더 이상 있을 수 없는 궁지에 몰아넣자는 것이다. 특히 이와 같은 영웅적 기사적 행위는 국민의 자신감을 든든히 하는 동시에 국외에 있는 국민의 도의적 신망을 강화하게 될 것이다.

그런 생각으로 베버는 베르사유로 출발하기 직전 루덴도르프 앞으로 편지를 썼었다. 그가 베르사유로부터 베를린을 거쳐 귀국하였을 때는 장군의 짤막한 거절성의 회답이 베버의 손에 들어오지는 않았다. 그리하여 몇몇 국민당 대의원의 알선으로 그는 몇 시간 동안 루덴도르프와 회담했다. 두 사나이의 심장은 영웅적인 애국주의의 고동이 울렸으나 서로 이해에 도달하기는 어려웠다. 베버는 군통수부가 저지른 과오에 대해 루덴도르프를 힐책했으며, 루덴도르프는 베버가 혁명과 새로운 정치체제의 죄를 낳게 했다고 나무랐다. 마지막에 가서 독일 재건에 대한 불타는 의지라는 점에서는 일치했지만 그 방법이 달랐다. 두 사람의 대담을 베버는 이렇게 요약했다.

"그가 자신의 신병을 인도하지 않는 것이 오히려 독일 측에는 좋을지도 모른다. 또 적도 이런 사나이를 실각시킨 전쟁을 위해 치른 희생이라면 무의미하지만은 않다고 생각할 것이다."

외상 브로크도르프 란차우가 이끄는 강화대표단은 결국 80명이나 되었다. 그 가운데에는 라테나우 · 발부르크 · H.브류크 · M.몬트게라스 · M.멘델스존 발토르디 교수와 같은 유력 정치가 및 정치에 관심을 가진 학자, 경제 조직자가 섞여 있었다. 실제 행동과 사상에서는 독일지성의 응집체였다. 사람들은 완전히 보호구금된 거나 다름없었다. 베르사유 정원 모서리에 있는 호텔은 철책으로 둘러싸여 외부로부터 차단되었다. 조약의 가혹성은 최악의 예측을 상회하는 것이었다. 독일민족은 일치해서 경악할 수밖에 없었다. 정부나 극좌를 포함한 모든 정당은 이러한 조건은 수락할 수 없는 것이라고 언명했다. 총력을 모은 민족전쟁의 사상이 생기게 되었다. 결속한 압력으로 적측으로부터 조건의 완화를 얻을 수 있으리라는 희망을 잃지 않았다.

'전쟁책임 문제의 검토'에 대한 의견서는 5월 28일에 제출되었다. 인쇄한 대략 1백50페이지 가량의 문서는 독일(전쟁 원흉의 책임에 관한)의 백서로 공개적으로 발표되었다. 적측의 주장을 하나하나 들어 논박하기 위하여 객관적인 서술이 시도되었다. 오스트리아의 행동에 대해서는 냉혹하게 서술했다. 세르비아에 대한 그 짧은 기한부의 최후통첩, 영국의 조정 시도의 거부, 러시아정부와 모든 의견교환의 거절은 중대한 과오라고 단정했다. 그러나 제1의 책임은 범슬라브주의, 오스트리아─헝가리의 해체, 발칸에의 팽창, 터키해협지방의 정복을 목표로 한 제국주의적인 러시아 정책에 있다고 했다.

"독일 국민은 1914년의 전쟁을 차르의 전제팽창주의에 대한 방위전쟁으로써만 일치해서 결연히 받아들인 것이다."

서술도 증거서류도 적측의 태도를 전혀 바꾸게 하지는 못했다. 최고이사회의 회답은 이 전쟁을 '인간의 도리에 대한 최대의 범죄'라고 정의했다. 독일 측의 반대제안은 거절되었다. 상대측은 지불능력이 있는 최대한까지 배상, 군대 해산, 책임자 인도 및 국제연맹으로부터 독일의 축출을 결정했다. 조인까지는 짧은 시간 밖에 남지 않았고, 서부전선에서는 적군이 집결해서 독일군 내에서 승리의 행진을 벌일 것을 하루가 천년처럼 기대하고 있었다. 도대체 무슨 일이 벌어질 것인가? 베버는 이렇게 썼다.

"아, 베르사유는 불유쾌하기 짝이 없다. 나는 아무런 자문도 받은 일이 없다. 그러면서도 마지막 판에 가서는 '그러면 귀하가 이 초안의 제출이유서를 쓰는 게 어때요' 하고 요구해왔다. 나는 상대가 수락하지 않을 것을 전제하고 써주었다. 왜냐하면 어떤 부분은 믿지 못할 정도로 요구(1천억 배상, 군대 해산)를 해 왔기 때문이다."

다시 강의 준비에 착수

베버는 강화조약에 관한 소론을 이미 이잘 강의 계곡에서 쓴 바 있다. 베르사유에서 돌아온 이후 그는 정신 및 신경 쇠약을 회복하기 위해 잠시 동안 완전한 휴식을 필요로 했다. 그의 강의는 6월이 되어서 시작되었다. 출정한 학생을 위한 봄 제메스타가 그 중간에 끼어 있었기 때문이다. 집을 옮기는 것도 가을로 미루었다. 그는 볼프라하우젠으로 다시 가서 잠시 그 곳에서 휴양하였다.

뮌헨의 분위기는 다시 살벌해졌다. 실상 온건파 사회주의자들은 베를린에서처럼 혁명을 법과 질서의 궤도 위에 올려놓지 못했다. 코뮤니스트들의 책동은 다른 어느 것보다도 더욱 극심했고, 이미 아이스나는 의회주의의 지리멸렬 대신 평의회(소비에트)의 지배를 실행에 옮기려 하였다. 그 후 그가 암살되자 온건파마저 과격 분류 속에 휩쓸려 들어갔다. 사회주의를 앞장서서 외치는 3당은 합동하여 2월 말에 평의회공화정권을 선포했다. 프롤레타리아는 무장했다. 인민으로부터 선출된 의회는 사회주의의 실험으로 줄달음질쳤다. 오스트리아 출신의 젊은 경제학자인 O. 노이라트에게 바이에른의 완전사회화의 임무가 맡겨졌다. 그렇지만 실패하고 말았다. 4월에는 볼셰비스트가 지배권을 장악해서 다시 평의회공화정권이 포고되었다. 이제는 적군赤軍도 조직되었다. 제국군의 부대는 뮌헨으로 향해 진격하지 않을 수 없었으며, 볼셰비스트 지도자인 도츨러는 적군지도자가 되었다. 평의회정부의 모든 고시는 그의 서명으로 이루어졌다. 피에 젖은 카니발이 시작되었다. 뮌헨은 며칠 동안 적군의 압제 아래 시달림을 받아야 했고, 인질 학살이 자행되었다. 그 후 5월 초순에 격렬한 시가전이 벌어진 끝에 정부군이 승리했다. 혁명가들과 그들을 교사한 외국계 유태인에 대한 주민의 분노는 대단했으며, 외국인의 증오와 반유태주의 및 범독일적 국가주의가 소생했다. 나침반의 바늘은 이제 반대방향으로 움직이게 되었고, 바이에른은 독일제국의 질서의 세포가 되었으며, 군주정체제의 부흥을 바라보게 되었다. 만약 그것이 성공했더라면 독일의 다른 전역에도 반혁명의 조류가 물밀듯이 밀려 닥쳤을 것이다. 그렇지 않으면 바이에른은 제국으로부터 이탈해서 북독일의 패권을 뒤흔들어 놓을 기회가 마련되었을 것이다.

대학의 여러 그룹 사이에도 평의회시대의 사회화 시도와 교육 자유에의 일시적인 위협에 대한 분노는 깊은 흔적을 남겼다. 대학생들은 정치적이 되었고 스승과 제자 사이가 적대 진영으로 갈라졌다. 국사범의 재판이 계속되었다. 베버는 다시 박해당하고 있는 사람들을 원조할 기회를 얻었다. 그는 O.노이라트를 위해 증언을 했고, 또 특히 그의 정치적인 미숙성과 마찬가지로 의심의 여지없이 명백한 이상주의적인 지조를 가졌던 E.도츨러를 위해서 사회화위원의 정치적 순결성을 증언했다. 도츨러와 같은 청년들이 실상 어떤 기관을 지배하고 대중을 이끌었다는 사실은 이 바이에른 혁명의 색다른 일면을 말해주는 것이었다. 베버는 심문에서 도츨러는 정치적 현실에 당면하면 상식에서 이탈하여 버리며 무의식중에 대중의 히스테리한 본능에 영합해 버리고 마는 심정윤리를 가진 사람이라고 성격규정을 했다.

뮌헨에서 최초의 강의

6월 말에 베버는 뮌헨으로 이사했다. 집은 쾌적했고, 대학에서는 L.브렌타노의 훌륭한 연구실을 차지했다. 그 방 도어에 자신의 이름이 붙어 있는 것을 보고 그는 조용히 기쁨에 넘치는 기분에 사로잡혔다. 자신이 이 도시에서 유명 강단에 서리라고는 생각이나 했던가! 그는 정치정세에 대한 고찰을 하면서 강의를 시작했다. 이것은 강당에서 정치에 대해 얘기하는 최초이자 최후의 발언이 될 것이라고 그는 말했다. 왜냐하면 정치는 강단에 속하지도 않고 학문에 속하지도 않는데다가 비판의 자유스러운 풍토 속에서만 논의되어야 하는 것이기 때문이다. 그가 말하는 한마디 한 구절은 감동으로 듬뿍 젖은 것이었다. 우리는 모든 점에서 외국의 지배하에 있다. 우리는 유태인과 마찬가지로 천박한 민족이 되고 말았다. 독일정부는 외국의 이익을 떠받드는 사형집행인이 되어 자기 자신의 국민에게 징벌을 가하려고 서슬이 퍼래 있다. 우리에게는 강화조약을 한 조각 휴지로 만드는 공동목표 밖에는 더 이상 남은 것이 없다. 바로 지금 그러한 사실은 불가능하지만 외국의 지배에 대한 혁명의 권리를 이 세계로부터 전부 몰아내 버릴 수는 없다. 이제는 침묵하는 기술과 단순한 일상의 일에 다시 익숙해질 필요가 있다.

학생들이 다시 그의 강의시간에 대거로 밀려오자 그는 그들에게 조언해주고 연구제목을 주었다. 그들은 내성적인 경외심을 가지고 그를 보았고 사자처럼 위풍당당한데가 있다고 생각했다. 세미나 참석자로 베버와 보다 친히 접할 수 있었던 청년들 대부분은 그에게서 교수 이상의 무엇이 있음을 보게 되었다. 하지만 그 자신은 교수 이상의 무엇을 하려고는 하지 않았다.

베버는 제자들에 둘러싸여 제2의 청춘을 맞이한 것처럼 보였다. 하지만 그는 또 맹렬한 공격도 받았으며 가르치는 것이 그에게는 큰 노력이 드는 일이었다. 또 자기의 서술을 계속하지 않으면 안 되었다. 마지막으로 이미 오래 전에 절판이 된 『프로테스탄티즘의 논리』를 다른 종교학논문과 함께 새로 출판해야만 했다. 그 때문에 그는 다시 이것저것 손을 가해야만 했다. '직업으로서의 학문'과 '직업으로서의 정치'라는 두 강연도 인쇄 중이었으나 후자는 그 후 큰 논문으로 확대되었다. 그리하여 그와 많은 제자들과 정신적 거리는 아주 멀어져갔다. 그가 자기 자신의 저술이 아니라 제자들의 바라는 바를 위해서 움직여야 한다는 것은 그에게 그다지 걸맞지 않은 일 같아 보였다. 한편 그는 자기의 사회학 범주론을 되풀

이해서 구술해야 했기 때문에 그 표현은 더욱 간절해지고 정확해져가는 느낌이 들었다. 그러므로 이 일의 능력의 정도에 따라서 기분도 크게 동요되었다.

단기간의 제메스타가 끝날 무렵에 베버는 이제 환경에 제법 순응해서 대학을 중심으로 움직이는 사회에 휩쓸려 들어간 느낌이었고, 독특한 열의를 갖고 이 사회에 협력하게 되었다. 8월이 되어 아내가 이곳을 들렀을 때 그는 잠시 틈을 내어 아내와 함께 여러 가지 아름다운 것을 감상했다. 예컨대 마티아스 그류네발트의 제단화는 외국에 반출되기 전에 보았고, 또 로젠인젤에 피서여행도 했다. 그리고 극장에서는 입센의 브란드를 보았는데, 그 깊고 상징적인 내용은 그들을 매우 감동시켰으며, 그들은 이것을 말로 표현할 수조차 없었다.

최초의 제메스타가 끝난 후 베버는 가을 수 주간을 조용히 하이델베르크의 정든 그들의 집으로 돌아왔다. 하이델베르크의 친우들은 그들 부부가 다시 이곳을 떠나려고 할 때에 송별연을 베풀어 주었는데, 이것은 지난해의 그들의 은혼식 날을 전후한 때였다. 그들 부부가 다시 뮌헨으로 돌아오자 때 이른 추위가 기습해서 승리문 거리 건너편에 위풍당당하게 서 있던 포플러가 서리에 얼어 시들었다. 바람이 황량하게 불어 시든 잎사귀를 스칠 때 비수가 감돌았다. 그들 부부는 영국공원 옆의 작은 집을 빌려서 들었다. 이 환경은 하이델베르크의 넓은 집에 비하면 좁았으나 친근미가 깃들었고 궁핍의 시대에 어울리는 것이었다.

모친 헬레네의 최후

베버가 겨울 제메스타를 시작하기 바로 전에 헬레네가 생애를 끝마쳤다. 강한 생명력을 가진 이 여성은 늘 자기 인생의 마지막 황혼이 서서히 꺼져 가기를 바랐다. 그랬건만 죽음은 불시에 그녀를 엄습해서 생명을 몰아갔다. 여름 1, 2개월 동안 그녀는 하이델베르크의 마리안네 곁에서 보냈고, 다시 뮌헨에 있는 아들 막스를 찾았다. 그녀의 체구는 작았고 허리는 구부정해졌으며 걸을 때에는 가쁜 숨을 쉬었다. 그녀는 가끔 이런 말을 했다. 즉 언제 죽음이 닥칠지 모르니까 빨리 집에 돌아가서 자식에게 괴로움을 끼치지 않겠다고. 그녀는 물론 좀 더 오래 살아 독일이 부흥하는 것을 보고 싶었다. 그 외에도 그녀는 여러 가지 계획을 세우고 있었다.

지질학자 E.W.베네케의 미망인이자 그녀의 마지막 남은 자매도 슈트라스부르크에서 쫓겨 왔다. 이 미망인은 육체적으로 볼품없이 되어 앙상한 몰골로 하이델베르크 집으로 돌아왔다. 몇 년 동안 마비 상태에 정신장애마저 겹쳤으나 그 인격 깊숙한 곳에 비장되어 있는 핵심은 변하지 않았다. 그녀는 베버 집에 머물렀다. 헬레네는 겨울 동안을 이 자매 곁에서 보냈다. 애정과 공유하는 추억으로 그녀를 감싸주려 했다. 그 후 헬레네는 몸젠 집으로 옮겨 전적으로 자신의 자손들과 함께 지내고자 했다. 그녀는 생애의 마지막 힘을 자신에 어울리는 사랑의 봉사에 바쳤다. 이미 오래 전부터 심장이 유달리 나빠 걷거나 계단을 오르내리는데도 매우 힘이 들었다. 그녀는 5층에 살았는데, 하루에 한 번 계단을 오르내리는 것이 고작이었다. 그런데 그날 그녀는 이 계단을 두 번이나 오르내렸다. 그날 저녁 때 그녀의 심장 고동에 이상이 오고 결체結滯되면서 늘 하는 버릇대로 뜨개질을 하던 유아용 재킷을 손에서 떨어뜨렸다. 임종 투쟁은 고통스러웠다. 딸 클라라가 곁에서 그녀의 죽음을 지켜보았다. 남은 자식들이 모두 관 옆으로 모여들었다. 장례는 그녀가 아껴 마지않았던 이다의 아들 오토가 집전했다.

그 후 베버는 겨울 일을 시작하였다. 그는 처음 자기 의도와는 정반대로 그의 범주론이 어렵다는 학생들의 호소에 따라 일반사회·경제사의 개요를 강의하게 되었다. 강의는 가장 큰 강당에서 6백 명을 상대로 진행되었다. 그는 용의주도하게 생활해나가지 않으면 안 되었다. 처음 몇 주간은 집무를 영속적으로 완전히 이행하는 힘이 결여되어 있지 않은가 하는 불안에 휩싸일 정도였다. 그는 자신의 정교수 직위를 그 무렵 막 제정된 원외교수 직으로 바꿀 생각으로 원서를 제출했다. 그것으로 정신적인 부담을 줄이려 했지만 회답은 없었다. 그러나 크리스마스 전에는 그도 일이 몸에 배어 그다지 노고를 들이지 않고도 교수 직책을 해냈고 점점 자신이 생기는 것을 감득하게 되었다. 그런 점에서 빈에 있을 때와는 달랐다.

공산주의 청년들과 대결

1920년 1월 중순에는 한 사건에 의해 정치적 격정이 다시 재연했다. 그 사건은 바로 쿠르트 아이스나를 살해한 청년 아르코 발레 백작을 특별사면한 일이다. 베버는 이 범인에 대해서 어느 정도 공감함에도 불구하고 그 재판결과가 부당하다고 말했다. 왜냐하면 그것은 정의에 합치하지 않을 뿐만 아니라 유해하기도 하기 때문이었다. 이제 정치적 살인이 유행하게 될 것이다. 아르코를 자기들 편이라고 본 국가주의자 학생들은 대학 건물 안에서 데모집회를 열고서는 범독일주의 경향을 가진 총장을 출석시켜 이 사건의 해결을 축하했다. 그때 그들은 만약 아르코가 유죄판결을 받으면 자기들은 국방군의 지원을 얻어 거사를 하겠다고 했다. 사회주의를 신봉하는 어느 한 학생이 그들과 별개의 입장을 주장했을 때 학생위원회 일원이 그를 매도했다. 그러자 모욕을 받아 격앙된 소수파가 베버에게 이를 호소해 왔다. 베버는 그들 편에 서서 총장에게 즉각 부정을 시정하라고 요구했다. 그런지 이틀이 지나도 아무 효과도 나타나지 않자 그는 다음과 같은 말로써 강의를 시작했다.

"정치문제에 관한 일상적 습관에 반하여 나는 지난 주 토요일에 여기서 일어났던 사건에 대해 소감을 말하지 않고는 그대로 넘어갈 수가 없다. 그리고 여러분에게도 이 사건에 대해 기탄없이 기치를 천명할 권리가 있다. 여러분은 아르코 백작에게 축하를 했다. 나도 그렇게 생각하는 바인데, 백작은 법정에서 기사적이었고 또 모든 점에서 남자다웠다. 그의 행위는 쿠르트 아이스나가 독일에 오욕을 끼쳤다는 확신에서 우러나온 것이었고, 이 점에 대해서는 나 역시 같은 의견이다. 그럼에도 불구하고 법률이 유효한 한 그를 특별사면 한다는 것은 좋지 못한 허약성을 드러내는 것이다. 내가 대신이었다면 그는 총살 당했을 것이다. 여러분이 아무리 시위를 벌여도 나는 거기에 순응하지 않을 것이다. 오히려 그 반대다! 그런데 정부는 여러분에게 양보했다. 아르코가 살해되었더라면 그의 묘석은 지금껏 배회하는 쿠르트 아이스나의 망령을 꼭 붙들어 봉폐封閉해 버리고 말았을 것이다. 그런데 이렇게 되면 오히려 아이스나가 순교자가 되어 민중 속에 살아 있게 된다. 아르코가 살아있기 때문이다. 이것은 나라에서는 불행이다. 그런데도 여러분이 아르코를 떠받들어서 어쩌자는 것인가! 생각을 잘못해서는 안 된다. 더욱이 토요일에 여기에서는 인신공격 행위가 벌어졌다. 오늘까지도 인신공격은 취소되지 않았다. 취소하지 않는 것은 건달 행위다. 그런데다가 학생단체와 공모해서 거사를 하겠다는 국방군의 얘기가 설왕설래되고 있다. 여러분, 내가 경의를 표하는 사람은 음모가가 아니다. 독일을 부흥시켜 지난날의 번영을 되찾을 수만 있다면 나는 이 세상의 어떤 힘과도, 예컨대 악마의 화신과도 손을 잡겠지만 어리석은 자의 힘과는 절대로 손을 잡지 않겠다. 그러나 우파에서 좌파에 이르기까지 광기 어린 자가 정치를 멋대로 쥐어 잡고 흔든다면 나는 정치로부터 멀어질 수밖에 없다."

이틀 후 사회주의 학생단체에 대한 중상모략은 취소되었다. 그리고 베버는 다음 강의에서 조건부로 건달이라는 말을 철회했다. 그럼에도 불구하고 그의 강의는 본론에 들어가기도 전에 괴상한 휘파람소리와 아우성으로 가득했다. 웅성대는 범독일주의 수의과학생들, 또 베버의 사정도 모르고 그의 의논을 직접 들어보지도 못한 과격파 젊은이들이 선거운동 집단에서 하던 버릇을 흉내낸 것이다. 베버가 교단에 올라서서 침착한 어조로 그들을 조소하자 그들은 더욱 난폭해졌다. 그의 제자들이 소란스럽게 구는 무리들을 덮치려 할 때 교실 전등이 꺼지며 학생들은 교실에서 뛰쳐나갔다. 그 직후 베버는 다른 큰 회합에 갔었다가 아주 앙분되어 있었지만 그날 밤 잠은 잘 잤다. 정치행동은 오히려 그에게 원기를 회복시키는 효과가 있었던 것이다.

역사학에 대한 슈펭글러와 베버의 토론

그 무렵 베버의 세미나에서는 세계의 관심을 모으고 있던 오스발트 슈펭글러의 저서 『서양의 몰락』에 대한 토론이 벌어지고 있었다. 여기에서 베버는 역사연구의 결과를 자기의 사변적 구성 속에 넣어 재질과 학식이 풍부한 딜레탕트 역사철학을 감득했다. 세미나 참가자이면서 저자와 직접 면식이 있는 몇몇 사람들이 슈펭글러와 베버, 기타 몇몇 사상가와 공개토론을 희망했다. 이들은 창과 방패가 교합하는 것을 두려워하지 않았다.

어느 춥고 쾌청한 겨울날에 그들은 시 청사 안에서 얼굴을 맞댔다. 이 학자들을 둘러싸고 학생들이 몇 겹으로 둘러앉았다. 그들 가운데에는 자유독일청년연합회원이 가장 많았지만 젊은 공산주의자들이나 그밖에 여러 종류의 당파에 속하는 사람들도 있었다. 이 지성의 시합은 하루하고도 반나절이나 걸렸고, 대단히 흥미진진한 것이었다.

베버는 아주 신중히, 그러면서도 기사적인 무기로 공격했다. 자기와는 종류가 다른 사상에 대해서도 그는 경의를 잃지 않아서인지 그가 가하는 비판은 그리 듣기 거북한 것은 아니었다. 슈펭글러는 자신이 구축한 사상이 서서히 허물어져 가는데도 태연하게 자제력을 잃지 않았다. 기본 테제에 대해서는 서로 상대를 설득시킬 수가 없었다. 젊은 청중들은 너무나 엄청난 학식에 압도되었지만 '이 학식이 도대체 무얼 하자는 것인가?' 라는 그들의 물음에는 아무런 회답도 얻지 못했다. 청년들 가운데 몇몇이 그 후에 베버를 시인 파울 에른스트와 사회주의자 오토 노이라트와 함께 자기네들 서클로 이끌어 갔다. 이번에는 자기들 쪽에서 의견을 제시하고자 하였다. 호반 거리에 있는 작은 농가풍 집이 그들이 숨어서 사는 곳이었다. 의자와 책상 이외에는 커다란 갈색 스토브 하나가 비치되어 있었을 뿐이다. 겨울의 오후는 뼈마저 으스러지게 하는 듯 추웠다. 그랬건만 스토브에서는 시원치 않은 열밖에는 나오지 않았다. 연료가 부족했기 때문이었다. 그러면서도 이 젊은 남녀는 곤궁과 은거생활에 단련되어 있었으며, 자기네들은 더 이상 아무 욕심도 없음을 자랑으로 삼았다. 베버는 모피외투를 입고 스토브 옆 벤치에 앉았다. 이들 남녀는 코뮤니즘의 오아시스─농촌에의 집단이주 등─를 만들어 이 새롭고 보다 높은 세계질서의 자연스러운 핵을 이룩해 보겠다는 신념이었다. 즉 자본주의의 평화적 극복, 또는 진정 자본주의로부터의 자유를 얻고자 하는 사람들을 거기서 해방시킨다는 뜻이었다. 그 중에 특히 과감한 한 청년은 상당수 지식인과 프롤레타리아를 이끌고 전쟁 덕분에 알려진 시베리아로 가서 모범적인 공산주의공동체를 만들겠다고 했다. 그들은 국가라는 형식으로부터 완전히 해방된 무정부주의적 이상도 갖고 있었다. 베버는 가족공동체와는 달리 상당히 큰 공동체는 힘과 법 없이는 조직될 수 없다는 점을 설명했다. 그래서인지 이 젊은 이주자들은 그는 결코 자기들의 회원이 될 수 없다고 느꼈으며, 실망한 그들은 그 후부터는 베버를 완전히 무시했다. 그 후 곧 오스발트 슈펭글러가 베버를 방문했으며, 또 다시 정신 대 정신의 불꽃 튀는 접전이 타올랐다. 베버의 역사철학적 구성을 납득당한 이 학자는 자신이 시인이라는 사실을 인정했다.

이해사회학과 역사철학

겨울 동안 베버는 일에 쫓겨 휴식 없는 나날을 보냈다. 그는 강의 준비에 많은 시간을 들였고, 종교사회학논집의 제1권을 교정했고, 또 경제와 사회 가운데 사회학적 범주론에 관한 책은 이미 오래 전에 인쇄가 끝나 있었다.

이제부터는 베버의 생애에서 학문적 노력의 소산인 저서의 형식과 방법에 대하여 다소 자세하게 논하고자 한다.

『이해사회학Die Verstehende Soziologie』은 원래 완성되지 않은 채로 남겨진 두 개의 서로 다른 부분, 즉 체계적인 유형학과 부분적으로 거기에 대응하는 각론으로 이루어져 있다. 이 유명한 이론에서 역사상 여러 구체적인 사실은 유형 개념에 따라 관련짓고 정리된다. 바꾸어 말하면 이런 뜻이 된다. 즉 서술 부분에서 역사적 과정에 대한 통찰을 위해 사용되는 개념적 구성물은 제1부 부분에서 체계적으로 정리되고 가능한 한 한 가지 뜻으로 명백하게 된다. 그런 까닭에 개념론은 역사에 대해 널리 통효通曉할 것을 전제로 한다. 왜냐하면 그것은 예컨대 사변적인 사유형상처럼 보편적인 대전제나 원리로부터 연역되는 것이 아니라 직접적이고 구체적인 사실의 소재로부터 형태가 지워져 귀납에 의하여 조립되기 때문이다. 베버는 그러므로 역사의 분석 및 서술에 대한 논문을 이미 전쟁 전에, 그것도 자신의 기억에만 의존하여 집필했다. 그 후에 비로소 그는 범주론을 내놓게 된다. 1918년 여름 빈에서, 그리고 1년 후 뮌헨에서 행한 강의의 결과 그렇게 하지 않을 수 없었다. 이제(그가 사망하기 수개월 전) 이 범주론은 최종적인 형태를 갖추었다. 그는 취급하기 어려운 여러 가지 개념을 몇 번이고 재검토했고, 교정을 보면서 가필했다.

이 저서의 전제, 그 중에도 특히 개념론의 서술방식은 다른 여러 저서와는 아주 다르다. 문장은 아주 짧고 주어와 술어를 삽입문 없이 접근시켜 배열하였다. 정의定義에 관한 부분은 가장 간결한 표현으로 집약되어 있다. "사회학이란…의 사실을 말해야만 된다" 등등의 독특한 형식으로 되어 있었다. 정의의 사이에 들어가는 갖가지 예시나 사실해석은 한층 더 응축한 내용을 다시 전개하는 것이어서 이것들도 대체로 명석한 구조를 가진 문장으로 엮어갔다.

베버는 이해사회학을 경험과학으로 취급했다. 이 학문의 대상은 역사에서 유일하게 이해 가능한 계기, 즉 개개의 혹은 다수의 인간의 의미를 갖고 방향 지워진 행위이며, 그러면서도 그들의 상호연관적인, 그런 까닭에 사회적이라고 칭하는 행위이다. 이와 같은 행위를 해석하고 이해함으로써 동시에 또 그것을 인과적으로 설명하는 것이다. 이해사회학은 자신의 대상에 대해 유효하거나 올바른 혹은 진실한 의미를 탐구하려는 법학·윤리학·미학과 같은 모든 실용주의적(도그매틱한) 학문과는 구별되었다. 이해사회학은 역사학에 가장 가깝다. 그런데 역사학은 개별적인 관련성 규명에 우선의 관심을 두는 반면에 사회학은 유형적인 것에 관련해서 유형개념을 형성하며 항상 그리고 도처에서 반복되는 사회적 행위의 경과의 보편적 규칙을 추구한다. 그러므로 이 보편성에 관심을 둔다는 점에서 자연과학과 유사하나 그러나 또 그 대상뿐만 아니라 보편개념의 논리적 의미의 차이에서 자연과학과는 다르다. 그러나 베버는 그의 저서에서 이와 같은 이념형을 새로 형성하고 계통적으로 정리했다. 이념형은 결정적으로 정착하는 것이 아니라 끊임없이 변하며 인식과정의 흐름 속에서 일시적으로 발붙임이 되고 있을 뿐이다. 베버는 지구상 도처에서 일어나는 사회적 행위의 규칙성을 추적하고 이들 규칙성을 개념으로 종합한다. 이러한 개념에 의거해 보면 행위의 경과는 비합리적인 즉 계측할 수 없는 여러 가지 영향에 의하여 좌우되지 않고 완료되는 것처럼 보인다.(현실에는 그와 같은 일은 전혀 있을 수 없지만.) 이러한 추상작용 덕분에 그 후 구체적인 행위의 비합리적인 요소는 분명히 편의라고 보게 된다. 이렇게 해서 경험적 사회과학에 있어서도 존재자의 특성이 비존재자─합리적 추상─와 관계 지어지고 인식되는 특이한 사정이 생기게 된다. 이해사회학의 방법은 합리주의적이며 또 개인주의적이라고 말할 수 있으나, 그 경우에도 개인주의적인 평가를 생각하는 것은 마치 '개념 형성이 합리적이라는 뜻은 합리적 동기의 지배를 믿거나, 아니면 합리주의를 적극적으로 평가하는 것을 의미한다'고 보는 것과 마찬가지로 잘못된 생각이다. 여하튼 어떤 환상에도 사로잡히지 않고 현실의 핵이 명확한 의식에 떠올라야만 하는 것이다.

그것이 아무리 단순하고 자명하며 혹은 진부하기조차 해도 모든 사람에게 알려지고 있는 개념을 이상과 같이 재형성하는 것은 논리적 혁명이라는 성격을 갖게 된다. 특히 베버가 내린 국가사회학 및 법사회학의 여러 정의는 법학에 대해서, 그리고 그의 종교사회학 정의는 그의 신학에 대해서 전혀 생소한 것이다. 처음에는 신학이나 법학은 이러한 정의를 이용할 수 없는 것처럼 보였을 정도였다. 법에 의한 질서·법·지배·권력·국가·국민·교회 및 그 밖의 개념은 보통 그것들 안에 공명하고 있는 가치적 의의를 의식적으로 멀리함으로써 아주 새롭고 순수하고 논리적인, 그럼으로써 이상할 정도로 차디차고 파토스와는 인연이 없어진 의미를 얻게 되었다. 그래서 베버는 그것들 하나가 단독으로 지배권을 주장하는 일은 절대로 허용되지 않았으나 역시 그들 개념은 습관적인 생각 및 감득방식에 대해서는 오히려 장해가 되었다. 찬스라고 하는 일상적 관용에서는 일견 도식적이라고 보이는 것이 모든 사회적 행위에 공통으로 나타나는 실험적인 존재를 논리적으로 파악하기 위한 범주라는 지위를 여기에 부여하게 되면 베버의 말대로 의연 차디찬 해골의 손이 따뜻한 생명을 붙잡으려고 하는 것과 같은 느낌이 든다. 마찬가지로 묘하게 무미건조하다고 생각되는 것은 그것에 의하여 여러 가지 찬스의 특수적 내용이 파악되는 그러한 개념규정인 것이다. 예컨대 '어떤 질서가…새삼 그것을 위해서 형성된 간부기관에 주는… 또 육체적 내지 심리적 강제의 찬스에 의하여 외면적으로 보증되는 경우 그 질서는 법이라고 불려야만 한다'는 등. 법·국가·교회 등 모두는 일견 형이상학적 관념에 긴밀히 연결되어 있어 객관적 타당성을 어디까지나 요구하는 형상이

겠지만 이상과 같은 정의에서는 그와 같은 관념이나 요구로부터 실제로는 해방되고 있다. 이들 정의에 의하여 가치자유적 과학의 이념은 어떤 것이 시인될 것인가 배척될 것인가, 또는 바람직한 것인가 아닌가, 좋은 것인가 나쁜 것인가 하는 등의 주관적 판단을 배제한다는 의미와는 전혀 다른 보다 넓은 의미가 주어지는 것처럼 보인다. 또 그 이상으로 여기에서 의식적으로 배제되고 있는 것은 단순히 모든 도그마틱한 학문뿐만 아니라 모든 역사의 증명 불가능한 전제인 것이다. 그 전제란 경험적 타당성, 즉 심리적 내용으로써 사실상 인간행위를 결정하는 모든 가치 표상도 개개인의 의식을 초월하는 객관적 타당성을 얻을 수 있는 것 같은, 그리고 그들 가치 표상이 더 이상 논의의 대상이 되지 않는 초현실성의 왕국, 즉 그것에 의하여 현실 속에서 인간의 생활이 올바르게 이해되는 정당한 그리고 진정한 의미의 왕국을 형성한다는 사고방식임이 틀림없는 것이나 그러한 전제는 의식적으로 배제되고 있는 것이다.

새로운 개념 형성의 실존적 귀결

베버가 그의 사회학에서 경험적으로 파악될 수 있는 객관적 초현실의 이들 표상을 현실인식으로부터 배제했다고 해도 모든 규범적 평가나 이데올로기는 이 사회학에서 전혀 의의를 잃고 있는 것이 아니다. 즉 사실성으로써 거의 모든 방향의 의미를 갖는 행위 속에서 움직이고 있는 까닭에 때때로 그 행위를 최종 결정하는 중요한 가치합리적인 동기계열로써 의식을 갖는 것이다. 이렇게 해서 사회학의 모든 영역 안에서 특수하고 내용이 분명한 평가나 의미해석이 인과관계 속에서 갖는 중요도가 추구된다.

그렇지만 연구는 실질적으로 항상 그러한 이데올로기나 평가에의 경험적인 출현방식에 주목하는 것이며, 그것을 초월하여 이러한 이데올로기와 가치에 주어진 형이상학적인 의의에 주목하는 것은 아니다.

베버 자신은 개념의 전개과정 안에서 어떻게 해서 그가 사실적 타당성을 객관적 타당성이 있는 가치성으로부터 분리시키는가를 되풀이해서 설명하고 있다. 예컨대 그는 유형의 지배에 관한 이론 가운데에서 카리스마를 비일상적이라고 규정된 성질이라고 이름을 붙이고 있으나 그 경우 이미 이 표현은 그와 같은 성질이 구체적인 경우에 카리스마라고 평가되는 것이 옳은가 어떤가 하는 문제는 사회학 속에서는 전혀 자신과는 관계없는 문제일 뿐이라는 의미를 갖고 있다.

"그런 까닭에 카리스마적 인격을 가진 지도자로서의 승인은 그에게 복종할 생각이 있는 제자, 또는 추종자들이 그의 성질이 비일상적·초인간적인 것이라는 주관적 평가에 바탕을 둔 것이다. 어떻게 해서 문제의 비일상적 성질이 어떤 윤리적·미적, 기타 관점으로부터 객관적으로 올바르게 평가되고 있는가 하는 점은 그 경우에는 물론 전혀 문제가 되지는 않다."

거기서부터 방법론상으로 나타나는 결과는 '투쟁하는 광열의 카리스마가 주어진 광폭한 전사'나 장수, 정치적 선동자, 교조敎祖, 혹은 예언자나 구세주도 마찬가지로 카리스마적 지도자들에 속한다는 것이다. 이것은 일상적인 사고에 있어서나, 혹은 사실에 객관적 타당성을 결부시키는 습관을 가진 다른 학문영역 안의 사고에 있어서나 단순히 거기에 순응하지 못하게 될 뿐만이 아니라 불쾌한 것이라고 느껴지고 때때로 무의미한 의미 박탈의 인상을 줄 것임에 틀림없다.

그래서 베버와 함께 그의 사고 과정 속에 몸을 두어 본 일이 있는 사람만이 어떤 가치를 띠는 여러 형상의 철저한 주력 박탈을 메워주는 어떤 새로운 진리의 내용을 얻게 되는 것이다. 그런데 학문을 하지 않는 인간은 현실의 새로운 논리적 처리로부터도 자기의 모든 생활을 방향 짓는 새로운 좌표를 기대하고 있다. 그는 베버가 이루어 놓은 사유의 형상 앞에 나서서 "그것이 무엇에 소용되는 것인가, 나는 여기서부터 자신이 살아가는 방향에 대한 지침을 이끌어낼 수가 있을까?"를 무의식적으로 묻게 될 것이며, 아무 지침도 이끌어낼 수가 없게 되면 그는 실망할 것이다.

규범이나 요구나 실천적 평가를 선언하는 것과는 분명히 선을 긋고 있는 이해사회학은 물론 자기의 영역 안에서는 이러한 욕구를 만족시키지 못한다. 적어도 직접 전달에서는 그러하다. 그러나 아마도 그의 논문 『직업으로서 정치』는 앞서 말한 바와 같은 사고가 인간의 행위에 어떻게 이용될 수 있는가 하는 문제에 대해서 몇 가지 결론을 이끌어낼 수 있게 할 것이다. 즉 혁명 때인 1919년 겨울에 뮌헨 대학의 학생 앞에서 행한 강연을 기초로 성립한 이 논문에서 베버는 그의 국가사회학적 인식을 실천적 행위의 하나의 중요한 영역, 즉 정치라는 것, 뿐만 아니라 직업으로서의, 그런 까닭에 적나라한 인간의 활동형식으로서의 정치라는 것과 결부시켜 보고 있다. 이러한 사고과정의 배경은 독일의 붕괴, 러시아의 볼셰비즘, 청년층의 히리아스무스적 앙탈에 있었다.

청년들은 신세계 건설이라는 천명을 부여받은 것이라고 느꼈고, 종래의 모든 경우와는 전혀 달라서 정의와 동포애라는 윤리적·종교적 이상으로 일관된 구조를 갖고 이제까지 존재하지 않았던 사회질서를 완성하려는 순수한 의지를 가졌고 또 희망하고 있었다. 그러나 이미 러시아에서의 여러 사건은 거기로 통하는 길은 멀고 또 그 목적을 달성한다는 보증도 없이 극도로 잔인한 행위까지도 해치우지 않으면 안 된다는 것을 보여주었다.

심리의 윤리와 책임의 윤리

　베버는 이리하여 하는 수 없이 자신의 청중들에게 전형적으로 정치의 실제 활용을 결정하는 국가사회학적 사건이나 현상의 모든 것을 환상 없이 있는 그대로 인식시켰다. 그는 각양각색의 국가형태와 그 역사적 발전, 정치적 지배의 각종 유형을 보여주고, 모든 시대, 모든 나라의 정치적 인물 유형을 소개하면서 역사적 일반론의 견지에서 다음과 같은 인식으로 이끌어 갔다. 즉 국가가 갖는 유일하다고 할 수는 없으나 고유의 수단은 모든 시대에 정당하게 보이는 물리적 강제력에 의지한 지배를 뜻하며, 정치라는 것은 어떤 경우에도 국가 권력의 배분에 참여하려는 노력을 의미한다고 했다. 그러므로 정치를 행하는 자는─권력 그 자체 때문이든, 아니면 이상적 또는 이기적 목적에 따른 것이든─권력을 추구하게 된다. 그래서 권력에 도달하기 위해서는 필요하다면 자신의 뒤에 숨어 있는 물리적 내지는 심리적 실력을 다른 사람에게 행사하게 될 것이다. 이러한 사실은 역사적 경험을 논리적으로 분석하여서 얻어진 학문적 확신이다. 그러나 이제 여기서 문제가 되고 있는 것과 관련시켜 이야기한다면 베버는 가장 중요한 실존적 문제의 하나, 즉 청년들의 마음을 강력하게 움직여가는 정치와 윤리와 관계 규명이라는 문제에 대한 자신의 태도를 결정하는 발판으로 이것을 이용하였다.

청년들이 이 관계에 강하게 마음이 움직이고 있는 것은 기독교회가 전쟁을 단순히 불가피한 악이라고 방치하고 있을 뿐만 아니라 모든 나라에서 복음서의 이름으로 전쟁을 찬미하고 그에 그치지 않고 국민적인 증오를 선동하는데 전력을 다하고 있기 때문이다. 이 사실은 종교적 소질을 가진 사람에게는 참을 수 없는 바보짓이며 기만에 찬 그릇된 길이라고 보지 않을 수 없다. 그리하여 이번에는 혁명이 똑같은 역설을 낳게 했다. 평화주의를 신봉하는 공산주의자들은 자기들의 이상을 내전이라는 최악의 형태인 강제력에 의하여 실현할 권리가 있다고 생각했다.

이 사태에 직면해서 정치와 윤리는 서로 상관있는 것인가 아닌가, 또 정치에 고유한 에토스가 있는가 없는가라는 자주 토론되어온 문제가 다시 긴박한 문제로 등장한 것이다. 어떤 사람은 그것을 부정하고, 다른 사람들은 반대로 정치행동에서도 그 이외의 모든 것에서와 마찬가지로 하나의 절대적인 윤리가 타당하지 않으면 안 된다고 주장한다. 이미 이전에도 그랬던 것처럼 베버는 이것을 부정한다.

그러나 동시에 그는 그럼에도 불구하고 이것은 결코 아디아포라(adiaphora, 可도 아니요 不可도 아닌) 상태의 영역에 속하는 것은 아니라는 점을 밝혔다. 진정 정치의 고유한 방법은 실력행사에 있기 때문에 정치는 윤리적인 방향이 갖추어져, 즉 목적과 수단을 평가하고 도달된 목적이 수단을 정화하여 좋지 않은 부작용을 상쇄하는데 충분한 가치를 갖는가 어떤가에 대하여 책임지는 반성을 필요로 하는 것이다. 한편 또 정치가 실력 및 강제와 불가피하게 결부되어 있다는 사실은, 정치행위에는 다른 행위에 대한 것과 똑같은 윤리가 통하지 않는다는―인간이 말려 들어가는, 그 밖의 다종다양한 관계에 대하여 내용적으로 동일한 윤리적 계율을 만들 수 없는 것과 마찬가지로―결과를 초래한다. 모든 정치권력을 가진 자는 사정에 따라서는 자기의 목적을 위해서 타자에게 해를 가해야만 되는 수도 있다. 그런 까닭에 그는 어떤 절대윤리에도, 특히 복음서의 윤리에도 복종할 수 없었다. 네가 가진 것을 모두 포기하라 하는 무조건의 요구는 그것이 만인에 대해서 강요될 수 없는 한 그에게 있어서는 무의미하고 부당한 요구에 그칠 뿐이다. 그리고 또 하나의 오른뺨을 때리거든 왼뺨을 대라고 하는 — 무조건 그리고 도대체 어떻게 해서 상대가 때릴 권리를 갖든 그것은 덮어 두고 — 요구는 성인의 경우를 제외하고는 품위 상실의 윤리일 뿐이다.

그래서 사랑의 윤리가 악을 악으로 대해서는 안 된다고 명하는데 반하여 악에는 악으로 대하되 실력을 가져라 그렇지 않으면 악의 증대에 대해 책임져야 한다는 정치가의 명령이 올바른 것이다. 기독교의 윤리와 정치의 윤리가 서로 몌별하는 지점은, 즉 각각 윤리적 방향이 결정 된 행위의 두 방향 — 물론 그것은 구체적인 인간생활에서는 더욱 복잡하게 얽혀지고 있는 것이기는 하지만 — 을 나누는 결정적인 지점이 바로 여기에 있는 것이다.

기본적으로 윤리적 행위는 심정이나 책임에 의해서도 결정되지는 않는다. 본래의 의미에서 심정윤리가로서 현실 기독교도는 '올바르게 행하고, 그 성과는 신의 재량에 맡긴다', 즉 그의 선한 의지, 그의 절대자에 있어서의 생활은 그의 행위를 고귀화한다. 신은 그에게 명령한다. 그런 까닭에 그는 결과를 문제 삼지 않는다. 결과는 자기가 하는 일이 아니라고 보는 것이다. 만약 결과가 나빴다고 하면 그는 거기에 대한 책임이 있는 것은 이 세상이든지 신 자신이라고 보게 된다. 내면성에 있어서 완성된 자기와 다른 사람의 영혼의 구제를 지향하는 실존의 표현으로써 이 태도가 매우 숭고하다고 하더라도 정치가는 이와는 다른 규율에 따르고 있는 것이다. 그러므로 있는 그대로의 현실세계나 인간의 약점을 고려하고 그뿐 아니라 그 점을 자기의 목적에 이용할 것을 강요당한다. 그의 고유의 에토스는 정열·책임·목측目測능력이다.

이것은 어떤 대의에, 혹은 그것을 지배하는 신 내지 악마에게 무조건 헌신이라는 의미에서의 정열이다. 자기가 행한 결과를 냉정하고 신중하게 반성하여 그것을 자신의 하는 일이라고 인정하려는 의지로써의 책임, 그리고 올바른 판단을 가능케 하는 사물이나 인간으로부터의 거리로서의 목측능력, 그리고 무엇보다도 특히 어떠한 목적에 종사하고 있더라도 항상 그는 그 목적에의 신념을 필요로 하는 것이다. 그러나 그의 활동의 성공을 결정하는 것은 그 자신의 동기만이 아니라 흔히 야비한 성격을 가진 추종자들의 결정에 관계되기도 한다. 그렇기 때문에 순수한 목적이 흔히 도의적으로는 용납할 수 없는 수단에 의하여만 달성하는 경우도 많다. 모든 강제력 가운데는 여러 가지의 악마적인 힘이 도사리고 있다. 이 지점에서 두 계열의 규율의 대극성對極性이 명료해진다.

심정윤리가는―논리적으로는―도덕적으로 위험한 수단을 쓰는 행위를 모두 배척해야만 될 것이다. 정치가는 그 반대로 그와 같은 행위를 떠맡으며 이 경우에 자기 자신의 선이 생긴다는 이 세상의 윤리적 비합리성을 부정한다. 정치가는 이를 감내하지 않으면 안 된다. 자기의 입장에서 본 세계가 자기가 제공하려는 것보다 가치가 없고 열등하고 비열하다 해도 좌절하지 않는 자만이 정치에의 소명을 갖게 된다.

베버는 이와 같이 자기의 사회학적 인식을 가지고 하나의 중요한 영역(정치)에 대해 거기서 행위를 결정하는 이념적인 여러 힘의 이율배반을 의식시키려하고 있는데, 이것은 진리를 위함과 동시에 젊은 사람들에게 보다 명석한 판단력을 갖고 자기가 나가야 할 길을 선택하도록 하기 위함에서였다.

Chapter 9

베버의 서거

새로운 인간적 과제

베버는 이제 저술에 전적으로 몰두하고 있었다. 그것은 그가 교직에 처음 취임한 수년간의 경우와 마찬가지로 집중적인 자세였다. 그의 일할 수 있는 능력도 차차 안정되었고 따라서 수면도 무리하게 취할 필요가 없었다. 하지만 때때로 정치적 사건이 그의 평정심을 흔들어 놓았다. 5월 중순에는 카프의 폭동이 일어났다. 파괴적인 힘이 국내외를 흔들어 놓았을 때 그는 대단히 격앙했다.

부활제가 끝난 며칠 후 누이동생 릴리가 죽었다는 소식이 왔다. 그녀는 아직 마흔이 채 못 되었고 섬세하고 우아하며 숭고한 마음씨를 갖고 있었다. 남편을 잃은 그녀마저 세상을 떠남으로써 네 자녀는 고아가 되었다. 베버 부부는 하이델베르크로 가서 장례식을 치르고 조카들을 떠맡았다.

5월 마지막 날인 오순절후의 토요일에 베버의 아내는 점령지역(자르 지방)에서 곤고함에 시달리는 그 지방 여성들을 위한 강연을 마치고 집으로 돌아왔다. 베버는 장미를 손에 들고 아내를 맞았다. 그는 사회학 범주론의 제1부가 완성되어 만족하고 있었다. 부부는 그날 저녁에 사랑과 정이 넘치는 얘기를 주고받았다. 아내는 입양한 아이들을 데려오는 것을 얼마간 연기하기로 하였다.

오후 늦게 부부는 뮌헨의 중앙에 자리 잡고 있는 영국공원의 신록 속을 걸었다. 호수의 표면에는 푸른 하늘이 비쳐 오펄색을 냈고 어두운 밑바닥에까지 영상이 깃드는 듯싶었다. 경사진 풀밭에는 아이들이 뛰놀고 어린 양떼들도 한가롭게 거닐고 있었다.

밤이 되자 날씨는 격변했다. 이튿날에는 몸이 오싹해지는 한기를 느끼게 했고 비마저 뿌리기 시작했다. 밤에 베버는 특별히 진기한 선물인 프랑시스 자므의 토끼이야기를 아내에게 읽어 주었다. 이것은 성령강림절의 선물로써 그녀에게 사다준 것이었다.

이튿날 베버의 목소리가 약간 쉰 것 같았다. 아내는 강의를 쉬기를 애원했지만 그는 끝내 이를 거절하였으며 그의 목소리는 강의하는 사이에 다소 회복되었다. 수일 후 날씨는 다시 따뜻해졌다. 성체절은 목요일이었고 대학은 휴강이었다. 그날 저녁에 부부는 여자 친구들과 함께 정원에서 열심히 얘기를 주고받았다.

최후의 날

다음날 베버는 확실히 병 증세를 느꼈다. 한밤중에 오한이 그를 엄습했다. 유행성 독감일까? 강의는 취소되었다. 열은 높아만 갔다. 하지만 의사는 기관지 이외에는 아무 데도 이상이 없다고 했다.

"걱정할 필요가 없습니다."

6월 6일 일요일에는 국회의원 선거가 예정되어 있었다. 이 선거는 중요했다. 민주주의가 위태롭고도 빈사지경에 이르렀기 때문이다. 의사는 베버가 나가서 투표를 해도 위험은 없을 것이라고 했다. 하지만 그는 그럴 생각이 없었다. 정치에 관한 얘기는 전혀 듣고 싶지 않았다. 이제 정치라는 것은 너무나 불유쾌하게 생각되었기 때문이다. 열은 점점 높아갔다.

베버는 병상에 누운 지 2주일 만에 처음으로 행복감에 젖었다. 애정과 열렬한 감사로 충만해 있었다. 제메스타가 종료할 무렵이면 회복되겠지 하는 생각이었다.

6월 7일 일요일, 그는 여자 친지들에게 인쇄중인 저서의 헌사에 대한 이야기를 했다. 한 책은 어머니 헬레네에게, 그리고 또 한 책은 아내 마리안네에게 봉정할 것이라 했다. 수요일에는 가벼운 정신착란증세가 엿보였다. 망상의 증세가 나타났으나 처음에는 환각이라고 볼 수 없을 정도의 가벼운 증세였다. 그는 자기가 체험하지 않은 모험에 관해 이야기했고 매력적인 친근성도 보였다.

목요일에는 '피카로의 결혼'에 나오는 피가로의 아리아를 노래하면서 의사를 맞았다. 자기는 완전히 건강하다는 것을 표시하기 위해서였다. "나를 위해 푸른 황야에 작은 묘를 파주오" 혹은 "다음 주에는 또 강의를 하렵니다. 다만 심장의 고동이 너무 느리며 뇌가 너무나 작아졌다" 등.

병자는 이제 심하게 기침을 하기 시작했다. 의사는 폐렴이라고 진단했다. 정신착란은 한층 맹렬했다. 죽기 전전날 그는 베갯머리에 앉아있는 제자에게 환상을 일으켰다. 그는 그 제자를 시험하고 그를 감동적으로 칭찬했다. 학문적인 것이 강하게 그를 사로잡고 있었다. 또 때때로 그는 적들과 각 나라 말로 정치논쟁을 벌였다. 그의 의식은 두꺼운 베일 속에 가려졌으면서도 그는 자기 몸

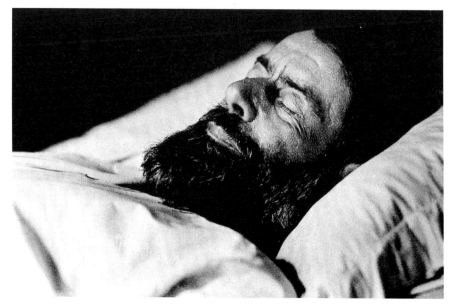

1920년 6월 14일 막스 베버는 이승에서의 삶을 끝내고 영면에 들었다.

주변 여러 사람들을 식별했고 따뜻한 말로 그들에게 애정을 표시했다.

그는 암흑의 힘에 저항했다. 또 몇 번이고 누구에게라고 할 수 없는 이별도 고했다. 마지막 날 밤 그는 카토의 이름도 불렀고 또 풀이할 수 없는 수수께끼 같은 말을 했다. "진실은 진리다"Das Wahre ist die Wahrheit. 그를 죽음의 손에서 돌리기 위하여 인간이 할 수 있는 일은 모두 해 보았다. 그는 참을성 있게 이를 감수했다. 그리고 그는 다음과 같이 말했다.

"아, 모든 것을 이제 그만두어 주오. 아무 소용이 없으니까."

심장은 더 이상 고열을 감당하지 못했다. 1920년 6월 14일 월요일, 외계는 조용해졌다. 다만 한 마리의 뻐꾸기가 간단없이 동경에 찬 노래를 부르고 있었다. 시간은 멎었다. 저녁에 이르러 그는 최후의 숨을 거두었다. 그의 몸이 허물어질 때 뇌우가 스쳐갔다. 그의 창백한 얼굴을 번개의 섬광이 비추고 지나갔다. 그는 승천한 기사의 상이 되었다. 그는 가까이 할 수 없는 신비 속에 위엄이 깃든 채 잠들었다. 그의 얼굴은 온화하고 숭고한 체념의 빛을 띠고 있었다. 다시 붙잡을 수 없는 먼 곳으로 그를 보내버리고 만 것이다. 이 세상의 삶은 이제 그 모습을 변하고 만 것이다. *

1864년 4월 21일 독일 에르푸르트에서 아버지 막스 베버 1세와 어머니 헬레네 베버 사이에서 8남매 가운데 맏아들로 태어나다.

1869년 프로이센 제국의 수도인 베를린으로 이사하다.

1872년 샤를로텐부르크로 이사하다. 왕립 아우구스타 황후 김나지움에 다니다.

1882년 하이델베르크 대학에 입학하여 법학을 비롯해 경제학, 철학, 역사학을 공부하기 시작하다.

1883년 1년짜리 지원병으로 군에 입대하여 1884년까지 슈트라스부르크에서 군복무를 하다.

1885년 슈트라스부르크에서 장교훈련에 참가하다. (이후 여러 차례 참가하다) 괴팅겐 대학에서 국가시험 준비를 하다.

1886년 법학 국가시험을 치르고 샤를로텐부르크 부모 집으로 돌아오다. 베를린 대학에서 레빈 골트슈미트와 아우구스트 마이첸 교수의 지도로 박사학위 취득을 위한 공부를 하다.

1888년 사회정책학회에 회원으로 가입하다.

1889년 레빈 골트슈미트 교수의 지도로 법학박사 학위를 받다. (박사학위 논문 ; 『중세 상사회사서설(中世商事會社序說)』)

1891년 아우구스트 마이첸 교수의 지도로 베를린 대학에서 교수 자격인 하빌리타치온(Habilitation)을 받다. (논문 ; 『로마제정시대의 농업사』)

1892년 베를린 대학에서 로마법과 상법, 독일법을 강의하다. 『동엘베강 유역의 농업노동자에 대한 조사』 발표하다.

1893년 9월 20일 외어링하우젠에서 마리안네 슈니트거와 결혼하다.

1894년 프라이부르크 대학 경제학 정교수로 취임하다.

1895년 프라이부르크 대학에서 취임 강연을 하다. (제목 : 국민국가와 국민경제 정책)

1897년 아버지와 크게 싸운 후 아버지 막스 베버 1세가 죽고, 아들 막스 베버는 신경증과 우울증을 앓기 시작하다.

하이델베르크 대학 국민경제학 정교수로 취임하다.

1900년 심한 신경 쇠약 증세로 이탈리아 등 유럽 각지를 여행하며 투병 생활을 하다.

1903년 『프로테스탄티즘의 윤리와 자본주의 정신』을 집필하기 시작하다.

1904년 하이델베르크 정교수 직에서 물러나 명예교수가 되다.

하버드 대학 후고 뮌스터베르크 교수의 초청으로 미국을 방문하다.

≪사회과학 및 사회정책 저널≫ 공동편집인으로 활동하다.

1905년 러시아 혁명이 일어나자 스스로 러시아어를 공부해 혁명에 대해 연구하다.

1906년 하이델베르크 시내에서 네카 강변으로 이사하다.

1909년 독일 사회학회의 창립에 관여하고, 사회과학총서 ≪사회 경제학 강요≫의 편집을 맡다.

1910년 치겔호이저 란트 가에 있는 어머니 헬레네 베버 생가로 이사하다.

1914년 제1차 세계 대전이 발발하자 군에 입대하여 하이델베르크 야전병원 위원회에서 활동하다.

1917년 뮌헨에서 '직업으로서의 학문'에 대해 강연하다.

1919년 뮌헨에서 '직업으로서의 정치'에 대해 강연하다.

뮌헨 대학 정교수로 취임하다.

어머니 헬레네 베버 죽다.

베르사유 강화 회의에 전문 위원으로 참석하다.

1920년 6월 14일 폐렴으로 사망하다.